विस्मय का बखान

विस्मय का बखान

विभिन्न कला-रूपों पर निबन्ध

यतीन्द्र मिश्र

वाणी प्रकाशन

वाणी प्रकाशन
4695, 21-ए, दरियागंज, नयी दिल्ली 110 002

शाखा
अशोक राजपथ, पटना 800 004

फ़ोन: +91 11 23273167 फ़ैक्स: +91 11 23275710

www.vaniprakashan.in
vaniprakashan@gmail.com

VISMAYA KA BAKHAN
by Yatindra Mishra

ISBN : 978-93-5072-201-5
Essays

प्रथम संस्करण
मूल्य : ₹ 395

ओम ऑफ़सेट, दिल्ली-110093 में मुद्रित

वाणी प्रकाशन का लोगो मक़बूल फ़िदा हुसेन की कूची से

हमेशा साथ देने वाले मित्रों,

शुभा मुद्गल, इरा भास्कर, मधु बी. जोशी, मनीष पुष्कले
सविता सिंह, अनन्त विजय, पंकज राग, बहाउद्दीन डागर,
एवं सुनन्दा शर्मा के नाम...

अनुक्रम

भूमिका 09

डायरी-अंश

रूपंकरण का समय 15

चिन्तन

कलाओं का स्वदेश 53
संगीत के रंगपटल पर अवध का समाज 64
बाईयों का जमाना और हिन्दी फ़िल्म संगीत का आरम्भिक दौर (सन् 1925-45 तक) 81
कलाओं की पारिस्थितिकी में रंग, राग और विचार 94
सिनेमा की दुनिया और प्रेमचन्द का साहित्य 106
नृत्य के परिसर में अभिनय 118
कलाओं का प्रदीप्त संसार और कुँवर नारायण 124
हमसे यह तवक़्क़ो है 131
स्मृतियों में काशी 137

स्मरण

आलाप कुसुम : पं. मल्लिकार्जुन मंसूर 147
सहज घर और असहज घराने का नागरिक : उस्ताद अमीर ख़ाँ 153
गान पुरोहित का आँगन : पं. कुमार गन्धर्व 157
आत्मा के कल्पतरु का संगीत : पं. भीमसेन जोशी 163
शैलेन्द्र की तस्वीर 166
निर्मल धुन 172

कविता-प्रणति

रसन पिया 181

भूमिका

कला-रूपों एवं कला-उपस्थितियों पर निबन्धों एवं टिप्पणियों की यह पुस्तक ***विस्मय का बखान*** *नाम से प्रस्तुत है। मुझे हमेशा यह लगता रहा है कि संगीत और अन्य रूपंकर कलाएँ जिस 'बढ़त' या 'उपज' को अपने भीतर समाये हुए किसी भावक या सहृदय से मुख़ातिब होती हैं, वह हर हाल में अपने प्रदर्शन के समय कुछ ऐसा अप्रत्याशित या अनिर्वचनीय पैदा करती या रच देती हैं, जिसका बखान ही बाद में कलाओं की अन्विति को समझने का एक मार्ग प्रदान करता है। किसी कला निर्मिति पर लिखते या विचार करते हुए हमेशा एक लेखक संशय के उन परदों के पीछे से उस अव्यक्त और उदात्त को खोजने का ही जतन करता हुआ नज़र आता है, जिसे पाने या छू भर लेने के बाद वह विस्मय के परिसर में विस्तृत होता चला जाता है।*

एक हद तक हमारी समस्त कलाएँ और प्रदर्शनकारी निर्मितियों का समाज उसी शाश्वत को कुछ अचरज़ और विस्मय के साथ खोजने में व्यतीत हुई जाती हैं। इसी को पाने या पकड़ लेने की एक विनम्र कोशिश ही कलाओं के अपरिमित अमूर्तन वाले संसार में कदम रखने का उत्साह भी मुहैया कराती है। इस लिहाज़ से कला-रूपों में मिलने वाले विस्मय जैसे प्रचलित संचारी भाव को व्याख्यायित करना शायद कला-विमर्श की एक नियति और चुनौती, दोनों है।

यह पुस्तक पिछले लगभग दस-बारह वर्षों में समय-समय पर विभिन्न पत्रिकाओं के लिये लिखे गये कलाओं पर निबन्धों का एक संचयन है। इस संचयन को बनाते समय इन वर्षों में लिखे गये इन चिन्तनपरक लेखों के अतिरिक्त संगीत के उन मूर्धन्यों के प्रति आत्मीय ढंग से लिखी गयी समीक्षाओं तथा स्मृति-लेखों को भी यहाँ सम्मिलित किया गया है, जो मेरे लिहाज़ से संक्षिप्त होते हुए भी उनके फ़न के बारे में अत्यन्त सहजता से रोशनी डालते हैं।

इनसे अलग, कला से सम्बन्धित विचारपरक टिप्पणियाँ, जिन्हें मैं तिथिवार अपनी डायरी में लिखता रहा था, वह एक साथ यहाँ बिना किसी तरतीब या कालक्रम की अवधारणा के प्रस्तुत हैं। उनमें संगति मात्र इतनी है कि वे अपनी विषय-वस्तु के चलते कलाओं के एक बृहद आकाश में टहलती हुई पायी जा सकती हैं। इस कारण डायरी की उस समस्त कला-सम्बन्धी सामग्री को 'रूपंकरण का समय' शीर्षक के अन्तर्गत रखा गया है। इस रूपंकरण-समय में

शास्त्रीय संगीत, सिनेमा, कविता, रंगमंच एवं अन्यान्य कलाओं की आवाजाही अत्यन्त आत्मीय स्तर पर एक-दूसरे के प्रति पूरक कलाओं के सन्दर्भ में हुई है। मेरी यह दृढ़ धारणा भी रही है कि कला-संसार पर चिन्तन, दरअसल उस रूपंकर अभिव्यक्तियों के समय का ही एक महत्त्वपूर्ण अंग होता है, जिसमें यह सारी निर्मितियाँ अपनी अभिव्यक्तियों को मुखर बनाती हैं। इस लिहाज़ से समस्त रूपंकर कलाओं का समय, कला की अपनी अवधारणा का एक स्थाई प्रत्यय भी बनता है।

पुस्तक में मेरे अनन्य आत्मीय वरिष्ठ रचनाकारों, मसलन– निर्मल वर्मा, कुँवर नारायण एवं अशोक वाजपेयी पर भी तीन लेख संकलित हैं, जिनमें निर्मल जी पर की गयी टिप्पणी उनकी मृत्यु के उपरान्त एक स्मृति-लेख के रूप में लिखी गयी थी, जबकि कुँवर जी पर उनके कला-परक चिन्तन का आकलन उनकी पछहत्तरवीं वर्षगाँठ पर एक लेख के रूप में पढ़ा गया था। इसी तरह अशोक जी पर लेख उनके कॉलम 'कभी-कभार' को आधार बनाकर लिखा गया है, जो कहीं न कहीं से उनकी सांस्कृतिक छवि पर एक विमर्श भी प्रस्तुत करता है। कला-सम्बन्धी लेखों की इस पुस्तक में यह तीनों लेख इस कारण ही संयोजित किये गये हैं कि कहीं न कहीं से वह इन तीन वरिष्ठ रचनाकारों के कला-सम्बन्धी विचारों व सरोकारों को एक नये ढंग से देखने का जतन करते हैं।

पुस्तक के अन्त में, ग्वालियर घराने के वयोवृद्ध ख्याल गायक उस्ताद अब्दुल रशीद ख़ाँ साहब पर एक लम्बी कविता 'रसन-पिया' का प्रयोग किया गया है, जो

निश्चित ही इस किताब की अवधारणा को एक समग्रता प्रदान करता है। यह कविता मैंने आज से लगभग चार वर्ष पूर्व तब लिखी थी, जब उस्ताद अपनी वय के सौ वर्ष पूरे कर रहे थे। यह जानना भी अत्यन्त प्रसन्नता की बात है कि वे आज न सिर्फ़ जीवित हैं वरन् अपनी गायिकी के द्वारा सक्रिय व जीवन्त भी। यह कविता उनकी इसी जिजीविषा और सांगीतिक उपस्थिति के प्रति एक युवा कवि का आभार-ज्ञापन है।

पुस्तक का शीर्षक तलाशने में कवि-मित्र श्री उदयन वाजपेयी ने जो मार्ग सुझाया, वह बेहतर लगा, इसलिए उनका आभारी हूँ। इसी के साथ मित्र एवं युवा चित्रकार श्री मनीष पुष्कले ने जिस हार्दिकता से इस किताब का आवरण बनाया व पूरे संयोजन को सँवारा है, उसके लिये उनके प्रति अपनी कृतज्ञता व्यक्त करता हूँ।

अन्त में, बस इतना ही कहना चाहूँगा कि कलाओं के व्यापक और समावेशी किस्म के संसार में डूबने के आमंत्रण के लिये यह पुस्तक आपको अर्पित है। इसे पढ़ते हुए यदि आप उस अचरज या कौतुक के क्षणों की 'उपज' को टटोल सकें, तो मेरा लिखा सार्थक होगा।

—यतीन्द्र मिश्र

28 जनवरी, 2012

डायरी-अंश

लिखने का मतलब है, अपने को अतिरेक में दिखाना, इसलिए लिखते समय कितना ही अकेलापन हो, वह काफी अकेलापन नहीं है, कितनी ही ख़ामोशी हो, वह काफी ख़ामोशी नहीं है, कितनी ही रात हो, वह काफी रात नहीं है, लिखते समय सारा समय भी कम समय है क्योंकि सड़कें लम्बी हैं- और कभी भी रास्ते से भटका जा सकता है।

–काफ़्का (डायरी से)

रूपंकरण का समय

(1)

10 मार्च, 2010

शास्त्रीय गायकों के पास क्या काल को काटने वाली कोई कैंची होती है, जिससे वे अकसर अपने गायन के समय काम लेते हैं? श्रोताओं को उनके वर्तमान से काटकर किसी दिव्य समय में थोड़ी देर के लिये प्रतिष्ठित करते हुए। एक मन्थर रुकावट। एक सुरम्य ठहराव, जहाँ यह पहले से ही मालूम है कि काल को तिनका-तिनका निगलने के लिये कोई गन्धर्व चिड़िया आतुर है, जो अपने सुर के घोंसले से निकलकर उसे अनाज के एक दाने की तरह चुग लेगी।

(2)

28 जून, 2008

मुझे कई लोगों से न मिल पाने का ग़म सताता रहता है। यह ग़म इतना अजीबोगरीब भी है कि उसकी चर्चा मुझे थोड़ी रोमांटिक भी लगती है। हमारे समय

में बहुत सारे ऐसे लोग, कलाकार, राजनीतिज्ञ, संगीतज्ञ, विद्वान, चित्रकार, पत्रकार और न जाने कितने चिकित्सक व शिक्षक रहते आए हैं, जिनसे हम लोग न मिल पाते हैं, न ही उन्हें सामने से देख-सुन पाने का संयोग ही घटता है। साथ ही, उनके होने पर हमें इस बात का भान भी नहीं रहता कि वे अतीत के पन्नों में दर्ज हों, इससे पहले कुछ प्रयास करके उनके सामने पड़ना चाहिए। यह बात मुझे कई बार हलकान करती है; और इसकी गम्भीरता तब और अधिक बढ़ जाती है, जब एकबारगी यह ध्यान में आता है कि जिनसे मिलने की या नज़दीक पाने की सात्विक लालसा वर्षों से मन में पल रही है; वे अब इस दुनिया में नहीं हैं। जैसे, मुझे व्यक्तिगत रूप से इस बात का जीवन भर अफसोस रहेगा कि मैंने कभी भी एम.एस. सुब्बुलक्ष्मी को नहीं देखा या उन्हें गाते हुए सुनने का कोई सौभाग्य नहीं जुटा सका।

मेरे लिये सुब्बुलक्ष्मी जी का होना, एक ऐसे ईश्वरीय वरदान का समीप होना है, जिसके साये तले बैठकर इत्मीनान से पूरी एक उम्र आसानी से गुजार दी जाये। उनकी आवाज़ निश्चित ही हमारे समय की सबसे सच्ची, निष्कपट और सशक्त आवाज़ों में एक रही है, जिसके उत्कर्ष की प्रतिश्रुति उनकी देवतुल्य गायिकी में सम्भव होती नज़र आती है; जब वे भक्ति रस में आकण्ठ डूबी हों। सूरदास, मीराबाई, कबीर, रैदास और तुलसीदास जैसे सन्तों के पदों में परम्परा और नवाचार का उजास भरने वाली एम.एस. से मैं कभी नहीं मिल सकता, यह मेरे लिये एक जाना-पहचाना कष्ट है।

मुझे लगता है कि बहुत सारे लोगों को ऐसे ही अपने महान, आदर्श और वरेण्य लोगों से न मिल पाने का दुख ज़रूर सताता होगा। हम सब ऐसे महान लोगों के सानिध्य की अनुगूजों को भी भौतिक रूप से स्पर्श करने में वंचित हैं, जिससे कभी हमारी अग्रज पीढ़ी संवादरत रही होगी, सम्पर्क में आई होगी या जीवन का कोई कोना उनके छू भर देने से जगमगा उठा होगा। मेरी पीढ़ी और उससे ठीक ऊपर की एक पीढ़ी के सारे नागरिक इस बात के लिये हमेशा ही दुर्भाग्यशाली व वंचित रहेंगे कि वे आने वाली पीढ़ी को यह बता सकें कि उन्होंने कभी गाँधी जी को देखा है।

(3)

25 मई, 2008

लता मंगेशकर को जब भी सुनता हूँ, विश्वास नहीं होता; पृथ्वी पर इस तरह आवाज़ की भी एक अलग सत्ता सक्रिय हो सकती है। एक ऐसी सृष्टि, जिसकी मिठास में पूरी तरह घुलने के लिये सारे संसार का ख़ुला आमंत्रण हर क्षण मौजूद है। मुझे यह भी मुग़ालता रहा है कि उनके करोड़ों प्रशंसकों में, शायद अकेला मैं, उनका सबसे पागल, अतिरेकी व कृतज्ञ प्रशंसक हूँ।

मेरे जीवन में जो लोग, रिश्ते, चीज़ें और प्रसंग स्थायी रूप से निवास करते हैं– उनमें लता की मौजूदगी सबसे महत्वपूर्ण रचनात्मक उपस्थिति है। उनके फ़िल्मी गीत हों या भजन, शास्त्रीय गायिकी के कुछ दुर्लभ नमूने हों या ग़ज़लों की नायाब दुनिया, मंत्र-श्लोक-भक्तिपद-अभंग हों या धार्मिक आरतियाँ– सभी कुछ मेरे व्यक्तित्व में बड़े प्रासंगिक ढंग से अपनी पैठ बना गयी हैं। एक तरह से मुझमें कृतज्ञता का भाव लता मंगेशकर को सुनते हुए ही आया है। उनके गले की नैसर्गिक पवित्रता ही ऐसा दुर्लभ पड़ाव है, जिसकी वजह से एक श्रोता उनके सम्मोहन में आसानी से पड़ जाता है। यह देखना असाधारण है कि उनके गले से जो कुछ भी सुर और लय की शक्ल में निकला है, वह फिर अमरत्व की ओर ही बढ़ा है। यदि किसी रूपक में लता की गायिकी को बाँधने की जरूरत पड़ी, तो मुझे हमेशा ही यह लगता रहा कि हमारे पास सिर्फ गंगा ही एक ऐसी हैं, जिनकी दिव्यता और अहर्निश सजलता से ही उनकी वाणी को रूपक दिया जा सकता है।

मेरा लता-प्रेम परिवार तथा मित्रों के बीच इतना बदनाम भी रहा है कि सभी जानते हैं कि उनकी आलोचना होने पर मैं थोड़ा असहज हो जाता हूँ। यह मेरे साथ कई बार हुआ है कि तमाम आपाधापी, परेशानियों और दबावों के बीच, जब भी मैंने लता मंगेशकर का कोई फिल्मी गीत ही सुना होगा, न जाने किन वज़हों से मेरी आँखों में पानी उतरा है। ख़लिश देहलवी की ग़ज़ल *'अहदे ग़म में भी मुस्कुराते हैं/आसुओं के दिये जलाते हैं'* सुनते हुए या मीरा का उनका गाया मेरा सर्वप्रिय भजन *'सखी री लाज़ बैरन भई'* या हंसराज बहल के संगीत निर्देशन वाली एक पुरानी फिल्म 'मिलन' का गाना *'हाय जिया रोये पिया नाहीं आये'* सुनते हुए कितनी बार विचलित हुआ हूँगा, कह नहीं सकता।

मुझे उनकी गायकी में जो शुद्धता, खांटी चौबीस कैरेट सोने वाली चमक, स्फटिक सी चौंधियाती शाश्वत की उपस्थिति दिखायी पड़ती है— वह सिर्फ कबीर व अन्य अवधूतों के पदों के गूढ़ार्थ में ही मिलती है। यहाँ, यह भी स्वीकारना ज़रूरी लगता है कि शायद लता मंगेशकर को सुने बगैर; मेरा रचनात्मक काम इतना संगीत भरा न होता, जितना मुझे लगता है कि वह है।

मेरा लता मंगेशकर के प्रति इतना अगाध समर्पण इस कारण भी है कि मुझे याद है कि मेरी दादी, विमला देवी गाने की शौकीन थी और संगीत में निपुण व दक्ष महिला थीं। वे अयोध्या की राजकुमारी होने के कारण तमाम ऐसे लोगों के सम्पर्क में भी रहीं थीं, जो मौसीकी के महान लोग माने जाते हैं। मसलन; हमारे घर में बेग़म अख़्तर, उस जमाने में अख़्तरीबाई फैजाबादी के नाम से दरबारी गायिका होती थीं। होली, दशहरे के समय लगने वाले दरबार में बड़ी मोतीबाई और रसूलनबाई वगैरह भी शिरकत किया करती थीं। बेग़म अख़्तर से मेरी दादी ने भी बहुत कुछ सीखा था; ख़ासकर पूरब की ठुमरी, दादरा और कजरियाँ। मेरा बचपन, दादी की गोद में करवटें लेता हुआ बीता है। वे अकसर इतने सुन्दर गीत और भजन गाया करती थीं, जो मेरे कानों में बरबस ही कई बार पड़ते रहते थे। उनके गाये संगीत का मेरे अवचेतन पर गहरा प्रभाव है। बहुत बाद में जब मैं युवा हुआ, तब मैंने जाना कि उनमें से ढेरों गीत तो हू-ब-हू उन हिन्दी फिल्मों के भी होते थे, जिन्हें लता ने स्वर दिया था। आज भी लता का गाया और मेरी दादी के मुँह से सुना— 'परख' का गीत *'ओ सजना बरखा बहार आई'*, 'शबाब' का *'मरना तेरी गली में जीना तेरी गली में'* तथा 'तूफ़ान और दीया' का *'पिया ते कहाँ गये नेहरा लगाये'*, मेरी स्मृति के सबसे सुनहरे दस्तावेज़ की तरह मुझमें मौजूद हैं। ऐसे में दादी से प्रेम करते हुए कब मैं लता मंगेशकर से प्रेम करने लगा, बता पाना कठिन है।

मेरे लिये लता मंगेशकर को सुनने में मेरी दादी की कूक भी तमाम सारे गीतों में स्वतः ही गुँथी हुई जान पड़ती है, जिस कारण मेरा मन एक बिल्कुल अप्रत्याशित आनन्द से भर उठता है। इसीलिये, लता के बहाने मेरी दादी अकसर ही मेरे अवचेतन, सपने, लेखन और विचारों में जीवन्त हो उठती हैं। हाल ही में बिस्मिल्ला ख़ाँ पर जो मैंने किताब पूरी की है, उसमें यह बयान यहाँ दर्ज़ करने लायक लगता है— *"मैं दावे से कह सकता हूँ अगर सरस्वती कभी होंगी, तो लता मंगेशकर की तरह होंगी और बरख़ुरदार इतनी ही सुरीली होंगी। न तो सरस्वती, इस गायिका से ज्यादा सुरीली होंगी और न ही लता सरस्वती से कम सुर वाली।"*

अब आप बताइए, सिर्फ मैं ही लता मंगेशकर के पीछे पागल हूँ या उसमें बिस्मिल्ला ख़ाँ जैसा फ़नकार भी शामिल है?

(4)

10 जून, 2006

खालीपन मुझे, कई अन्य तरीकों से भरता रहता है। इसमें किसी चीज़ की उपस्थिति उसके अमूर्त प्रभाव से ज्यादा बड़ी नज़र नहीं आती। मसलन जिस किसी दिन मैं खुद को वंचित या उत्साहहीन पाता हूँ, न जाने कहाँ से संगीत के ढेरों सीमान्त मेरी उँगली पकड़ने चले आते हैं। भारतीय शास्त्रीय संगीत में उत्तर भारत का अधिकांश संगीत मेरे व्यक्तिगत दायरे को बेहद आत्मीय ढंग से घेरता रहता है। जो दिन मेरे लिये खाली सा होता है या कोई नयी उमंग नहीं जगाता- उसमें कुछ न कुछ ख्याल, ठुमरी, टप्पा, दादरा या ध्रुपद जैसी चीज़ों का प्रवेश मुझमें उत्साह, उमंग, स्फूर्ति सभी कुछ पैदा करते हैं। यहाँ स्वयं मैं खुद को किसी विशेषज्ञ या जानकार की हैसियत में नहीं पाकर, आस्वादक की भूमिका में पाता हूँ। शायद इसी कारण मुझमें भरोसा जगता रहता है कि संगीत का निर्जन व निर्गुण प्रदेश मुझमें उत्साह का एक नया लालित्य रचने में मददगार बनते हैं। आस्वाद के स्तर से अकसर ऊपर उठकर जब मैं संगीत के कमरे से निकलकर साहित्य के गलियारे में जाता हूँ, तो कबीर का गायन या किसी निर्गुणी सन्त का पद असंख्य दीयों की रोशनी में टिमटिमाते नज़र आते हैं। मेरे लिये सुर के दरबार में कविता का दीया बनते जाना रोमांचित करता है। कुछ-कुछ उसी तरह, जिस तरह ग़ालिब अपने शब्दों के आलोक में रहते हुए भी, एक जलती हुई शमादान या रोशनी का फानूस लेकर रात में चहलकदमी करते हुए अन्धेरे को नूर से भरते रहते थे।

(5)

05 नवम्बर, 2006

मालिनी राजुरकर ने मालकौंस की बंदिश *'नभ निकस गयो चन्द्रमा'* अद्भुत ढंग से गायी है। इस बंदिश के पूरे शब्द समायोजन को राजुरकर जिस धीर निष्कपटता के साथ द्रुत में गाती हैं– वह बेसुध करने वाला है। पूरी कविता उनकी गायिकी से उपजने वाली लय, शब्द, सुर और उच्चारण में अलग-अलग इस तरह

घटती है, लगता है- अंतरिक्ष के बड़े फैलाव में चन्द्रमा का प्रादुर्भाव एक अकल्पनीय घटना की तरह सम्भव हो रहा है। वैसे भी, मालिनी जी ने ग्वालियर घराने की शुद्धता को बड़े संयम से आज तक निभाया है। उनकी किसी भी बन्दिश को सुनते हुए हम आसानी से इस निष्कर्ष तक पहुँचते हैं कि रागदारी का फैलाव उनके यहाँ पूरी शास्त्रीय गरिमा के साथ-साथ घराने की शुद्धता के अन्यतम आरोह तक पहुँचा हुआ है। मालकौंस के विलम्बित लय में *'पीर न जानी'* गाते हुए जब वे विराग और विरह का सघनतम ताना बुन रही होती हैं, तभी अचानक एक चमत्कार जैसा घटता है। विरह के बादल में एकाएक चन्द्रमा निकल आता है, जो यहाँ पर शाश्वत व उज्ज्वल का सजल बिम्ब बनता है। रात की तीव्रता में चाँदनी का साम्राज्य, प्रेम और वैभव का चँदोवा सजाते हुए हमें दिखाई पड़ता है। *'नभ निकस गयो चन्द्रमा'* सुनते हुए बार-बार उसके सम्मोहन में लौटने का मन करता है। मैं व्यक्तिगत स्तर पर मालकौंस जैसे राग को बहुत अधिक पसन्द नहीं कर पाता, बावजूद इसके यह मालिनी राजुरकर की गायकी का सुफल है कि *'नभ निकस गयो'* सुनते हुए मुझे यही राग बार-बार अपनी शरणागति में ले लेता है।

कला और संगीत इस मायने में हमेशा मनुष्य की चेतना का परिष्कार करते रहते हैं कि जो कुछ भी उसकी चेतना अपनी 'प्रज्ञा' के लिये उचित मानकर चलती है, उसमें गुणात्मक परिवर्तन करते हुए उसका 'आस्वाद' तो बढ़ाते ही हैं, कुछ मौलिक विचारों को एकदम ताजे व नये ढंग से बरतने की तमीज़ भी सिखाते हैं। *'नभ निकस गयो चन्द्रमा'* बंदिश की चर्चा करते हुए यहाँ यह याद करना भी सुखद है कि सबसे पहले इस बंदिश के बारे में, जब मैंने यह ख़्याल सुना भी न था, मुझसे मंगलेश जी ने प्रशंसा की थी और मुझे सुझाया था कि यदि सम्भव हो तो मैं मालिनी राजुरकर की यह बंदिश ढूँढ़कर अवश्य सुनूँ। मुझे यह स्वीकारते हुए अच्छा लग रहा है कि मैं मंगलेश डबराल की सलांह और इस बंदिश के लिये मालिनी राजुरकर का जीवन भर आभारी रहूँगा, जिन दोनों के नाते इस पद के सुर-संसार में जब-तब प्रवेश करने का मौका मिलता रहता है।

(6)

17 मार्च, 2008

देश, ललित, भटियार, परज और विभास जैसे राग कितने सुन्दर हैं। इनको सुनना, हमेशा ही सुकून और शान्ति देता है। सहज ढंग से उठती हुई भीतर

अन्तरतम की आवाज़ जैसी कोई कशिश खींचती है इन रागों की अदायगी होने पर। एक प्रकार से ये कुछ धीमी लय से उठने वाले राग आगे बढ़कर हमारी मनोदशा पर मजबूती से पकड़ बना लेते हैं। एक आशा, एक आह्वान, एक प्रेरणा देती हुई कोई पुकार इन रागों की बढ़त होने पर अन्तर्गुम्फित सी सुनी जा सकती है, जब हम अपनी ही समस्याओं से घिरे हुए कहीं डूब रहे होते हैं। क्या ऐसा नहीं है कि हमारी कलाओं के सारे शास्त्रीय और उपशास्त्रीय प्रयत्न हमें किसी अज्ञात डूब से बचाने के प्रतिरोध में रचे गये हैं?

सारे भक्त कवि, निर्गुणिए, सन्त, फकीर, औलिया, पीर और न जाने कितने अलक्षित बन्दिशकारों ने रागदारी पर जब अपनी कविता रचनी शुरू की थी, तो क्या उन्हें यह बखूबी मालूम था कि उनकी नैतिक, आडम्बरहीन, अर्थपूर्ण और प्रेरणा देने वाली रचनाओं को भी, बुरे समय में डूबने से कभी यह सारे राग बचाएँगें?

(7)

14 मार्च, 2010

विभोर होना, बहुत अधिक प्रसन्न होना, मस्ती से भरा हुआ होना, बेवजह ही आनन्द का अनुभव करना, स्फूर्ति से भरकर दौड़ने या कूदने का मन करना, हँसी आना, बात-बात पर गदगद हो जाना, लगातार मुस्कुराते रहना.....

ज़िन्दगी के ऐसे बहुत सारे दिलचस्प, कभी-कभी अजीबोगरीब पलों में ही शायद 'नाचने' का बीज छिपा होगा। कई बार मन में यही अनुभव अपना घर बनाता हुआ लगता है कि शायद जीवन के सबसे मनोहारी, उमंग भरे और प्रसन्नचित्त क्षणों में ही नृत्य सम्भव है। फिर चाहे वह लास्य हो या भाव प्रधान– नृत्य की आधारशिला जीवन की प्रसन्नता पर निर्भर है। यह भी कई बार मन में आता है कि अपना मनपसन्द सिद्धान्त खोज लेने के बाद जब आर्किमिडीज़ अपने बाथ टब से 'यूरेका' 'यूरेका' चिल्लाते हुए बरबस खुशी से दौड़े, तो क्या उस समय उनके पैर खुद के द्वारा रचे हुए किसी नृत्य के व्याकरण में आगे बढ़े थे?

(8)

17 मार्च, 2010

शास्त्रीय संगीत को लेकर 'आधुनिकता' का सवाल कुछ इस तरह उठाया जाता है, मानो संगीत भी तमाम अन्य चीज़ों की तरह अगर 'आधुनिक' नहीं है, तो उसका कोई मूल्य नहीं। यह एक तरह की ज्यादती का मामला है, कि हम आधुनिकता को बिल्कुल सतही रूप में इस तरह देखते और उससे आक्रान्त बने रहते हैं कि संगीत जैसी कला के इस बुनियादी गुण को ही भूल जाते हैं कि उसका काम या स्वरूप सिर्फ़ हमारी वर्तमान ज़िन्दगी तक ही महदूद नहीं रहता, बल्कि वह उस ज़िन्दगी में भी विचरण करता है, जिसे हम अपनी मानसिक बुनावट के स्तर पर कल्पना में भी अकसर जीते हैं। संगीत इस मायने में दैनिक आपाधापी के जीवन से अलग एक आयोजन या कलात्मक संयोजन भी है, जो हमको सुकून और राहत देता है, जिसे हम अलग से उस अस्थायी जीवन में महसूस करते हैं, जो हमारी चेतना के स्तर पर कहीं सक्रिय रहता है। इस अर्थ में शास्त्रीय संगीत आधुनिक से अलग एक्सपेरीमेंटल के ज्यादा नज़दीक हो सकता है। वह स्वानुभूति का ऐसा औचक निरीक्षक भी है, जिससे यह समझने में मदद मिलती है कि वह किन समयों या परिस्थितियों में, हमारी कल्पना को प्रासंगिक अर्थों से भरेगा। संगीत इस बात के लिये आश्वस्त भी करता है कि वह जिस आनन्द की सृष्टि का कारक है, उसका प्रखरतम रूप कैसा है। किस तरह वह उस मौन को ध्वनित करता है, जिससे वह स्वयं घिरा हुआ है और जिसे बार-बार खण्डित एवं आन्दोलित करके वह अपनी नैसर्गिक स्थिति को रचता है।

(9)

12 अप्रैल, 2010

रघुवीर सहाय द्वारा कुमार शहानी की फ़िल्म *'तरंग'* के लिये लिखी एक सुन्दर कविता *'प्रिय आओ, संग सो जाओ'*, अपनी अर्थभरी उपस्थिति के साथ-साथ हिन्दी फिल्मों में प्रयुक्त हुई बेहद कम स्तरीय कविताओं के बीच एक ऐसी कविता है– जिसका सांगीतिक असर भी उतना ही अद्‌भुत है, जितना वह अपने पाठ में। लता मंगेशकर की आवाज़ और वनराज भाटिया के संगीत की जुगलबन्दी, एक नायाब गीत की शक्ल में संगीत रसिकों के हाथ आयेगी, यह सोचना सुखद है।

राग माँड, जोगिया और भीमपलासी के मिश्रण या आपसी सहमेल से विकसित यह गीत एक तरह से ऑफ बीट म्यूजिक और कम्पोजीशन का एक आदर्श उदाहरण है। एक ताल में निबद्ध, मध्य लय की बंदिश सी लगती, तो कहीं बोल बनाव की ठुमरी सी लगती यह कविता, गायिकी के उस शीर्ष तक पहुँचती है, जहाँ यह अलगाना किसी चुनौती से कम नहीं कि शास्त्रीय संगीत और लोक संगीत, लोकप्रिय हिन्दी फ़िल्म संगीत के साथ कैसे इतनी सहानुभूतिपूर्ण संगति बैठाते हैं। इस गीत की हर दूसरी पंक्ति में लता की इतनी मधुर और चौंकाने वाली विलंबित उपस्थिति है– जिसमें यह देखना आश्चर्य भरा हो सकता है कि रघुवीर सहाय की गम्भीर पंक्तियों ने गायकी के असर को और ज्यादा समय निरपेक्ष बना दिया है अथवा लता मंगेशकर के स्वर ने मिश्र भीमपलासी की इस बन्दिश को रघुवीर सहाय की कविता के लिये एक नया अर्थ प्रदान किया है।

'चुम्बन से चुप कर जाओ/पिया आओ/संग सो जाओ'– का स्नेहिल और मार्मिक रस-बोध संगीत की उदात्तता को कितना प्रासंगिक और प्रयोगधर्मी बना डालता है, इसे सिर्फ़ सुनकर महसूस किया जा सकता है। यहाँ पण्डित रविशंकर की वह उक्ति याद आती है कि कला में वह रेखा अत्यन्त बारीक होती है, जो कामुकता और अध्यात्म के बीच है। एक झीना सा पर्दा है, जिसे हटाने पर माँसल कब अध्यात्म का रूप ले लेगा या अध्यात्म किन रूपों में माँसल सौन्दर्य में विसर्जित होगा, समझ पाना मुश्किल है। मांसलता और अध्यात्म दोनों को जिस बिन्दु पर कला आत्मसात करती है, वह जीवन की शारीरिक और आध्यात्मिक बनावट का प्रतिरूप है। दरबारी संगीत में गायी जाने वाली ठुमरियाँ, खजुराहो की मिथुन मूर्तियाँ और भरतनाट्यम व ओडिसी में शरीर के देह सौष्ठव एवं अंगों के संचालन, प्रत्याहार से किस तरह अध्यात्म विकसित होता है, यह स्वयं में कला की अपनी उदात्तता का चरम है।

'तरंग' के इस गीत को सुनते हुए एक बात बहुत साधारण ढंग से यह भी समझ में आती है कि जिस तरह रघुवीर सहाय और लता मंगेशकर की कलाओं की आपसी सहमति से एक अद्‌भुत दृश्य का जन्म होता है, कितना बेहतर होता यदि हमारे कुछ अन्य महत्त्वपूर्ण कवियों मसलन– श्रीकान्त वर्मा, कुँवर नारायण, केदारनाथ सिंह, अशोक वाजपेयी, विनोद कुमार शुक्ल, असद जैदी और मंगलेश डबराल की प्रेम कविताओं को लता मंगेशकर या आशा भोंसले का स्वर मिला होता। शायद हम *'तरंग'* जैसा कुछ दूसरे अर्थों में, सार्थक रच पाते।

इस गीत को लेकर यह बात फिल्म संगीत में बहुत प्रचलित रही है कि लता इस गीत से इतना प्रभावित हुईं थीं कि उन्होंने रिकॉर्ड किया हुआ गीत सुनने की इच्छा जाहिर की थी, जैसा कि वे अपने किसी भी गीत के लिये कभी नहीं करती थीं। 1984 में यह ऐतिहासिक घटना हुई, जब पहली बार उन्हें किसी कविता ने अपने प्रभाव में लिया और वे उस बन्दिश के संयोजन को सुनने के लिये प्रेरित हुईं। कविता की ग़रिमा के लिये यह एक ऐसा सुन्दर वांकया बन चुका है, जिस पर रघुवीर सहाय भी मुस्कुराना पसन्द करेंगे।

(10)

10 जून, 2010

कलाओं के माध्यम से समय के साथ मनुष्य का जो रिश्ता बनता है, उसका विस्तार इस पर भी निर्भर करता है कि उसकी चेतना कितने विस्तृत और विविध ऐतिहासिक अनुभवों को अपने में समेटे हुए है। कलाएँ, तत्काल से पलायन नहीं, बल्कि तत्काल का कलाओं के मिथक-समय में विस्तार हैं। वह एक ऐसे मायालोक का स्वप्न हैं, जहाँ जीवन की मनोहारी छवियाँ प्रमुखता से अपना अस्तित्व तलाशती मिलती हैं। इसी वजह से एक कलाकृति या कला प्रेरणा यथार्थ से बहुत दूर होती है, जबकि यथार्थ कभी भी मोहक या जादुई नहीं हो पाता। सौन्दर्य एक मूल्य है, जो काल्पनिक पर ही लागू हो सकता है। कलाओं की परिपूर्णता के लिये कल्पना का विशेष महत्त्व है। कलाओं के लिये कल्पना का मतलब ही होता है– संसार के बुनियादी ढाँचे का अस्वीकार।

शायद इसी कारण, कला निर्मित समय की सांगीतिक प्रस्तुतियाँ, मसलन– उर्स एवं दरगाहों पर होने वाली नात एवं कव्वालियाँ, बाऊल लोगों की असम्भव आत्मीय पुंकार और वैष्णवता के आँगन में रचा-बसा सगुणोपासना का भजन-कीर्तन, सभी कुछ संसार के वर्तमान स्वरूप का अस्वीकार तथा निषेध करके ही अपना उत्कर्ष प्राप्त करते हैं।

(11)

28 जून, 2010

ग्रामीण अंचलों से मन्दिरों तक लोक गायन एवं लोकसंगीत की जो विविधता उपलब्ध है, उसने रचनाशील शास्त्रीय गायकों को बार-बार आकृष्ट किया

है। यह आकर्षण इस बात पर भी निर्भर है कि एक गायक अपनी समझ व रुचि के अनुसार किस प्रकार की शैली का चुनाव अपने प्रयोगों के लिये करता है।

अभंग और बाऊल संगीत की दुर्लभ तन्मयता और भक्ति भावना हो या कृष्णोपासना की ठाकुरबाड़ी के बीच से निकलने वाला हवेली संगीत– सभी के विविधवर्णी प्रभावों ने कलाकारों की गायिकी को एक नया आयाम दिया है। ध्रुपद अगर उत्तर भारत के मन्दिरों से जुड़ा रहा, तो ख्याल गायन में कई रागों की अदायगी सर्वथा दाक्षिणात्य संगीत परम्परा से उपजती रही है। इसी तरह टप्पा की जटिल लयकारी दूर मरुस्थल के लोक संगीत की ऋणी है।

संगीत इस मायने में ऐतिहासिक रूप से विविधता से भरा नहीं होता, बल्कि इतिहास की एक परिपाटी के रूप में वर्तमान में जीवित रहता है और प्रयोगों के लिये स्वतंत्र होता है। ध्रुपद आज भी उतना ही कलात्मक रूप से वैभवशाली है, जितना कभी वैदिककालीन भारत में अथवा अकबर के दरबार में उन्नत रहा होगा। यह परम्परा अगर बक्शू नायक और गोपाल नायक से होती हुई आज वर्तमान में उस्ताद नसीर मोइनुद्दीन डागर एवं उस्ताद नसीर अमीनुद्दीन डागर तक, पिछली पाँच-छह शताब्दियों से अहर्निश निभती रही, तो वह परम्परा होते हुए वर्तमान में ऐतिहासिक एवं वैविध्यपूर्ण बन पायी है। वह एक लम्बे कालखण्ड के बीत जाने के कारण ऐतिहासिक नहीं हुई, वरन् एक परम्परा के रूप में बहते हुए अकबर के दरबार से चलकर डागर घराने की दहलीज़ तक आकर वैभवपूर्ण और प्रयोगधर्मी हुई है।

(12)

11 जनवरी, 2009

वसन्त देव ने एक बेहद सुन्दर गीत फ़िल्म *'सुर संगम'* के लिये लिखा था। यह गीत पारम्परिक फ़िल्मी गीत न होकर शास्त्रीय संगीत के लिये एक बन्दिश की रचना थी, जिसे ख़्याल की शक्ल में पण्डित राजन-साजन मिश्र ने बहुत खूबसूरती से गाया था। इस गीत के बोल कुछ यूँ हैं– *सुर का है सोपान सुरीला/अमर लोक ले जाए/जहाँ पहुँचकर मन का सारा/दूजापन मिट जाए/आए सुर के पंछी आए।*

इसे जब भी सुनता हूँ, बार-बार शास्त्रीय संगीत के उस गह्वर सम्मोहन में पड़ता हूँ, जिसके कारण संगीत की अपनी शास्त्रीयता में औदात्त एवं समन्वय का अद्वितीय संगम देखने को मिलता है। सुर के सोपान को चढ़कर, भावना लोक के ऐसे स्वर्गिक धरातल पर पहुँचना, जहाँ मन का सारा द्विचित्तापन और परायेपन का भान मिट जाता है– अमरता के रूपक की ओर बढ़ने लायक एकदम वाज़िब लगता है। यह भारतीय संगीत की अपनी विशिष्टता है कि वह अमरता, देवत्त्व और मनुष्यता की अवधारणा से ओतप्रोत अपनी साभिप्राय अनुगूँज को हमेशा से ही समन्वय और उदारता के अर्थों में संजोता रहा है। यह बात भी संगीत सुनते हुए हमेशा पुष्ट होती रही है कि हर कला संगीत के सर्वोपरि शिखर पर पहुँचने का स्वप्न देखती है। समन्वय की आकाँक्षा के भीतर से उठता हुआ, संगीत का स्वप्न....।

मन का दूजापन मिटाकर सुर के पंक्षी के आने वाले इस गीत को जब भी सुनता हूँ, अनायास ही बहुतेरी ऐसी बन्दिशें भी उसी समय याद आती हैं, जहाँ संगीत अपनी उदारता का स्वप्न देखता हुआ मिलता है। मसलन– किशोरी अमोनकर की राग भूप में गायी द्रुत की अनोखी बन्दिश– *सहेला रे आ मिल गाएँ/सप्त सुरन की बेल सुनाएँ/जनम-जनम के संग न भूलें/अबके मिले सो बिछड़ न जाएँ/सहेला रे आ मिल गाएँ।*

कई जन्मों के रिश्ते को याद रखने की कैफियत, साथ ही इस बात की हिदायत कि अबकी अगर मिलें, तो भविष्य में कभी भी हम न बिछड़ें। इसलिए ऐसा कोई जतन करना है कि हम अलग-अलग होते हुए भी एक ही रहें। यह जानना सुखद है कि यह स्थापना भी अकेले नहीं, सबके साथ मिलकर गाने से सम्भव हो पा रही है। अपने प्रियजन, शुभचिन्तक, हितैषी, मित्र, प्रेमी और जीवनसाथी किसी को भी इंगित या सभी को इंगित– यह बन्दिश दरअसल बहुवचन की सार्थकता का सबसे प्रामाणिक और नैसर्गिक उदाहरण है। यह कहने में हमें कोई झिझक नहीं होनी चाहिए कि संगीत जिस अमरलोक में ले जाकर हमारे मन का दूजापन मिटाता है, वही संगीत कई जनमों तक निभने वाले इस जन्म के रिश्तों को अपनी उपस्थिति से अमर्त्य भी बनाता है।

मेरी व्यक्तिगत अनुभूति यही रही है कि शास्त्रीय संगीत की समझ उसके अपने शिल्प, विन्यास, रचना कौशल और अभ्यास से अधिक उस मनुष्य स्वभाव की

अन्तर्निहित गहराईयों से एकात्म है, उससे भीतर तक अनुरागपूर्वक जुड़ी हुई है— जिसे हमारी रोज़मर्रा की जिन्दगी की भौतिक ज़रूरतें विभाजित करती रहती हैं। संगीत का अनुभव या उसका कोई आत्मीय स्पर्श हमारी उस स्मृति व पूर्व में हुई घटनाओं से एक बौद्धिक विरेचन भी है, जिसके कारण उसका एहसास अकसर उदात्त, स्वर्गिक और आध्यात्मिक की अनुगूँज या भ्रम पैदा करता है।

सहेला रे अथवा *आए सुर के पंक्षी आए* को सुनकर हम आध्यात्मिक धरातल पर नहीं पहुँचते, वरन उस विराट की कल्पना से स्वयं का साझा कर रहे होते हैं, जो समन्वय की इतनी बड़ी बुनियाद पर खड़ी रहकर शब्दों को पीछे छोड़ते हुए उसके अभिप्राय और ध्वन्यार्थों तक विस्तृत होती रहती है।

(13)

15 जून, 2009

जब मैं *'देवप्रिया'* किताब पर काम कर रहा था, उस समय सोनल मानसिंह के बहाने नृत्य पर बहुत से ऐसे प्रसंगों की ओर भी बरबस मेरा ध्यान गया, जिसे शायद अलग से कभी मैं, नृत्य या नृत्त के सन्दर्भ में न तो देख ही पाता और न ही उसकी गहराई के प्रति सचेत ही होता। एक बात जो पारम्परिक नृत्य-कला के सन्दर्भ में प्रचलित रही है, कि उसकी शुद्धता ही नृत्य का सर्वोपरि आशय होती है, सोनल तथा अधिकांश नृत्यांगनाएँ एक सिरे से ख़ारिज़ करती रही हैं। मुझे याद है, शुद्धता से सन्दर्भित एक प्रश्न के जवाब में उन्होंने कहा था— *"अलग-अलग ढ़ेरों पाताल-गंगा, गरुण-गंगा, नन्द-गंगा, भागीरथी, मन्दाकिनी, अलकनन्दा मिली होंगी, तब जाकर एक गंगा बनी है। इतनी पाँच, पचास, पाँच सौ नदियों का संगम, गंगा बन पाया है। ऐसे ही हजारों छोटे-बड़े विचार, देशी और मार्गी, नाट्यधर्मी और लोकधर्मी, फोक और मॉडर्न सब आपस में मिलकर हमारे जीवन्त नृत्य का अंग बने होंगे। कलाकार को भ्रमरवत होना पड़ेगा। जहाँ कहीं भी सुन्दर है, सरस है, समझ से परिपूर्ण है, उसको लेकर अपना बनाना होगा।"*

यह एक नर्तकी का अपनी पारम्परिक कला के प्रति ऐसा साहसी और विवेकपूर्ण तर्क है, जिसके आगे यह देखना आश्चर्य भरा हो सकता है कि इतने तरीकों से शुद्ध नृत्त और कलात्मक नृत्य में कोई कलाकार कितनी परतों में व्यक्तिगत

रूप से नवाचार भरता है, फिर भी दूर से देखने पर उसकी कला शत-प्रतिशत शुद्धता के नज़दीक और परम्परा में जगह बनाती हुई दिखाई पड़ती है।

सोनल मानसिंह के अलावा भी इसी तरह के विचार से मिलते-जुलते धरातल पर इन्द्राणी रहमान, बालासरस्वती, मैडम मेनका, पं. उदयशंकर, दमयन्ती जोशी एवं मृणालिनी साराभाई भी खड़ी नज़र आती हैं। इन लोगों के यहाँ भी नृत्य एक ऐसा सामूहिक उद्यम है, जिसमें लोक एवं शास्त्र, देसी एवं मार्गी, परम्परा एवं वर्तमान, साहित्य एवं संगीत, वाद्य एवं ताल सभी कुछ को बीनने-पछोरने का जतन किया जाता रहा है। बालासरस्वती और रुक्मणी देवी अरुण्डेल का ऐतिहासिक विवाद भी इसी नवप्रवर्तन को लेकर मशहूर हुआ कि दोनों अपने आंगिक व्यवहार को अलग-अलग ढंग से व्याख्यायित करने के जतन में लगीं थीं। जहाँ बालासरस्वती के लिये उनका नृत्य *शृंगार-भक्ति* का निरूपण था, वहीं रुक्मणी देवी अरुण्डेल *भक्ति* को *शृंगार* से अलग करके देखती थीं।

नृत्य के बारे में सोचते हुए मैंने हमेशा यही पाया है कि भले ही यह विधा क्षणभंगुर कला का सबसे ठोस रूपाकार है, मगर इसकी अन्तश्चेतना पारम्परिक और आधुनिक, वैज्ञानिक और मनोविश्लेषणात्मक तथा लालित्यपूर्ण और ज्यामितिक के बीच यात्रा करती रहती है। सोनल के लिहाज़ से वह भ्रमरवत है, जिसमें ढ़ेरों प्रकार की गंगाओं ने मिलकर अपनी स्वयं की अभिनव भागीरथी बनायी हुई है।

(14)

23 सितम्बर, 2006

सूर्य की रोशनी और ताप का अनुभव होता है हर दिन, मगर उस पर हमारी आँखें टिक नहीं पातीं। चन्द्रमा की ठंढक और सुन्दरता का हमेशा एहसास रहता है, पर यह पता नहीं चल पाता कि उसके असमंजस और दाग कैसे हैं?

क्या यही स्थिति संगीत में भी नहीं है कि हम उसके सुरों को छूते तो हैं, पर लगातार वहाँ टिक नहीं पाते। उससे बार-बार फिसलते हैं– और गायी जा चुकी बन्दिश या व्यतीत हो चुकी रागिनी की विकृति हमारी पकड़ से बहुत दूर जा चुकी होती है। उसको संगीत में पहचान पाना, सम्भव नहीं। उसके असमंजस एवं अधैर्य को समझ पाना हमेशा ही नामुमकिन सा लगता है।

27 सितम्बर, 2009

साहिर लुधियानवी को लेकर मेरे मन में जो आदर है, वह उनके शायर की कैफ़ियत से अलग उनके गीतकार के प्रति कुछ अतिरिक्त गम्भीर है। मेरे लिये किसी निर्णय की आपाधापी में फँसने कि साहिर बड़े शायर हैं या बड़े गीतकार, से ज्यादा महत्त्व की बात यह रही है कि उन्होंने फिल्मों में मनोरंजन के लिये गीत रचते वक्त भी उस आम इंसान और उससे जुड़े जनसमूह को पर्याप्त इज़्जत की निगाह से देखा है, जो फिल्मों के प्रति दीवाना रहा है। शायद, साहिर यह बात जानते रहे होंगे कि उनका दीवान या कविता-संग्रह पढ़ने से ज्यादा दिलचस्पी समाज उन फिल्मों के लिये दिखाएगा, जो उनकी जिन्दगी को कम से कम ढाई घण्टे के लिये किसी स्वप्नलोक में ले जाती हैं। फिल्मों से मिलने वाली फौरी राहत के तहत भी धीरे से अपना इंकलाबी विचार, गानों के बहाने जनता को सौंपा जा सकता है, इसकी बड़ी मिसाल साहिर लुधियानवी बनते हैं। जिन्दगी का भरपूर मेलोड्रामा रचते हुए, प्रेम और विरह के अफसानों से लेकर जंग एवं अमन, परिवार एवं समाज तथा राजनीति एवं धर्म की किस्सागोई तक फैला हिन्दी सिनेमा का संसार, साहिर के गीतों एवं उनकी बुनियादी सोच को व्यक्त करने के लिये एक बहुत बड़ा मैदान या विचारगाह हो सकती है, यह उनके फ़िल्मी गीतों को पढ़कर जाना जा सकता है।

ये गीत, सिर्फ फ़िल्म के लिये उसके किसी विशेष मनःस्थिति या छवि का चित्रण करने के अलावा साहित्य, संगीत व दर्शन के स्तर पर भी बेहद कारगर हैं। उदाहरण के तौर पर कुछ ऐसे गाने याद आते हैं, जिन्हें अलग से सुनते हुए या उनकी सन्दर्भित फिल्मों के प्रसंग से काटकर पढ़ने पर वह एक उत्कृष्ट कला का आस्वाद रचते हैं। मुझे यह स्वीकारने में कोई दिक्कत नहीं होती कि इन गीतों में साहिर मात्र एक गीतकार न रहकर, एक बेहद स्तरीय विचारक एवं गम्भीर कवि की श्रेणी में पहुँच गये हैं। ऐसे मुकाम पर जहाँ वे पूरे जोश से किसी भी महान, प्रगतिशील, मानवीयता से ओतप्रोत एवं बौद्धिक क्षमता वाले कवि से हाथ मिला सकते हैं। इन गीतों को पढ़कर शायद आप भी सहमत हों। मसलन– *'औरत ने जनम दिया मरदों को, मरदों ने उसे बाज़ार दिया' (साधना), 'सुनो छोटी सी गुड़िया की लम्बी कहानी' (सीमा), 'ये कूचे ये नीलामघर दिलकशी के, जिन्हें नाज़ है हिन्द पर वो कहाँ हैं'*

(प्यासा), 'वो सुबह कभी तो आयेगी, जब अम्बर झूम के नाचेगा, जब धरती नग्मे गाएगी' (फिर सुबह होगी), 'जहाँ में ऐसा कौन है जिसको ग़म मिला नहीं' (हम दोनों), 'अल्ला तेरो नाम, ईश्वर तेरो नाम' (हम दोनों), 'तू हिन्दू बनेगा न मुसलमान बनेगा, इंसान की औलाद है, इंसान बनेगा' (धूल का फूल), 'संसार से भागे फिरते हो, भगवान को तुम क्या पाओगे' (चित्रलेखा), ये महलों ये तख़्तों ये ताज़ों की दुनिया, ये दुनिया अगर मिल भी जाये तो क्या है' (प्यासा), 'इंसाफ का मन्दिर है, ये भगवान का घर है' (अमर), 'साथी हाथ बढ़ाना, एक अकेला थक जायेगा, मिलकर बोझ उठाना' (नया दौर), 'तोरा मन दरपन कहलाये, भले-बुरे सारे करमों को देखे और दिखाये' (काज़ल), 'अब कोई गुलशन न उजड़े, अब वतन आज़ाद है' (मुझे जीने दो)......

साहिर के ऐसे ढेरों गीत संगे-मील हैं। उन पर कई स्तरों पर बहुतेरे सन्दर्भों में बातें की जा सकती हैं। कभी-कभी मन होता है कि इन गीतों को भी बच्चों के पाठ्यक्रमों में स्थान मिलना चाहिए, जिससे वे व्यापक अर्थों में मानवीयता और प्यार की बातों को जीवन के अपने आरम्भिक दौर में ही जान सकें। उनमें जो संवेदनशीलता नैसर्गिक रूप से वास करती है, वह इस तरह की कविताओं, शायरी और गीतों के माध्यम से और भी अधिक घनीभूत होगी, जिससे उनकी सोच का दायरा व्यापक हो सकेगा।

(16)

12 जनवरी, 2004

हुसैन के घोड़े, रामकुमार के माच्चू-पिच्चू के अमूर्त धूसर रंग, सैय्यद हैदर रज़ा के बिन्दु और नाद का बहुरंगी अध्यात्म एवं तैय्यब मेहता की अनगिनत दार्शनिक मानव आकृतियाँ-सभी का 'आम-जन' दरअसल चित्रकला का वह विशिष्ट समाज है, जिसमें हर एक कृति या चरित्र एक दूसरे से निरपेक्ष रहते हुए, एक दूसरे के पूरक हैं। कलाओं के यह सारे उदाहरण कहीं रंगों द्वारा भविष्य की दिशा निर्धारित करते हैं, तो कहीं जीवन की जद्दोजहद से उनका सामना होता है। ये चित्र या ढेरों चरित्र कोई स्पष्टीकरण नहीं देते। वे कहाँ से शुरू होते हैं और कहाँ जाकर लुप्त, इसकी अवधारणा भी चित्र देखने वाले की अपनी अवधारणा व मनोभावना से एकात्म होती है। उन चित्रों की रेखायें, ज्यामितिक आकार, अनगिनत प्रसन्न और उदास रंग

कभी समझौता नहीं करते बल्कि विचार को एक तारतम्य देने की कोशिश भर करते हैं। उसमें अन्धेरा कहाँ निरभ्र और पवित्र होगा या जल पर प्रकृति की छाया किस तरह प्रतिबिम्बित होगी– यह सब कुछ बहुत अप्रत्याशित होता है। थोड़ी देर के लिए हम साहित्य का सहारा लेकर इस बात को समझने की कोशिश करें, तो पायेंगे कि यह हजारों साल पहले योगियों, अवधूतों और सिद्धों के उन करतबों और लीलाओं की तरह है, जिसमें एक ही समय में जीवन के प्रति आस्था दिखायी पड़ती है, तो दूसरे क्षण घोर निर्लिप्ता में उनकी हरकतें तल्लीन हो जाती हैं। उनका अस्तित्व एक अबूझ कौतुक में विलीन हो जाता है और हमें उस प्रक्रिया में रहस्यमयता के साथ-साथ विचारों का भी दर्शन हो पाता है। जिस तरह सिद्ध यह स्पष्ट नहीं करते कि उनके करतब, उनकी हरकतें, उनकी बानियाँ समाज के किसी काम की हैं, उसी तरह बहुतेरे चित्र और कलाकारों के मन्तव्य निर्लिप्त ही रहते हैं कि रोजमर्रा की खटखट से निकलकर आने वाला एक हैरान चेहरा इनमें कहाँ और कितना सुकून तलाशता है।

(17)

20 जनवरी, 2004

कलाओं की बात हो, तो कलाओं के आपसी साहचर्य की बात भी उठती है। मसलन चित्रकला है– तो उसका इन्स्टालेशन (संस्थापन) से क्या सम्बन्ध है? संगीत है– तो वह कितना रंगमंच के पड़ोस में जाता है? या नृत्य एवं अन्य प्रदर्शनकारी कलाएँ हैं– तो वे सभी मूर्तियों, भवनों, शिल्पकारों और उन स्थानों से कितना सम्वाद करती हैं?

अब प्रश्न यह उठता है कि इन सबके बीच कभी कलाकार आता भी है, फिर उसके अर्थ या आस्वाद ग्रहण करने वाले व्यक्ति, श्रोता, दर्शक या भावक से कितना सम्बन्ध बना पाता है? उस कलाकार या कला को समझने-परखने वाले व्यक्ति को हम उसके समाज में यदि थोड़ी देर के लिए परखें, तो पायेंगे कि उसने अपने तरीकों से अपरोक्ष रूप से ही समाज को स्पन्दित कर दिया है। उदाहरण के लिए एक छोटी सी कथा चुनते हैं। एक जुलाहा है। हथकरघे पर उसे ताना-बाना डालते और उससे कपड़ा तैयार होते असंख्य लोग देखते रहते हैं। उसकी उंगलियों का अपने करघे पर संचालन, धागे की कपड़ा बनते समय एक निश्चित ढंग की

आवाजाही और जुलाहे के विचारों से बन रही कपड़े के रूप में कोई ज्यामिति या अंकन समाज को दिखती रहती है। मगर इनमें से अधिकांश आगे बढ़ते हैं और उस क्षणभंगुर कला को अगले ही क्षण भूल जाते हैं। फिर भी एक सम्भावना बची रहती है। शायद कोई एक तो होगा, जो उसको देखते हुए ही कपड़ा बुनना और करघा चलाना सीख जाता है। वह जुलाहा उस देखने वाले का गुरु नहीं है, देखने वाला व्यक्ति या स्त्री कहीं से उससे सम्बन्धित नहीं हैं, न ही किसी प्रकार के सामाजिक दबाव में वहाँ रुके हुए हैं। मगर वहाँ कुछ न कुछ अवश्य अप्रत्याशित घटता है, जो जुलाहे और उस अकेले खड़े व्यक्ति को आपस में जोड़ देता है। करघा, धागा और उसका ताना-बाना यहाँ मात्र साधन हैं। जुलाहा कपड़ा तैयार कर चुका होता है, वह टाँके और कढ़ाई को सफल बना चुका होता है और देखने वाला भी इस सारी प्रक्रिया से गुजरकर एक नया कपड़ा बुनने के लिए तैयार या लगभग निपुण हो जाता है।

अब इस पूरी कथा में जो केन्द्रीय प्रश्न है वह यही है कि एक निश्चित कला को बिना जाने और उससे जुड़े ही कुछ लोग जानने लगते हैं या हम कह सकते हैं कि जानना शुरू होने की प्रक्रिया में शामिल हो जाते हैं। यही अप्रत्याशित अबूझ प्रक्रिया, बिना किसी उद्देश्य के देखते रहना या उसे बनने की प्रक्रिया में स्वयं को शामिल पाना ही उस कला की 'जनपक्षधरता' है, जो कि उसे सर्वग्राही बनाती है।

रंगों को देखते हुए, किसी रंग को पाने की आकांक्षा या संगीत को सुनते हुए, किसी सुर पर अटके रह जाने की स्थिति ही एक आदमी का नहीं, पूरे कला समुदाय का उसमें शामिल होना है। इसी को हम उस कला में, उस व्यक्ति की आवाजाही कह सकते हैं। कलाएँ बस इतने भर आश्वासन से ही निरवधि में अनन्त काल तक टिकी रहती हैं।

(19)

18 मार्च, 2009

अकसर यह बात उठती है कि कलाओं, साहित्य और सिनेमा के जीवन में बिना डूबे प्रतिष्ठा नहीं मिलती। विशेषकर प्रदर्शनकारी कलाओं के समाज में तो यह बात एक रुढ़ि की तरह मान्य रही है कि सब कुछ छोड़कर, अपने घर परिवार और आत्मीय रिश्तों की चौहद्दी से बाहर निकलकर, किसी जुनून के वशीभूत रहते हुए ही उस कला में पूर्णता आती है। मगर मुझे लगता है कि कलाओं या अन्य किसी

रचनात्मक कार्य में संलग्न रहने वाले व्यक्ति के लिये उसकी अपनी मनोदशा, प्रतिभा, कल्पना, उद्यम और संयम ही, कहीं न कहीं उसे दीवानगी की जद में ले जाते हैं। यह अकारण नहीं है कि उस्ताद बिस्मिल्ला ख़ाँ ने जीवन भर जिस सुर की इबादत में उम्र गवाँ दी, उसकी नींव की ईंट में बनारस की दालमण्डी का वह रास्ता महत्त्वपूर्ण था, जहाँ अपने समय की मशहूर गायिकाओं रसूलनबाई और बतूलनबाई का कोठा पड़ता था। उस्ताद कम उम्र में ही उन गलियों में घूमने का शौक फरमाने लगे थे और चोरी-चोरी कोठों के रास्ते से होकर गुजरना उनके किशोर वय में उस जुनून के स्तर तक पहुँचा कि वे स्वयं एक बाकमाल शहनाईनवाज़ बनकर उभर सके।

पण्डित भीमसेन जोशी की कहानी भी कुछ इसी तरह की है। वे उस्ताद अब्दुल करीम ख़ाँ की एक ठुमरी *'पिया बिन नहिं आवत चैन'* सुनकर इतने बेचैन हो गये थे कि उन्होंने घर ही छोड़ने का मन बना लिया। भीमसेन जोशी की जीवनी इस मामले में हमेशा प्रेरणादायक रहेगी कि संगीत के सच्चे सुर की तलाश में निकलने वाले एक यायावर की संघर्ष-यात्रा बाद में जाकर इतनी कठिन हुई कि उन्हें कुछ दिनों तक अपने समय के मशहूर कलाकार पहाड़ी सान्याल के यहाँ घरेलू नौकर की तरह भी काम करना पड़ा। मगर क्या मज़ाल कि उनका अन्तर्मन उनके कलाकार को थोड़ा भी उन कठिन दिनों में डिगा सका हो। एक कलाकार बनने की कैफियत लेकर घर से निकले भीमसेन जोशी ने ज़िन्दगी भर घूम-घूमकर, उस्तादों की ख़ानकाहों में भटककर किराना घराने के शास्त्रीय संगीत को शिखर पर पहुँचाया। इसी तरह सिद्धेश्वरी देवी, बेगम अख़्तर और नृत्यांगना रुक्मिणी देवी अरुण्डेल की कहानी भी दिलचस्प ब्यौरों का ऐसा रंगीन पिटारा नज़र आती है, जिसके अन्दर हाथ डालने पर जादू के रंग-बिरंगे तमाशों की ढ़ेरों फुलझड़ियाँ हाथ लगती हैं। साथ ही यह भी पता लगता है कि एक फनकार का अपना व्यक्तिगत कुछ भी नहीं रह जाता। वह अपनी कला में इस कदर डूबा और रचा बसा रहता है कि इस बात की गुंजाइश ही ख़त्म हो जाती है कि किस तरह उसका रचनात्मक जीवन, उसके व्यक्तिगत जीवन से निरपेक्ष रहता चला आता है।

उत्साह, मनोग्राह्यता, यायावरी, मस्तमौलापन, लोकप्रियता एवं पूर्णता को पाने की अतृप्त आकाँक्षा– यह कुछ ऐसे ध्रुवान्त हैं, जिससे हर एक समर्पित कलाकार अपने जीवन में कभी न कभी मुठभेड़ अवश्य करता है, भले ही वह बड़ा और मशहूर हो या कि साधारण और कम प्रचलित। अधिकांश कलाकार अपनी

दीवानगी को दीवानगी न कहकर अकसर साधना, अभ्यास या समर्पण के नाम से समझाने की कोशिश करते हैं। ज्यादातर परिस्थितियों में यह सत्य भी होता है, मगर एक सत्य इसके साथ यह भी अन्तर्गुम्फित रहता है कि कोई कलाकार अपने स्वयं से ही संघर्ष करता हुआ उस अन्तश्चेतना को छूने की कोशिश करता है, सौभाग्य से जहाँ तक पहुँचने के पहले उसकी कला की मुक्ति दिखाई नहीं पड़ती।

परम्परागत अर्थों में हम जिसे जीवन या कला-यात्रा के प्रवाह में प्रस्थान बिन्दु मानते हैं, यह वही सर्वमान्य योजक कड़ी है, जिसे आप दीवानगी, पागलपन, जुनून या बेकली कह सकते हैं। जाहिर है, जो जितना महान कलाकार होगा, वह उतना ही बेकल और उत्साह के अतिशय छोर पर अधीर भी होगा। यदि कहीं सुन्दर सिम्फनी होगी, तो अपने सम्पूर्ण गूँगे-बहरेपन के बावजूद एक जुनूनी बीथोवन भी आसपास जरूर मौजूद होगा। इस बात से कौन इनकार कर सकता है कि अनहद नाद के पीछे तड़पने वाले अवधूत कबीर रामानन्द को गुरु रूप में अपने दीवानेपन के चलते ही पा सके थे। ढ़ेरों ऐसे लोग, जो अपनी कला की दुनिया में महान बन सके, उनकी महानता किसी बेकली या बेताबी के कारण ही सम्भव हो पायी है। ऐसे में ग़ालिब को याद करना कम प्रासंगिक नहीं है, जब वे कहते हैं–

आशिकी सब्र तलब और तमन्ना बेताब,
दिल का क्या रंग करूं, ख़ूने-ज़िगर होने तक।

(20)

10 दिसम्बर, 2010

भक्तिकाल की उपस्थिति हमारे यहाँ आम जीवन में भले न दिखती हो या आज उन्हें आधुनिक युग में विमर्शकारी न माना जाता हो, मगर भक्तिकाल की सबसे समकालीन व प्रासंगिक दावेदारी अगर कहीं दिखती है, तो वह हमारे शास्त्रीय गायन में मौजूद है। फिर वह उत्तर भारतीय शास्त्रीय गायन हो या दक्षिण भारत की कर्नाटक शैली। शायद ही कोई घराना ऐसा हो, जहाँ ख्याल, ठुमरी, अभंग, भजन या अन्य विधाओं के गायन में भक्तिपद इस्तेमाल न होता हो। आप भीमसेन जोशी का कोई ख्याल सुनें या कि पण्डित ओंकारनाथ ठाकुर या पण्डित डी.वी. पलुस्कर का कोई भजन, वहाँ भक्तिकाल सबसे मुखरतम रूप में मौजूद मिलेगा। इसी तरह दक्षिण

भारतीय कर्नाटक शैली में पुरन्दर दास, त्यागराज, मुत्तुस्वामी दीक्षितर और स्वाती तिरुनाल को गाने की अभूतपूर्व परम्परा है। उनके यहाँ तो यह परम्परा इतनी जिम्मेदार और अनुशासन से बँधी है कि यदि कोई पद उन्हें परम्परा में त्यागराज का लिखा हुआ श्री या गौरी राग में प्राप्त है, तो हजार सालों तक वह उसी राग में गाया या बजाया जायेगा। आप उन्हें कितना भी समझाएँ, तमाम प्रलोभनों से उकसाना चाहें, मगर वे जस का तस ही अपने संगीत में उसे गायेंगे। उनके यहाँ शास्त्रीयता और परम्परा सर्वोपरि है, उससे अलग कविता या संगीत का कोई भी स्वरूप उन्हें स्वीकार्य नहीं।

(21)

10 दिसम्बर, 2010

भक्ति साहित्य में प्रचलित और प्रसारित अब तक जितने भी प्रामाणिक, फुटकर तथा अल्प प्रचलित पदों या बानियों के संग्रह उपलब्ध हैं या मिलते हैं, वह इसी एक तथ्य पर आधारित हैं कि वे गाये जायें। मुझे आज तक ऐसा कोई भी अकेला संग्रह भक्ति कविता का नहीं मिला, जिसमें गायन के सन्दर्भ में उन पदों की प्रासंगिकता दर्ज़ न हो। फिर चाहे वह शुद्ध ज्ञानमार्गी या प्रेममार्गी निर्गुण या सूफी काव्य द्वारा भक्ति का प्रचार प्रसार हो या कि सनातन शुद्धतावादी परम्परा में *बाल-लीला* और *विनय के पद,* सभी जगह उनके गायन की सुनिश्चितता बरकरार है। यह स्थिति *कबीर ग्रन्थावली, भ्रमर-गीत, कवितावली, दोहावली, पार्वती-मंगल, रामलला-नहछू, मीरा के पद, कबीर साहब, दरिया,* रज्जब, *पीपा, पलटूदास* आदि की बानियों से लेकर *बिन्दु जी महाराज* और *स्वामी हरिदास* के पदों आदि में मौजूद है।

(22)

14 दिसम्बर, 2010

यह शायद कम लोग जानते होंगे कि मन्दिरों में अर्चना की जो पद्धतियाँ विकसित थीं, उसमें संगीत के साथ नृत्य भी उसकी एक पूजा विधि के तौर पर प्रयुक्त होता था। ईश्वर के सामने नृत्य का प्रदर्शन भी पंचधा, नवधा तथा दशधा भक्तियों में उल्लिखित है। त्यागराज के असंख्य पद, भक्ति से ज्यादा नृत्य के सन्दर्भ में दक्षिण भारत के मन्दिरों के लिये लिखे गये। भरतनाट्यम, ओडिसी, कुचिपुड़ी, मोहिनीअट्टम

तथा यक्षगान शैलियों का नृत्य तथा रंग-प्रदर्शन दरअसल भक्ति का ही एक उल्लासकारी निरूपण माना जाता रहा है। मोहिनीअट्टम विधा तो विष्णु द्वारा भुवन मोहिनी स्वरूप धरकर नृत्य करते हुए भस्मासुर का वध करने के लिहाज से व्यवहृत ऐतिहासिक नृत्य परम्परा है। यह अकेली ऐसी भारतीय नृत्य छवि है, जिसमें धर्म, अध्यात्म, भक्ति और शास्त्र-नृत्य के माध्यम से अपना स्वरूप ग्रहण कर पाये हैं। आज भी दक्षिण भारत के मन्दिरों में महारियाँ, अलंकार दासियाँ और नृत्यांगनाएँ स्वाती तिरुनाल आदि के पदों पर पारम्परिक रूप से मोहिनीअट्टम करती हुई मिल जाती हैं।

(23)

29 मई 2006

कल रात गौतम घोष की फिल्म 'अन्तरजली यात्रा' देखी। पिछले दिनों, सोनल मानसिंह से बातचीत के दौरान यह पता लगा कि सोनल को यह फ़िल्म उनकी देखी फिल्मों में बहुत प्रिय रही है। तभी से मेरे अन्दर इसे देखने की उत्सुकता हुई। बाद में इण्डिया इण्टरनेशनल सेन्टर में, प्रयाग जी से मुलाकात के दौरान हमारी बात का सिरा पता नहीं कहाँ-कहाँ से होता हुआ 'सिनेमा' पर जा टिका। फिर बंगाली सिनेमा की बात भी निकल पड़ी, जिससे गौतम घोष और 'अन्तरजली यात्रा' भी स्वतः ही चर्चा में आ गये। जाहिर है, मैंने तब तक इसे देखा न था, इस कारण प्रयाग शुक्ल की इस फ़िल्म को लेकर की गयी टिप्पणी मुझे इसके प्रति कुछ अतिरिक्त रोमांच से भरने लगे।

दिल्ली से लौटते वक्त, सुखद रूप से यह फिल्म ख़ान मार्केट में मिल गयी। अब, जब से इसे देखा है, तो बहुत सारी ऐसी बातें व प्रश्न मन में उठने लगे हैं, जिसके कारण 'अन्तरजली यात्रा' के बहाने अपने पूर्वज समय को कुरेदने का मन होने लगा है। इस फ़िल्म को देखने के साथ यह धारणा मन में एक बार फिर नये सिरे से पुख़्ता हुई है कि भारतीय सिनेमा का सच्चा अन्तःकरण आज भी, क्षेत्रीय भाषाओं की फ़िल्मों में सुरक्षित नजर आता है। बंगाली सिनेमा में गौतम घोष हों या हाल के कुछ वर्षों में चर्चित हुए ऋतुपर्णो घोष; मलयालम में अडूर गोपालकृष्णन हों या गोविन्दम अरविन्दम; सभी की कला ज्यामिति भाषा, विचार, संवेदना, रंगों और समाज में बहुत अन्दर तक गहरी धँसी हुई है, जिससे निकलने वाली परम्परा और

वर्तमान को सहेजने वाली दृष्टि की कई परतें, दरारें, अन्तरविरोध और दबाव- सिनेमा से अलग एक साहित्यिक समय की माँग भी करते हैं। इस साहित्यिक समय या रचनात्मक कला परिदृश्य के भीतर ही सार्थक सिनेमा जैसे पद को ठीक ढंग से परखा जा सकता है।

'अन्तरजली यात्रा' वैसे तो उन्नीसवीं शताब्दी के अन्त पर, 'सती-प्रथा' के चित्रण के विद्रूप को रेखांकित करने व उस समय ऐसी कुरीतियों की विडम्बना को पढ़ सकने के लिहाज से बनायी गयी है। मगर फिल्म का अभिप्राय, नदी के जल के अथाह मौन बिम्ब से, किनारे खड़ी एक लम्बी नाव की उदास उपस्थिति से तथा किशोरवय नायिका की अवसाद भरी जिजीविषा से जिस तरह संवाद करता है- वह नरेशन अद्‌भुत ढंग से दर्ज़ हुआ है। फिल्म में नाव की आँखें भी हैं, जिन्हें कुछ ढूँढ़ती हुई सी चित्रित किया गया है। लगता है कि निर्देशक इन उदास और बेचैन आँखों के रूपक से पूरी फिल्म को एकरेखीय धरातल में दर्शकों के मानस पर खींचना चाहता है। उदासी जैसे मनुष्यगत भाव को नाव जैसी निर्जीव चीज़ के साथ जोड़कर देखने पर, मनुष्य नियति की निर्जीविता का बेहद मार्मिक व गम्भीर बोध होता है। फिल्म में इस तरह के बहुतेरे ट्रीटमेन्ट इसकी संरचना को एक अलग कला-सजग निर्मिति देते हैं।

फ़िल्म का अन्त नायिका की मृत्यु से होता है। वह अपने बूढ़े पति को बचाने की जद्दोजहद में मरती है। आप कह सकते हैं कि आखिरकार 'सती' होती है। एक नये ढंग से, जल में जाकर। 'अन्तरजली-यात्रा' का वह दृश्य जिसमें लकड़ी की क्रासनुमा पट्टी, जो बूढ़े पति की मृत्यु शैय्या है का नायिका द्वारा भरसक बचाने की कोशिश में उसे खुद सलीब की तरह ग्रहण करना बहुत तर्कपूर्ण नहीं लगता। नायिका को सती करने की मंशा को लेकर इस फ़िल्म के क्लाईमेक्स से मेरी व्यक्तिगत सहमति नहीं बन पाती। फिल्म के अन्त को लेकर मैं एक अलग तरह का खिंचाव या रिजर्वेशन महसूस करता हूँ। इसका अपना कारण है; जिस कुरीति को रेखांकित करने के लिये गौतम घोष दृश्यावलियों, बिम्बों, पार्श्व संगीत के अतिरिक्त पारम्परिक जन्मकुण्डली, भाग्यफल आदि की परम्परागत रुढ़िबद्धता एवं डोम की प्रगतिशील सोच का विरोधाभासी मेटाफर रचते हैं, वह स्त्री की मृत्यु या मुक्ति के इस प्रसंग द्वारा कमजोर ही पड़ता है। फिर ईसा मसीह के अर्थपूर्ण बलिदान से

नायिका की मृत्यु की तुलना थोड़ा अतिरंजित है। मृत्यु की ओर जाता हुआ सलीब का प्रतीकात्मक उपयोग दृश्य को भावुक ज्यादा बनाता है, अर्थपूर्ण कम।

इस दृश्य को पूरे फिल्म से काटकर यदि देखें तो इस एक अटपटेपन के बावजूद, 'अन्तरजली-यात्रा' अविस्मरणीय फिल्म है, जो थोड़ा ठहरकर इन मुद्दों पर सोचने के लिये मजबूर करती है। यहाँ यह देखना भी प्रासंगिक है कि बांग्ला भाषा की पूरी आंचलिकता के बावजूद फिल्म का कथानक, कम से कम भाषा के स्तर पर दर्शकों से पूरी संवेदनशीलता के साथ जुड़ता है। यही बात इसे कालजयी बनाती है। इसी असर के चलते 'अन्तरजली यात्रा' देखने के बाद मन प्रश्नों के तुमुल कोलाहल में भी फँसता चला जाता है।

(24)

19 दिसम्बर, 2006

फ़ैज़ अहमद फ़ैज़ चकित करते हैं और अकसर गहरी अर्थानुभूति से भर देते हैं, जब आप उनकी शायरी और नज़्मों की सोहबत में हों। *'गुलों में रंग भरे बादे नौबहार चले'*, नज़्म मुझे उनकी तमाम मकबूलियत पायी हुई प्रगतिशील रचनाओं की भीड़ में अलग से अपने अन्दाज़े बयाँ के लिये महत्त्वपूर्ण लगती है। यह ग़ज़ल इसलिये नये ढंग से चकित करती है कि इसका अन्त जिस तल्ख़ सच्चाई से होता है, वह आज के हमारे समय का आईना बनकर पकड़ में आता है।

गुलों में रंग भरे बादे-नौबहार चले
चले भी आओ कि गुलशन का कारोबार चले
क़फ़स उदास है यारों सबा से कुछ तो कहो
कहीं तो बहरे-खुदा आज़ ज़िक्रे-यार चले

नज़्म के अन्तिम मिसरे में, *कू-ए-यार* से निकलना, अपने अज़ीज की पकड़ से बाहर आकर यह समझ पाना भी है कि इस दुनिया में दरअसल भरोसा हासिल करना एक नामुमकिन शय है। यह देख पाना कि कोई भी आपकी आत्मीयता के ताप को समझता नहीं, गर्मजोशी का अर्थ-बहुत हल्के ढंग से लेकर मित्रता को 'मित्रता' का अन्दाज़ नहीं बख़्शता, कहीं गहराई से निराश करता है। *'मुकाम फ़ैज़ कोई राह में जँचा ही नहीं'* जैसी पंक्ति अपने शायर के बड़प्पन का सुबूत

देती है। और यही ग़ज़ल धुर रोमांटिक सी लगती है, जब हम पाते हैं कि शायर की यह दिली तमन्ना है कि उसके प्रियतम के पास आने से ही अब गुलशन का कारोबार चल पाएगा।

यह ग़ज़ल बार-बार पढ़ने लायक है। इसके कई पाठ हमें एक मुकम्मल कवि का पता देते हैं। एक ऐसे दरवेश जैसा दिल रखने वाले शायर का पता, जिसने ताउम्र अपने विचारों के प्रति दृढ़ता के चलते एवं अवाम के लिये गहरी संवेदनशीलता संजोते हुए, संघर्ष की सारी जद्दोजहद, तकलीफें एवं दमन की खरोचें खुद के खाते में दर्ज करायी हैं। ग़ालिब से तो नहीं, मगर फिराक़ से कई बार फैज़ तुलना के काबिल लगते हैं। अकसर पढ़ते वक्त दोनों में दोस्ती कराने का मन करता है। मतलब यह कि एक बार *'सारे सुख़न हमारे'* पढ़ने लगो, तो *'गुल-ए-नग़्मा'* हसरत से ताकती है कि अब मेरा हाल भी ले लो। चलते-चलते फ़ैज़ के इस शेर पर बरबस निग़ाह टिकती है–

दिल से हर मुआमला कर के चले थे साफ़ हम
कहने में उनके सामने बात बदल-बदल गई।

(25)

04 जून, 2006

बासु भट्टाचार्य की एक अर्थपूर्ण फिल्म है– 'आविष्कार'। पति-पत्नी के सम्बन्धों को लेकर वैचारिक गरिमा के साथ बनायी गयी इस फिल्म को देखकर सहसा विश्वास करना कठिन है कि सत्तर के दशक में उठाये गये सवाल आज लगभग तीस-पैंतीस साल बीत जाने के बाद भी, अपनी प्रासंगिकता कहीं खोते नहीं। कैसे एक दम्पति अपने घर-परिवार के भीतर रहते हुए, धीरे-धीरे अपने प्रेम और एकात्म को परस्पर छीजता चला जाता है- इसके लिये 'आविष्कार' जैसी फिल्म को देखना चाहिए।

मुझे इस फिल्म में, जो सबसे मजबूत और मर्मस्पर्शी बात नज़र आती है- वह पूरी कहानी में फैला हुआ कभी पत्नी (शर्मिला टैगोर) तो कभी पति (राजेश खन्ना) का स्वगत-संवाद है। इस सारे उपक्रम में रिश्तों के बीच बढ़ रही दूरी, मिटती हुई संवेदनाएँ एवं एक-दूसरे को ठीक से आत्मीय संस्पर्श न दे पाने की टीस- जैसी

अभिव्यक्तियों को असरदार ढंग से व्यक्त होने दिया गया है। फिर इसका असर एकाएक कई गुना बढ़ जाता है, जब पूरी फिल्म में एक ही गीत- मन्ना डे की आवाज़ में टुकड़ों-टुकड़ों में बजता है- *'हँसने की चाह ने, इतना मुझे रुलाया है'*। यह गीत अपनी अर्थ-व्यंजना को सफल ढंग से दर्शकों तक हर मौके पर प्रेषित करता रहता है।

फ़िल्म को थोड़ी देर के लिये यदि हम परे रख दें और इसी गीत को अपने सामने रखकर देखें, तो पायेंगे कि 'हँसने की चाह ने....' में एक प्रकार से जीवन का वह दुर्लभ पक्ष व्यक्त हो पाया है, जिसे चाहकर भी कहीं सरल ढंग से कहा नहीं जा सकता। बल्कि मुझे लगता है कि हम सभी तमाम सारी ज़िन्दगी, उसे बेहतर बनाने की कोशिश या कवायद में स्वयं के लिये बड़ी जटिल बना डालते हैं। शायद इसी कारण, मुकम्मल जीवन तो भले ही हम न तलाश पायें, मगर अपनी हताशा को साथ लिये हुए उसके खरोंचों को उभारते रहते हैं और टूटते चले जाते हैं। यह गीत फ़िल्म को जितना अर्थ प्रदान करता है, उतना ही अलग से सुने जाने पर खुद को भी प्रभावित करता है। कम से कम मुझ पर इधर इस फिल्म ने, आश्चर्यजनक ढंग से असर किया है। यही बासु भट्टाचार्य का 'आविष्कार' भी है कि उनकी एक फिल्म ने अपने बनने के तीन दशक बाद, ऐसा एक नया दर्शक पा लिया है, जो उसे देखकर नये सिरे से सोचने के लिये विवश है।

(26)

19 जुलाई, 2008

इतिहास की सबसे गौरवशाली ख़ानकाहों में से निकलने वाली अप्रतिम आवाज़ों में एक आवाज़ अमीर ख़ुसरो की भी है, जिसने कई शताब्दियों के बाद भी अपनी उपस्थिति का निर्मल आलोक बचाया हुआ है। यह रोशनी तब और भी प्रासंगिक हो जाती है, जब कुँवर नारायण जैसा संवेदनशील एवं वैचारिक रूप से सजग कवि अमीर ख़ुसरो को अपनी कविता के दायरे में शामिल करता है।

'अमीर ख़ुसरो' जैसी रचना इस तथ्य को जानने के सन्दर्भ में एक पेचीदा पहल है कि हम मिथक और यथार्थ, संवेदना और इतिहासबोध तथा शिल्प और विचार की शर्तों पर किसी कविता को कितना समय निरपेक्ष बना पाते हैं। एक विशेष कालखण्ड में घटने के बावजूद इस कविता का कथानक यदि सार्वकालिक

महत्त्व का बन पाया है, तो उसका सबसे सार्थक पहलू यही है कि यहाँ कवि, अमीर खुसरो की ऐतिहासिकता से नहीं, बल्कि उसमें मौजूद उन संवेदनात्मक अवधारणाओं से सीधे बावस्ता है, जो उसके व्यक्तित्त्व निर्माण की नियति तय करते हैं। यहाँ इतिहास एक प्लेटफार्म है, जिस पर कविता के आत्मदर्शन को खरादा गया है। कुछ-कुछ उसी तरह, जिस तरह एक कोरे कैनवास पर कोई चित्रकार अपने विचार और भावनाओं की ढ़ेरों आत्मीय रेखाएँ और मार्मिक रंग उकेरता है। कविता में कुँवर जी जहाँ वैचारिकता के तटस्थ झरोखे से इसके कथानक एवं चरित्र को देखते हैं, वह उनका निहायत आजमाया हुआ क्षेत्र है, जिससे गुज़रकर वह पहले भी ढेरों महत्त्वपूर्ण इतिहास कविताएँ लिखते रहे हैं। मसलन- *इब्नेबतूता, सरहपा, अभिनवगुप्त, चन्द्रगुप्त मौर्य* एवं *आजकल कबीरदास* जैसी अविस्मरणीय कविताएँ।

'मानवीयता', 'नैतिक आग्रह' एवं 'संघर्ष की जिजीविषा'- ये कुछ प्रत्यय ऐसे हैं, जो कुँवर नारायण की कविता का ताना-बाना तय करते रहे हैं। साथ ही, हमें आसानी से उनकी बड़ी काव्य-यात्रा में जो निर्णायक सूत्र बराबर से मिलता रहा है, वह यही है कि भाषा, शिल्प, कला और विचार सभी के बीच में से निकलकर मनुष्य की निजता का भरा-पूरा मानवीय दायरा ही उनकी रचना का अभीष्ट बनता है। शायद इसी कारण वे खुसरो के साथ अपनी आत्मीय व वैचारिक गुफ्तगू में बड़ी आसानी से निज़ामुद्दीन औलिया, गोपाल नायक, देवलरानी एवं पद्मिनी को भी शरीक कर लेते हैं।

यह कविता संवाद की शक्ल में एक सूचना के साथ शुरू होती है और अपनी समाप्ति पर जिस विचारवान आकलन में तब्दील होती हुई नज़र आती है, वहाँ ढ़ेरों छोटे-छोटे प्रश्नचिन्ह भी बिखरे मिलते हैं; जो इतिहास को चमत्कारिक ढंग से समकालीनता में विन्यस्त कर देते हैं। अमीर खुसरो में कुँवर जी उन्हीं बेधक प्रश्नचिन्हों के सहारे हमारे निज़ी सरोकारों पर ही नहीं, बल्कि अपनी महान् परम्परा पर भी उँगली उठाते हैं। जैसे- उस संगीत में दरअसल किसकी जीत हुई थी? यह तुगलकनामा बस अब और आगे क्यों नहीं? उन दिनों संगीत या कलाओं के बरक्स कैसा आतंक ही विजयी माना जाता था और एक कलाकार की किसी राजदरबार या सामंती व्यवस्था में या एक नृशंस समय में कितनी स्वायत्तता होती है?

ज़ाहिर है ऐसे प्रश्नों से लबरेज़ कुछ नैतिक सरोकारों को टटोलने के प्रयास में 'अमीर खुसरो' जैसी कविता असाधारण भावाभिव्यक्ति उत्पन्न करती है। यह अलग

बात है कि हम इतिहास और वर्तमान की संधिरेखा पर मिलते हुए भी अकसर जीवन की खुली आवाजाही को तरजीह नहीं देते, बल्कि विकृतियों और अन्तर्विरोधों से आँख चुराते हुए स्वयं की अस्मिता का निषेध करते रहते हैं। ऐसे ही मौकों पर बार-बार कुँवर जी की कविता कालजयी बनती है, जो हमें एक बार फिर से बताती है कि समय के शाही खेल तमाशों में संगीत, कलाएँ या उद्दात्त मानवीय सरोकार भी नहीं जीत पाते। हर युग में वह भी हारते हैं, भले ही वह काल को अतिक्रान्त करता हुआ अमीर ख़ुसरो जैसे विवेकवान कलाकार का ऐतिहासिक समय ही क्यों न हो?

(27)

04 अगस्त, 2008

केदारनाथ सिंह की एक मार्मिक व प्रासंगिक कविता है- *'बर्लिन की टूटी दीवार को देखकर'*। केदार जी इस कविता की अन्तर्वस्तु को इतनी सहज निर्लिप्तता के साथ रेखांकित करते हैं कि कविता जैसे-जैसे आगे बढ़ती जाती है, वह मर्मस्पर्शिता का उत्कर्ष प्राप्त करने के साथ ही प्रश्नों एवं जिज्ञासाओं की असंख्य टिमटिमाती उर्मियों में बदल जाती है। इस कविता में, जब कवि कहता है *'यहाँ हममें से हरेक थोड़ा-थोड़ा हिन्द है थोड़ा-थोड़ा पाक'*, तब कविता की अर्थछवियाँ एकाएक न सिर्फ प्रकाशित हो उठती हैं बल्कि हमारे सुखद स्मृतियों के शान्त ताल में अचानक हरारत पैदा कर देती हैं। बर्लिन की टूटी दीवार के बहाने इस कविता की महफिल में ढेरों ऐसे रूपक मौजूद हैं, जो मनुष्य और उसके आत्मीय दायरे के बारे में अपनी उपस्थिति को और भी अधिक भावप्रवण बनाते हैं। मसलन- एक पागल स्त्री का दीवार के पास लगातार चक्कर लगाना, अहमद फराज़ के ताज़ा ग़ज़ल में डूबी हुई पुरनम शाम और पूरे उपमहाद्वीप में सन्नाटे और चीख के बीच किसी ग़ज़ल के एक भूले हुए मिसरे का इन्तज़ार।

केदारनाथ सिंह आदमी व उसके देश-देशान्तर के साथ बनने वाले हार्दिक दायरे का वृत्त खींचते हुए इस प्रश्न के पास पहुँचते हैं कि आखिर यह दीवार कब टूटेगी? उस समय सहसा यह सारे बिम्ब व रूपक अपनी-अपनी काव्य पंक्तियों में रहकर एक लम्बी कराह में तब्दील होते हुए नजर आते हैं, जिससे यही अर्थध्वनि निकलती है कि हम अपने देश से बाहर रहते हुए, पड़ोसी मुल्क के लोगों के साथ अपनापे से बतियाते हुए भी कहीं न कहीं कुछ ऐसा गवाँ देते हैं, जो आसानी से

फिर उस यात्रा में हमारा रहगुजर नहीं बन पाता। फिर वह घास पर पड़ा हुआ होठों से अचानक फिसलकर गिरा चुम्बन हो या एक पागल स्त्री की असम्भव पुकार, जहाँ यह पहले से ही तय है कि समय ने उसकी आत्मा में कोई कील ठोंक दी है।

दरअसल इस कविता में अहमद फराज़ अपनी ही जिस ग़ज़ल का मिसरा भूल रहे होते हैं, वह एक निर्मम चेतावनी है कि हम कहीं न कहीं स्वयं को भूल रहे हैं। अपने अन्दर की उस सहज पुकार को भूल रहे हैं, जो अगर निकल पाती तो शायद हमारे बीच इतनी दूरियाँ न होतीं। तब शायद वह बर्लिन की दीवार भी न होती। अहमद फराज़ के बरक्स अगर यहाँ कबीर या गालिब भी होते, तो उस पागल औरत के विलाप का सुर भी उतना ही अन्तहीन होता, जितना वह फराज़ के समय में है।

(28)

मणि कौल फ़िल्म निर्माण को 'सृजनात्मकता का आनन्द' कहते हैं। एक ऐसी आनन्दमयी निर्मिति, जहाँ अपनी कला-भाषा को विकसित करने के लिए एक कलाकार या सर्जक को हमेशा सचेत रहना पड़ता है। यहाँ कला-भाषा का अर्थ किसी प्रकार की विचारधारा आदि से जुड़ना नहीं, एक सजग कलाकार की उस भाषा को स्वयं के लिये गढ़ने से है, जिससे किसी कला का आस्वाद निर्धारित होता है। जिस तरह किसी जातक या पुराकथा को कहने के लिये एक सूत्रधार तमाम सारे घटनास्थलों पर खड़ा उन कथाओं की रोचक बयानी प्रस्तुत करता है, उसी तरह एक सर्जक मन अपनी आविष्कृत भाषा द्वारा सृजनात्मकता के आनन्द के परिसर को बड़ा और विस्तृत करता रहता है। कई बार कबीर के बेहद जितना बड़ा और परिधि या सीमाओं से सर्वथा मुक्त।

(29)

27 अक्टूबर, 2005

किसी कलाकार पर लिखते हुए एक लेखक को इस बात के लिये हमेशा सतर्क रहना पड़ता है कि जिस कलाकार के बारे में वह बात कर रहा है, उसके बारे में ढ़ेरों कहानियाँ, तथ्य तथा अनगिनत ब्यौरे समाज को पहले से ही मालूम हैं। वह

उन सारे विवरणों के आधार पर जिस नायकत्व की प्रतिष्ठा अपने लेखन या अभिलेखों में चाहता है, लेखक की हल्की सी असावधानी उस सारे विमर्श को आस्वाद के स्तर पर विचलित कर सकती है या बुरी तरह बिखेर सकती है। किसी भी कलाकार के अवदान की बारीकियों को व्यक्त करने में शायद एक लेखक पूरी तरह कभी सफल नहीं हो पाता। इसी कारण उस कलाकार के बारे में उस लेखक की रचनात्मकता जो कुछ भी बानगी देती है, वह अकसर रोचक और सार्थक होते हुए भी कई दफ़ा सम्पूर्णता में उसका चरित्र बखानने में कहीं चूक भी जाती है।

(30)

27 दिसम्बर, 2011

मेरे लिए परम्परागत आलोचना कर्म और रचनात्मक साहित्य में मिलने वाले आलोचनात्मक विचार में ज्यादा फ़र्क नहीं है। इस कारण भी कई बार कुछ रचनात्मक ढंग से लिखी गयी किताबें जीवन या समाज की आलोचना के लिये ज़रूरी लगती हैं। उदाहरण के लिए हम गाँधी जी की आत्मकथा को चुन सकते हैं। यह एक ऐसी ही किताब है, जिनके दुर्गम वन में घुसने पर हमारे छोटे से जीवन के लिये अपार सम्भावनाएँ व रोशनी मिलती है। ऐसी चुनिन्दा पुस्तकों में जो हमारा हौसला पूरी धीरता से बचाये रखती हैं, महात्मा गाँधी की आत्मकथा शायद सबसे ऊपर आयेगी। यह किताब बहुतेरे पाठकों के स्मृति के पन्नों से उठकर उनकी ज़िन्दगी की ज़िल्दों में तफ़सील से बँधी हुई मिलेगी, अगर हम उन सब की पाठकीयता के ब्यौरे खंगालने निकलें। ऐसी पुस्तक का पढ़ा जाना बहुत गहराई से इस बात को भी साबित करता है कि जीवन को आलोचना के स्तर पर हम नैतिक, रचनात्मक और वैचारिक धरातल पर भी पूरी उदारता से परख सकते हैं।

(31)

23 जुलाई, 2007

ऋषिकेश मुखर्जी की फ़िल्म 'सत्यकाम' एक अविस्मरणीय अनुभव को पाने जितना तोष अपने देखे जाने पर देती है। बहुत धीमी लय में लगभग साधारण दृश्यों के सहारे आगे बढ़ती यह फ़िल्म, उत्तरोत्तर बेधक, अर्थपूर्ण और मार्मिक होती जाती है। सच्चाई की नैतिक राह पर चलते हुए, मनुष्य का आत्म और उसकी

स्वानुभूति कितनी क्षत-विक्षत होती है, उसमें पीड़ा की कितनी अधिक व्याप्ति हो जाती है और सच्चाई स्वयं किस तरह समाज में एक गैरप्रासंगिक प्रत्यय बनती जाती है– 'सत्यकाम' इसका ज्वलन्त उदाहरण बनती है। समाज की इस नैतिक चीर-फाड़ में फ़िल्म का उत्तरार्द्ध अत्यन्त अद्भुत बन पड़ा है। शुरुआत के कुछ रील इस बात को तफ़सील से बयाँ नहीं कर पाते कि फ़िल्म आगे जाकर इतनी मर्मस्पर्शी हो जायेगी। इसके अतिरिक्त गौतम ऋषि और जाबाला की पौराणिक कथा का सामयिक अर्थों में प्रस्तुतीकरण इस फ़िल्म का अलग से रेखांकित करने वाला एक विशिष्ट पहलू है, जो 'सत्यकाम' को संवेदना के स्तर पर एक बिल्कुल नयी अर्थाभा प्रदान करता है।

यह जानना कम दिलचस्प नहीं है कि 'सत्यकाम' उस दशक में हमारे सामने आती है जब भ्रष्टाचार हमारे तंत्र में, सामाजिक ढाँचे में तथा राजनीतिक परिदृश्य में बस फैलना ही शुरू हुआ था। यह वह समय नहीं था कि सब कुछ एक अर्थहीन समय में चला गया हो, बल्कि यह दौर हमारे जीवन में नैतिकता के विचलन की शुरुआत का दौर है। ऐसे में 'सत्यकाम' जैसी फ़िल्मों का प्रेरित करने वाला सन्देश अलग से अपनी सार्थकता व्यक्त करता हुआ नज़र आता है। 'सत्यकाम' धर्मेन्द्र और शर्मिला टैगोर के अभिनय का भी मील स्तम्भ है। पूरी फ़िल्म में, शर्मिला की बोलती आँखें-संवाद से ज्यादा प्रभावशाली हैं, ठीक उसी तरह धर्मेन्द्र का चरित्र जिस तरह से अण्डरटोन में विकसित किया गया है, वह आश्चर्यचकित करता है। इन दोनों कलाकारों की भावप्रवण अदायगी की वजह से भी यह फ़िल्म दर्शनीय बन सकी है।

(32)

02 जनवरी, 2011

मेरे घर की चारदीवारी से सटा हुआ बाबा पागलदास का संगीत आश्रम है। वह आज भी है, बस वे नहीं हैं। याद आता है एक छोटी सी कुटिया में बैठकर वे रोज़ रियाज़ करते रहते थे। पखा़वज का नाद और उसके बुलन्द स्वर, ओज जगाते से...। उनकी कुटिया के आत्मीय परिसर से निकलकर अयोध्या में बहुत हौले से फैलती रहती थी उनकी वह चिर-परिचित पखा़वजी नाद, जो वैष्णवता के आँगन में उत्सव का माहौल रच देती थी।

इस शहर के वीतरागी और बैरागी स्वभाव की लय को बस उनकी पखा़वज की थाप ही तोड़ पाती थी। अपनी ही धुन में बेसुध से पड़े हुए इस शहर में पखा़वज का कुछ ऐसा स्वराघात, जैसे सोते हुए को एकाएक झिंझोड़कर जगाने की कवायद।

उनके संगीत की यही सार्थकता आज भी याद आती है कि कैसे उनका सहज आत्मीय भाव, अयोध्या के लोगों को संगीत की स्वर-लहरियों से जगाने में मदद करता था।

(33)

10 सितम्बर, 2011

जिस शहर में रहता हूँ, उसका वह पक्ष गहराई से लुभाता है, जिसमें स्वामी पागलदास जैसे पखा़वजी हुए। बगल के सहोदर शहर फ़ैज़ाबाद में बेग़म अख़्तर जैसी महत्त्वपूर्ण गायिका और मीर अनीस जैसा मर्सिया लिखने वाला ज़हीन शायर हुआ। इन तीनों का होना, अयोध्या और फ़ैज़ाबाद को कुछ अलग से रोशन करता दिखाई पड़ता है। इनकी राजनैतिक, सामाजिक छवियों से अलग, एक सांस्कृतिक और समरस छवि वाले शहर के तौर पर...।

थोड़ी देर के लिये ही सही, संगीत और शब्दों की संवेदना के रूपक से बने हुए यह दोनों शहर मुझे ज्यादा आत्मीय और ज्यादा प्रासंगिक लगते हैं।

(34)

27 अक्टूबर, 2010

सरहद पार (पाकिस्तान) की तीन प्रमुख आवाज़ों का कृतज्ञ प्रशंसक रहा हूँ। इनमें फ़रीदा ख़ानम, इकबाल बानो और मुन्नी बेग़म के नाम शामिल हैं। मुझे इन तीनों की आवाज़ में एक बिलकुल अलग ढंग की हरकत, कशिश और तड़प दिखाई देती है, जो सरहद के पार से छनकर आने पर कुछ अतिरिक्त संवेदना से अभिभूत करती है। तीनों के ही उपशास्त्रीय गायन के प्रकार हों या ग़ज़लों की विस्मकारी दुनिया– पाकिस्तान की इन तीन प्रमुख उपस्थितियों का संगीत एकदम बेज़वाब और शख़्सियत को भुलाने वाला नज़र आता है। फिर अगर वे ग़ालिब, फ़ैज़ अहमद फ़ैज, फ़िराक़ गोरखपुरी या अहमद फ़राज़ को गा रही हों, तो कहना ही क्या।

ऐसे में बस यही लगता है कि शायरी का यह मंज़र और मौसीकी की यह शाम कभी ढलने न पाये। इस पार मैं जितना भी उनके संगीत से भीगता रहूँ, वह आवाज़ें उधर से उतनी ही शिद्दत के साथ सुनाई देती रहें।

(35)

17 मार्च, 2008

कहते हैं कि अमीर खुसरो, अपने गुरु निज़ामुद्दीन औलिया के प्रेम में आकण्ठ डूबे हुए, उस दिन तब और अधिक विभोर हो गये, जब उस पीर-ओ-मुर्शिद को दोनों हाथों में खिले हुए पीले फूल लिये साधना के क्रम में अचानक ही देख लिया। फिर क्या था, इस सूफ़ी शायर की शफ़्फ़ाक सफ़ेद चादर पर प्रेम में मतवाला करने वाला जोगिया रंग चढ़ गया। कहा जाता है, गुरु और शिष्य की होली तो उसी दिन हुई और ऐसी हुई कि आज तक ब्रज, अवधी, मागधी, हिन्दवी, उर्दू और हिन्दी में होली की ऐसी कविता नहीं हुई– *'हज़रत ख़्वाजा संग खेलिये धमाल'*।

यह बात, मस्ती का आलम, गुरु के प्रति ऐसी बेसबब दीवानगी कि शिष्य होली के रंग में डूब गया– अपनी अर्थ-व्याप्ति में बेहद सुन्दर है। भाषा और साहित्य में, संगीत और कलाओं में न जाने ऐसी कितनी सुन्दर और अनिर्वचनीय स्थितियाँ बनी होंगी, जिससे हमारी ज़िन्दगी भी गुलज़ार होती रही– जानना अचम्भित करता है। जैसे खुसरो के लिये उस दिन उनकी पहली होली सार्थक हुई, वैसी होली तो शायद पहली बार इतनी तन्मयता के साथ भाषा में भी सम्भव हुई, जब खुसरो ने ऐसा सुन्दर पद रचा।

(36)

28 मार्च, 2010

जौनपुरी कितना मोहक राग है। बेहद मधुर और आत्मीय ढंग से उल्लास जगाता हुआ। किशोरी अमोनकर की शब्दावली में यह राग 'जीवनपुरी' है। मुझे याद नहीं पड़ता कि 'जौनपुरी' और 'मुल्तानी' को छोड़कर कोई राग ऐसा भी है, जिसका नाम किसी शहर के नाम पर पड़ा हो। जौनपुर या मुल्तान से इन रागों का कोई सम्बन्ध या संगति बनती होगी, कहा नहीं जा सकता। मगर इतना अवश्य है कि अपनी श्रुति मधुरता में दोनों रागों की प्रतिष्ठा असंदिग्ध है।

क्या आप याद करना चाहेंगे, किशोरी अमोनकर जब जौनपुरी में द्रुत की बन्दिश *'छूम छन नन बिछुआ बाजे राजदुलारी तोरे आँगना'* गाती हैं, तो कैसा असर तारी होने लगता है?

(37)

12 अप्रैल, 2009

मीराबाई का एक मार्मिक पद है, जिसका आशय सपने में साकार होता है। सपने में वे कृष्ण से विवाह करके अचल सुहाग का वरदान पाती हैं। पद इस तरह है–

माई म्हाणो सुपणा माँ परण्याँ दीनानाथ
छप्पण कोट्राँ जगाँ पधार्‍याँ दूल्हो सिरी ब्रजनाथ
सुपणा माँ तोरण बंध्यारी सुपणाँ माँ गह्र्या हाथ
सुपणा माँ म्हारे परण गया पायाँ अचल सोहाग
मीरा रो गिरधर मिल्यारी, पुरब जणम रो भाग।

यह जानना दिलचस्प है कि सपने में भले ही वह अलौकिक ढंग से कृष्ण को ब्याही गयीं, मगर बाद में उनका लौकिक विवाह सोलहवीं शताब्दी में महाराणा सांगा के ज्येष्ठ पुत्र भोजराज के साथ सम्पन्न हुआ। इस लिहाज़ से देखने पर मीरा की कृष्ण भक्ति का माधुर्य रूप बहुत असांसारिक लगता है। उसमें कहीं भी देह के स्तर पर आसक्ति नहीं है। वह केवल शुद्ध रूप से भावासक्ति का अनुभव है, जिसमें मीरा अपने आन्तरिक तथा सामाजिक जीवन स्तर पर उसी तरह विद्रोह करती हैं, जिस तरह कबीर करते हैं।

कई बार मीरा के अत्यन्त मार्मिक और कबीर के चेतावनी से देते हुए कठोर पदों को पढ़ते हुए लगता है कि इनके यहाँ संगीत भी अत्यन्त असांसारिक और समाज से विद्रोह करता हुआ संगीत रहा होगा। एक ऐसा उन्मुक्त संसार रचता हुआ आन्तरिक भावों का संगीत, जो पारम्परिक कतई नहीं है। ठीक उस तरह, जिस तरह पं. कुमार गन्धर्व और प्रहलाद सिंह तिपनिया कबीर गाते हुए और लता मंगेशकर व मंगणियार लोग कई दफ़ा मीरा गाते हुए, खोजने की अनथक चेष्टा करते हैं।

(38)

16 दिसम्बर, 2002

ज्ञान की प्रतीक सरस्वती के सन्दर्भ में एक गौरतलब टिप्पणी प्रसिद्ध संगीत-शास्त्री स्व. कैलाशचन्द्र देव बृहस्पति जी की है। वे कहते थे कि सरस्वती का अर्थ है– एक हाथ में वीणा तथा दूसरे हाथ में पुस्तक। आशय यह कि संगीत व ज्ञान के समान मेल से ही विद्या आती है। जीवन में वीणा का अर्थ- रस, लालित्य एवं संवेदनशीलता से है, जबकि पुस्तक-ज्ञान के विस्तार, अनुभव-प्राप्ति तथा सतत जिज्ञासु होने से है। मगर आजकल लोगों ने सरस्वती को दो भागों में बाँट लिया है। जिसके पास वीणा है, उसके पास पुस्तक नहीं। जिसके पास पुस्तक है, वह वीणा से अछूता है। शायद इसी कारण लोग ज्ञान पाकर भी नीरस होते जा रहे हैं तथा बेहद रससिद्ध होते हुए भी कहीं न कहीं ज्ञान के अभाव में अज्ञानता ओढ़े हुए हैं।

यह दिलचस्प व्याख्या है। भारतीय परम्परा में देव प्रतिमाओं, पौराणिक एवं मिथक प्रतीकों के बारे में यदि इस दृष्टि से विचार किया जाये, तो बहुत सारी ऐसी नयी बातें भी खुलेंगी, कुछ ऐसी महत्त्वपूर्ण जानकारियाँ हमें वृहत्तर सन्दर्भों में मिल सकेंगी, जिनका आशय व्यावहारिक एवं समकालीन अर्थों में बेहद प्रासंगिक होगा। इस तरह के अर्थ-अभिप्रायों को लक्ष्य करके हम कुछ ऐसी नयी परिभाषाएँ भी गढ़ सकते हैं, जिनका समकालीन समाज से सीधा रिश्ता बनता है।

(39)

30 अगस्त, 2002

ग़ालिब को पढ़ते हुए कई बार यह विचार अपनी प्रबल धारणा बनाता हुआ दिखाई पड़ता है कि अन्ततः वह प्रेम के सबसे बड़े शायर ठहरते हैं। ग़ालिब के यहाँ इश्क़ को लेकर, जीवन और तजुर्बों की हरारत को इतनी बार और इतनी तरह से पढ़ा और पकड़ा गया है कि यह समझ पाना बेहद पेचीदी पहेली को हल करने सरीखा लगने लगता है कि वे जीवन के तंगआमेज़ नज़रिए को ज्यादा पैनेपन से देखते हैं या कि इश्क़ में डूबकर ज़ीस्त के लिए अप्रतिम दर्द पैदा करते हैं।

इश्क़ से सम्बन्धित ढ़ेरों शेरों को पढ़ने पर अनगिनत ऐसे सुन्दर बिम्ब भी मिलते हैं, जो दूसरी अन्य किसी भाषा की कविता में जल्दी से हमें हासिल नहीं

होते। मिसाल के तौर पर– फूलों की हँसी, बुलबुल का कारोबार, आधा खिंचा हुआ तीर, पिघली हुई आग, प्यालों का उत्सव, अनजाने बागों का बुलबुल, परीरुख़ चेहरा, शीरीं लब और न जाने कितने ऐसे सुन्दर प्रत्यय, जिनकी कोमलता और सम्वेदनशीलता को परखने में ग़ालिब का प्रेम काव्य कुछ दूसरे ही ढंग का निख़ार लिये हुए खड़ा नज़र आता है।

कई बार यह भी लगता है कि प्रेम की बेकसी, बेकली और तड़प में कुछ मिल सकता है, तो उसकी अन्तिम मंज़िल भी ग़ालिब हैं और ज्यादातर बार वह लम्हा या स्थिति हाथ से छूटकर सरक गयी है, तब भी उस विरह में ग़ालिब के यहाँ पहुँचकर ही आराम मिल सकता है। यह चीज़ ग़ालिब को कम से कम मेरे लिए इतना बड़ा शायर बनाती है, जिसकी सोहबत में बैठकर सुस्ताना सुकून देता है। यह ग़ालिब ही कह सकते थे–

बुलबुल के कार-ओ-बार प हैं, खन्दः हा-ए-गुल
कहते हैं जिसको अिश्क़, ख़लल है दिमाग़ का।

(40)

20 नवम्बर, 2010

अकसर मन में आता है गाँधी जी की प्रार्थना-सभा में शामिल हुए होते, तो कैसा महसूस होता? उनकी प्रार्थनाओं के बीच होने वाले भजन और सर्वधर्म समभाव के कीर्तन सुनना कितना रोमांचक अनुभव होता? यदि हम समय का पहिया घुमाकर थोड़ा पीछे ले जा सकते होते, तो कम से कम एक बार किसी न किसी दिन गाँधी जी की सभा का भजन-कीर्तन सुन सकते। तब शायद *'वैष्णव जन तो तेने कहिए'* का कोई नया अर्थ समझ के परिसर में शामिल हो पाता। उनकी सभाओं में मौज़ूद नैतिक गरिमा के प्रकाश से सजा हुआ भजन-मण्डप कितना औदात्त, कितनी वत्सलता उड़ेलता, आँक पाना मुश्किल है।

गाँधी जी की उपस्थिति में, सत्याग्रह को उत्सुक भीड़ के बीच में, *'रघुपति राघव राजा राम'* की स्वरावलि की कल्पना ही रोमांचित और अभिभूत करती है। सामने होते, तो न जाने क्या जादू होता?

चिन्तन

हम क्यों कुछ कविताओं, कलाकृतियों की तरफ बार-बार लौटते हैं? क्या देखते हैं उनमें, कि जितनी प्यास बुझती है, उतनी बाकी बची रह जाती है, फिर लौटते हैं, चले जाते हैं? क्या उनका कोई मतलब है, जो बार-बार हाथ से छूट जाता है और हम उसे पाने दुबारा-तिबारा उनके पास लौटकर चले आते हैं?

–निर्मल वर्मा

कलाओं का स्वदेश

(1)

प्रदर्शनकारी कलाओं के सन्दर्भ में सोचते हुए एक तथ्य ने हमेशा ध्यान आकर्षित किया है कि 'सम' पर आने की कला ने उन अभिव्यक्तियों में एक सुन्दर अन्तराल; उस कला का अपना सौष्ठव या स्थापत्य निर्मित किया है। मसलन समस्त पारम्परिक गायन, वादन एवं नृत्य कलाओं में यह 'सम' एक बेहद अनिवार्य तत्त्व के रूप में न सिर्फ उन कलाओं के विस्तार में अपना अभिनव शास्त्र रचता रहा है, वरन वहाँ 'सम' की उपस्थिति के बगैर उनका विस्तार अथवा शास्त्रीय उपज सम्भव नहीं होती। सम– एक ठहराव, प्रस्थान बिन्दु अथवा पूरी प्रस्तुति का ऐसा केन्द्रीय नाभिक है, जिसके चारों ओर वह कला सम्भव होती जान पड़ती है। इस तथ्य के साथ यह भी विचार करने योग्य बात स्वतः ही सामने आती है कि 'सम' की यह उपस्थिति क्या साहित्य, चित्रकला, एवं स्थापत्य में भी होनी चाहिए या इन रूपंकर निर्मितियों मे भी कहीं सम का ठहराव या केन्द्रीय उपस्थिति ढूँढ़ी जा सकती है? रंगमंचीय अभिव्यक्तियों मसलन– *कुडियाट्टम, यक्षगान, कथकली, नाटक, प्रहसन,*

पुतुल-कला, लोक-नाट्य परम्पराओं तथा एक हद तक *सिनेमा* में भी कहीं न कहीं 'सम' का अवकाश अवश्य मिल जाता है। एक कलाकार, नर्तक या अभिनेता इन प्रदर्शनकारी कलाओं में अपने आंगिक एवं वाचिक व्यवहार से किसी न किसी नियत क्षण अथवा बिन्दु पर जो विराम लेता है, जहाँ जिस ओर अपने देह संयोजन को एकाग्र करता है अथवा मौन के विस्तार में क्षण विशेष के लिये चला जाता है, वह ही उसका उस कला के प्रति स्वयं के लिये निर्मित 'सम' की अभिव्यक्ति है। इसके बगैर उन प्रदर्शनकारी कलाओं में वैसा सौन्दर्य या उपज पैदा नहीं हो सकती, जो इन विशेष सन्दर्भों में सम की उपस्थिति से निर्मित होती है।

यह जानना साहित्य, कला और स्थापत्य के लिये वैचारिक रूप से भी बेहद महत्त्व का विषय हो सकता है कि हम इन कला-रूपों में 'सम' किसे मानते हैं या किस तरह अभिव्यक्त करते हैं?

(2)

एक वरिष्ठ संगीत विद्वान से कुछ दिनों पूर्व संगीत पर चर्चा के दौरान, उन्होंने मुझसे कहा– संगीत की जानकारी का हकदार उसे मानना चाहिए, जिसमें इतनी समझ व पैठ हो कि 'सम' आते ही वह अपना सिर बचा ले। यह नहीं कि 'सम' आया और आप उसे बूझ ही न पाए कि धड़ से उसकी चोट सिर पर आ लगी। 'सम का जूता' पड़ने से पहले ही जो अपना सिर बचा ले गया, समझो संगीत का सच्चा सिरजनहार वही है।

यह कितनी सुन्दर बात है। सम के जूते पड़ने से खुद को एक कुशल व चैतन्य नट की भाँति बचा लेना। संगीत से प्रेम करने वाला व्यक्ति ही शायद अनजाने में कभी यह जूता भी खाता रहा हो चुपचाप। अगर वह बच गया, तो सम को पकड़कर कहीं संगीत के दरिया में स्वयं को डुबो भी देगा। सिर बचाने के इस प्रकरण से मुझे सिक्खों के दशम गुरु की यह उक्ति याद आती है, जो प्रेम के सम को पकड़ने के सन्दर्भ में कही गयी है–

जौ तौ प्रेम खेलन को चाओ
सिर धर तली गली मेरे आओ।

सिर के बल 'प्रेम की गली' में जाना हो या संगीत में डूबे हुए सिर को बचाना हो– क्या एक ही सिक्के के दो पहलू नहीं लगते?

(3)

अवध क्षेत्र के आजमगढ़ जिले की एक प्रेरक कथा कहीं पढ़ी थी, जिसका सार इस तरह है– पुराने समय में एक सन्त गोविन्द साहब हुए हैं। पलटूदास उनके पास गये और बोले कि आप मुझे अपना शिष्य बना लीजिए। गोविन्द साहब ने कहा अच्छा, लेकिन पहले एक परीक्षा हो लेनी ज़रूरी है। मैं छिप जाता हूँ, तुम मुझे खोजो। इसके बाद गोविन्द साहब एक छोटी मछली बनकर अपने आश्रम के तालाब में छिप गये। पलटू साहब फौरन जाल बन गये और मछली को पकड़ लिया। इस पर गोविन्द साहब ने कहा– अब तुम छिपो और मैं तुम्हें खोजूँगा। पलटू छिप गये पर गोविन्द साहब उन्हें ढूँढ़ते ही रह गये, न पा सके। तब उन्होंने पुकारा पलटू बाहर आ जाओ, मैं हार गया। पलटू दास प्रगट हो गये। तब गोविन्द साहब ने पूछा कि तुम कहाँ छिपे थे? पलटू ने जवाब दिया कि मैं जल बन गया था और तुम्हारे तालाब में छिपा था।

इस छोटे से किस्से में अर्थ की अपरिमित सम्भावनाएँ अन्तर्निहित हैं। इस तरह न जाने कितनी ऐसी लोक, मिथक, पुराण, जेन, औपनिषदिक कथाएँ वाचिक परम्परा में जीवित हैं, जिनको अकसर किसी न किसी बहाने हम लोग स्मरण करते रहते हैं। इस स्मरण का सबसे सुखद और आश्चर्यजनक पहलू यह है कि इन कथाओं की अधिकांश अभिव्यक्तियों में कहीं न कहीं से किसी प्रदर्शनकारी कला का जुड़ाव परम्परा में मिलता रहा है। कहने का अर्थ यह कि चाहे लोक एवं निजन्धरी कथाओं का प्रसंग हो या सन्तों, निर्गुणियों, साधकों, पीर-औलियाओं के पदों, दोहों की अभिव्यक्तियों के नानाविध सन्दर्भ– समाज में उनकी प्रस्तुति के लिये संगीत एक प्रमुख माध्यम बनकर उभरता है। विभिन्न अंचलों में प्रचलित लोक गायन की अनेकों देसी मिसालें एवं खाँटी जनपदीय बोलियों में उनका गायन इन कथाओं के विस्तार का एक प्रमुख माध्यम बनता है। मसलन, अवध प्रान्त में ही पलटू, दरिया, या गोविन्द साहब की कथाओं या बानियों की प्रस्तुति निहायत अवधी मिश्रित बोली में कथा-गायन की शैली में होती रही है। राम कथा प्रसंगों पर रामरसिक भक्ति-सम्प्रदाय के ढेरों सन्त-साधकों, जैसे– सियाअली, रसिक बिहारी, बैजनाथ, युगलानन्यशरण, ललित किशोरी तथा तुलसी साहेब आदि के भक्तिपरक आख्यानों का गायन भी कथा-गीत के माध्यम से अवध में प्रचलित है।

कहने का तात्पर्य यह है कि भारतीय परम्परा में लोकोन्मुख आख्यानों एवं प्रचलित मिथक कथाओं की अभिव्यक्ति भी पारम्परिक रूपंकर कलाओं के द्वारा ही अपनी अभिव्यक्ति की राह तलाशती रही है। एक हद तक दोनों के बीच सहकार का रिश्ता रहा है, जिसमें कथा कभी प्रदर्शनकारी अभिव्यक्ति में तदाकार होती है, तो अकसर कलाएँ इन प्रचलित एवं बहुश्रुत आख्यानों में स्वयं को विसर्जित कर देती हैं। बहुत बाद में जाकर ढेरों प्रयोगों, नवाचारों, आपसी सहमति एवं विमर्शों के चलते शास्त्रीय कलाओं और लोक परम्पराओं के बीच कुछ बेहद उत्कृष्ट, साहसी, स्वच्छन्द एवं मनोहारी कला निर्मितियों ने जन्म पाया होगा। या हम इसे इस तरह कह सकते हैं कि प्रचलित कलाओं से जिन नयी कला-निर्मितियों या कला-छवियों ने जन्म लिया है, उसमें हमारी वाचिक परम्परा में मिलने वाली उन बहुश्रुत लोक-कथाओं और मिथकों का भी ऐसा परोक्ष या अपरोक्ष प्रभाव रहा होगा, जिसके चलते दोनों ही स्थितियों में हमें कुछ नयी अभिव्यक्तियाँ सुलभ हो सकीं। इसका एक सबसे रोचक पहलू यह रहा कि एक तरफ रूपंकर कलाओं की जितनी नवीन एवं प्रयोगधर्मी अभिव्यक्तियाँ कलाओं के हिस्से में अपना रूपाकार पा सकीं, वहीं दूसरी तरफ विस्मृति का अंग बनती जा रही लोक परम्पराओं की लम्बी फेहरिस्त में इन निजन्धरी कथाओं, श्रुतियों, वचनों, बानियों का वर्चस्व या अस्तित्व भी बचा रह सका।

शायद इसी कारण आज भी भारत भर में फैले विभिन्न सम्प्रदायों का अलग-अलग *कबीरपन्थी गायन, पाण्डवानी कथा, भरथरी गायन, मानस गायन, सामगान, आल्हा, जोगिनी नृत्य, ब्रज का रास, नटवरी नृत्य* तथा अनेकों प्रकार से पद गायन करने वाली समूह विशेष की *कीर्तन-मण्डलियाँ* जीवित हैं तथा परम्परा में अपने अनूठे भावबोधों के साथ अन्तःसलिल हैं।

(4)

मुझे संगीत पसन्द है, मैं अकसर संगीत को आधार बनाकर दूसरी कलाओं की परख और विवेचना भी करता रहा हूँ, लेकिन मैं संगीत का विशेषज्ञ नहीं हूँ। प्रथमतः और मूलतः मैं एक कवि ही हूँ और कविता के बहाने या साहित्य के माध्यम से ही किसी कला में विचरण करने की मेरी कोशिश मुझे संगीत या अन्य कलाओं के प्रति जवाबदेह बनाती है।

साहित्य के धरातल से जब कभी भी और अकसर ही, जब मैं कलाओं के बड़े परिवेश के बारे में सोचता हूँ, तब मुझे इस बात का गहराई से भान होता है कि कलाएँ चाहे जितना ही अपना स्वायत्त परिसर रचती हों, उनमें रमण करते हुए दूसरे समयों और अन्य विषयों को छूती हों अथवा प्रेरित करती हों—मगर उन्हें स्वयं की अभिव्यक्ति या परिभाषा के लिये साहित्य के ही इलाके में लौटना पड़ता है। साहित्य का अर्थ यहाँ सीधे-सीधे भाषा, काव्यशास्त्र और व्याकरण पर निर्भर है। उदाहरण के लिये— एक चित्रकला अपने में जितनी स्वतंत्र और स्वायत्त रचना है, उसकी अभिव्यक्ति या उसकी अन्तर्ध्वनियों की गम्भीर व्याख्या भाषा के द्वारा ही सम्भव है। यह नहीं हो सकता है कि एक महान् चित्रकला को समझाने के लिये हमें किसी दूसरी चित्रकृति का सृजन करना पड़े। या यह सम्भव नहीं है कि शास्त्रीय गायन में पदों के लालित्य को बढ़ाने के लिये प्रयुक्त होने वाली तानों, तरानों की व्याख्या किसी दूसरे राग में आरोपित तरानों, तानों या पलटों से की जा सके। ठीक इसी तरह स्थापत्य के प्रांगण में मौजूद अनेकों भवनों, अलंकरणों, मन्दिरों या मूर्तियों का विमर्श दूसरे ढंग से मूर्ति बनाकर, मन्दिरों पर कंगूरे-कलशे रचकर या भवनों पर किसी ज्यामिति या प्रतीक चिन्हों द्वारा उकेरा जा सके। इन समस्त कला-निर्मितियों की वैचारिकता को सिर्फ साहित्य या भाषा ही परिभाषित कर सकती है।

भाषा की अपनी निजी व स्वायत्त उपस्थिति, किसी कला को उसके सम्पूर्ण अवयवों के साथ न सिर्फ़ आलोकित कर देती है वरन वह उसकी अपनी मनोहारी व स्वायत्त दुनिया में कोई परिवर्तन या दखलअंदाज़ी नहीं करती। इस लिहाज़ से भाषा जस का तस बताने वाली कला है, जबकि अन्य कलाएँ अपनी उपस्थिति से दूसरी कलाओं को प्रभावित या परिवर्द्धित कर सकती हैं। रंग, शब्दों का कलेवर बदल सकते हैं। राग, शब्दों के अर्थ को दूसरे लोकोत्तर सन्दर्भों में भी अर्थ व्याप्ति दे सकता है या कि स्थापत्य— किसी प्रतीक, अलंकरण, पुरुष या नारी का मनचाहा रूपाकार गढ़ सकता है। मगर शब्द वही रहते हैं, हमेशा से वैसे ही— सिर्फ उनकी रोशनी में रंग, राग और आकार उद्‌भासित होते रहते हैं। अपने सम्पूर्ण अर्थों में उतने ही स्वतंत्र और स्वायत्त, जितने कि वे अपने मूल रूप में होते हैं।

इस अर्थ में, यदि इसे व्यंजना या अतिरेक न माना जाये, तो यह कहा जा सकता है कि पारम्परिक कलाओं खासकर प्रदर्शनकारी कलाओं के लिये साहित्य की ओर से की जाने वाली कोई पैरवी, व्याख्या, दलील, जिरह या संस्तुति उस कला की

प्रतिभा को निखारने का ही काम करती है। वह कहीं से भी उसका अवमूल्यन या अतिक्रमण नहीं करती।

(5)

किसी कला का सत्य जानने के लिए, उस कला के प्रयोजन व उसके संयोजन की ओर देखना चाहिए। कला का अपना अर्जित सत्य उन सूक्ष्म संकेतों, मनोभावों और अकसर उस परिस्थिति पर निर्भर करता है, जिससे वह उन दुर्लभ क्षणों में जन्म पायी हो।

यह संयोजन अकसर निरपेक्ष और वर्तमान समय से अलग, अपने रचे जाने वाले उस विशेष समय का कैदी होता है, जब उसकी सर्जना के वक्त, उस भौतिक समय पर उसका कला-समय अपनी मुहर लगाता है। कविता में शब्द, संगीत में ध्वनि, नृत्य में लय, चित्रकला में रंग और रंगमंच पर दृश्य संयोजन और उपस्थिति– के द्वारा हम उस सत्य के बिलकुल नज़दीक पहुँच सकते हैं, कला जिसे स्वयं की अभिव्यक्ति या प्रदर्शन के लिए व्यवहृत करती है। कला का सत्य ढूँढ़ने में हम जहाँ तक पहुँच पाते हैं, वर्तमान समय हमारे भौतिक समय से हमें उतना ही दूर करती जाती है।

साहित्य के बहाने यदि हम कला का सत्य परिभाषित करना चाहें, तो हमें उन शब्दों की अर्थ-आभाओं में वह स्फटिक सा चमकता हुआ बड़ी आसानी से मिल जाता है। कबीर का एक सुन्दर पद है– *हिरना समझ बूझ बन चरना।* इस पद में जिस वन में हिरनों के न चरने की बात कही गयी है, उसमें एक चतुर हिरन बसता है। उस चतुर सुजान से बचने की आकाँक्षा ही हिरन की अपनी समझ-बूझ पर आश्रित है। या इसे इस तरह कहना चाहिए कि ज्ञान के मार्ग में विचरण की उपयोगिता समाप्त हो जाती है और एक ऐसे शून्य या अवकाश की व्याप्ति की गुंजाइश वहाँ छिपी रहती है, जहाँ हिरनों का समस्त उत्साहवर्धक श्रम बेमानी हो जाता है। इस पद की सार्थकता या कबीर बानी का सत्य उस चतुर की खोज में संलिप्त है। रही बात कला की, तो वहाँ भी तमाम ऐसे संकेत सूत्र तलाशे जा सकते हैं, जिनसे गुजरकर हम कला का सत्य पा सकें, या कि उस ज्ञान के पथ पर आगे जा सकें, जिस पर चतुराई और उत्साह दोनों का ही कोई अर्थ नहीं रह जाता, दोनों में ही कोई विभाजन या द्विधा नहीं बचती।

(6)

कलाओं के सन्दर्भ में यह बात बहुत महत्त्व की नहीं है कि उसकी व्याप्ति ज्यादा बड़ी और लोकप्रिय हो। यह बात अलग है कि कलाएँ हमें न केवल वृहत्तर समाज से जोड़ती हैं, बल्कि निर्मम संसार की तुलना में एक ज्यादा कल्पनाशील और सजग प्रतिसंसार रचने में हमारी मदद भी करती हैं। उनके बारे में हमेशा यह अनुमान लगाना या धारणा बनाना कि वे आम जीवन से जुड़कर ही अपना महत्त्व पायेंगी, पूरी तरह सही नहीं है। उदाहरण के लिए– थोड़ी देर के लिए यदि हम स्थापत्य की बात करें, तो इस तथ्य को आसानी से समझ सकते हैं कि एक बेहतर इमारत या भवन के कंगूरे बनाने के पीछे कलाकार शायद ही कभी सोचता हो कि इसका उस समाज के लोगों से कोई गहरा प्रेम या घृणा का सम्बन्ध बनने जा रहा है, जिसमें रहकर वह किसी इमारत पर दुर्लभ कंगूरे या पच्चीकारी को उकेरता है। कोणार्क का सूर्य मन्दिर हो, खजुराहो के कन्दरिया महादेव मन्दिर के ढेरों शिल्प हों, लखनऊ में आसिफउद्दौला का बनवाया बड़ा इमामबाड़ा हो, दूर विदेशों में प्राग और रोम की ऐतिहासिक इमारतें, सभी के माध्यम से कलाकार की तड़प, उसकी आकांक्षा और तत्कालीन शासक या कलाधर्मी के विचार और समय की अनुगूँजें उन स्थापत्यों पर दिखायी पड़ती हैं। उन्हें देखकर शायद ही यह बात कभी जेहन में आती हो कि बनते समय आम आदमी को ध्यान में रखकर या समाज की बहुत परवाह करते हुए यह निर्माण हुए होंगे।

एक कला अपने होने में ही अपनी सापेक्षता व्यक्त करती है, उसके लिए कहीं से इस बात की गुंजाइश नहीं होती कि वह समाज में हर एक को अपने होने और उसकी वैधता का प्रमाण देने के लिए विवश होगी। एक गायक जिस भी मनोदशा में गा रहा होता है या कि एक चित्रकार अपने चित्र में आड़ी-तिरछी रेखाओं द्वारा एक नया समाजदर्शन कैनवास पर उकेर रहा होता है, उस क्षण वह भूले से भी इस तर्क के करीब नहीं जाता कि उसकी इस कृति का समाज किस ढंग से संज्ञान लेगा। वह उसे अपनी उसी विशिष्टता में निरूपित करके ही मुक्त हो पाता है। बाद में भले ही उसकी कृति को समाज एकदम से खारिज़ कर दे या गले से लगा ले, इस सबसे अनभिज्ञ कला का सत्य जो उसे हासिल होता है, वही उसकी सबसे बड़ी उपलब्धि और उसका मोक्ष होती है। कलाएँ अपनी अनूठी विशिष्टता में पूरी तरह स्वायत्त होती हैं; साथ ही वे जिस समाज में अपना विचार और दर्शन प्रदर्शित करती

हैं, उसके अधिकांश समुदाय द्वारा स्वीकृत होने के बावजूद अकेली और एक हद तक आम जन-जीवन से विमुख बनी रहती हैं। दरअसल कलाओं की अपने में अद्वितीयता एवं समय में रचनात्मक हस्तक्षेप ही एक प्रकार से उनकी जनपक्षधरता है। इस अर्थ में कला, कलाकार, कला-समाज एवं कला-समय एक दूसरे से जुड़े होते हुए भी, एक दूसरे से स्वतंत्र और निरपेक्ष रहते हैं। कलाओं का 'आम-जन' जल्दी किसी जनसम्पर्क अभियान में विश्वास नहीं करता।

(7)

कलाओं के समाज में विचरण करता हुआ एक आदमी अक्सर हतप्रभ और विस्मय की स्थिति में मिलता है। वह अपने सामान्य जीवन से तुलना करते हुए कभी निश्चित तौर पर यह तय नहीं कर पाता कि जीवन के जिन सामान्य प्रसंगों को लेकर कला में कोई बात कही गयी है, वह इतनी रचनात्मक, रोचक और लयबद्ध हो सकती है। जिस प्रसंग को कलाएँ अपनी सीमा में बड़े अर्थ देने का उपक्रम करती हैं, वह साधारण सी रोज़मर्रा की ज़िन्दगी में इतनी महत्त्वहीन क्यों लगती है। इस पूरे प्रकरण में जो सबसे सामान्य बात है, वह यही है कि आम आदमी अपने सत्य को पकड़े हुए कला के सौन्दर्य को नकार देता है और कलाएँ अपना अध्यात्म और अपना आकाश लिये हुए, सामान्य सी बात को सुगमता से व्यक्त नहीं करती हैं और अपने घर से उस आम आदमी को बेघर कर देती हैं। यह एक ऐसा पुरातन और परम्परागत संघर्ष है, जिसमें सामान्य की प्रतिष्ठा और विशिष्ट की लोकग्राह्यता– दोनों ही प्रश्नांकित होते रहते हैं। जैसे कबीर का कोई भी सामान्य सा पद आम आदमी आसानी से समझ लेता है। मगर जब वही पद उत्तर भारत या दक्षिण भारत का कोई शास्त्रीय गायक राग में पिरोकर विलम्बित लय में गाता है, तो ज्यादातर लोगों के लिए वह ग्राह्य नहीं होता। इसका यह मतलब कतई नहीं है कि कलाएँ सामान्य सी अभिव्यक्ति को कठिन बना देती हैं। होता दरअसल यह है कि कलाएँ उस सामान्य को ज्यादा बड़े अर्थों के साथ बड़े फलक पर प्रतिष्ठित करती हैं। उसकी अर्थ सघनता को और अधिक सघन बनाती हैं। उसकी व्याप्ति को असीमित कर देती हैं। इन सारे अवसरों पर जिस एक चीज़ का सर्वाधिक नुकसान होता है, वह है– कहीं न कहीं जीवन या कलाओं से जुड़ा हुए एक आम आदमी। वह व्यक्ति इन सबसे अपना जुड़ाव आसानी से देख नहीं पाता और आस्वाद के स्तर पर इन चीज़ों

को खारिज़ किये रहता है। इस कारण भी कलाओं का जनतंत्र, आम आदमी के जनतंत्र से आसानी से मिलता हुआ हमें दिखायी नहीं पड़ता है।

(8)

ढेरों प्रदर्शनकारी कलाएँ, खासकर नृत्य आदि के असंख्य विभेदों में, जिनमें प्रमुख रूप से लोक-नृत्य, ऋतु-नृत्य, श्रम-नृत्य एवं युद्ध-नृत्य शामिल हैं– का अपना काव्यशास्त्र या संगीत की ज्यामिति अलग-अलग ढंग से कला प्रदर्शन में व्यवहार करती है। एक हद तक कलाओं की जो जनतांत्रिक व्यवस्था है, उसमें एक ही कला अथवा एक ही विधा के अन्तर्गत व्यक्त होने वाली विभिन्न अभिव्यक्तियों का हृदय प्रदेश अलग-अलग होता है। यही उनका अपना अभिनव स्वदेश भी है, जिसके चलते उनकी समकालीन सन्दर्भों में प्रासंगिकता भी बची हुई है। इस समकालीनता में उन विशिष्ट परम्पराओं की लोकाराधन क्षमता, विशिष्ट अभिनेयता और शास्त्रीय पक्षधरता का समन्वय भी अर्थ रखता है। यह न हो, तो यह स्पष्ट कर पाना बेहद उलझाव भरा काम होगा कि *तेरा ताली* नृत्य में झाँझ के ताली की तरह बजने की क्या उपयोगिता है? या कि *चुर्कुला* में किस प्रासंगिकता के चलते, जलते हुए दीयों को सिर पर रखकर नाचा जाता है? *चुर्कुला* और *तेरा ताली* की तरह भारतीय लोक-नृत्यों में मशहूर कुछ अन्य नृत्यों मसलन– बैगा जनजाति का पतझड़ के मौसम का नृत्य *बिल्मा*, उड़ीसा का ऋतु-नृत्य– *चैती घोड़ा नाटा*, केरल का युद्ध कौशल दर्शाने वाला लोकप्रिय नृत्य– *कलरिपयत्तू* एवं आनुष्ठानिक नृत्यों में सर्वोपरि माना जाने वाला मणिपुर का *लाइ हरोबा* को हम उनकी शास्त्रीयता, अभिनयधर्मिता एवं लोक वैशिष्ट्य के कारण हमेशा परम्परा में न सिर्फ याद रखते हैं, बल्कि उनकी अपनी विशिष्ट स्वायत्तता और देशज व्याप्ति के चलते उनकी शर्तों पर ही स्वीकारते हैं।

(9)

कई बार मुझे सन्तों और निर्गुणियों के यहाँ उनकी उपासना पद्धति का सबसे लोकरंजक पहलू संगीत से जुड़ाव होना लगता रहा है। उनका हठयोग हो, शास्त्र या आगम की चर्चा हो, पद्धति विशेष के आनुष्ठानिक नित्य कर्म हों या अपनी कुल परम्परा की सन्ध्या-भाषा, वचन, पद, उलटबासियाँ आदि हों– संगीत के प्रयोग से ही उनकी उपासना फलीभूत होती नज़र आती है। एक तरह से श्रद्धा और साधना, सुर और लय में विलीन होती हुई प्रतीत होती है। सन्त या निर्गुणिये सीधे-सीधे आम

आदमी की जुबान में कुछ करते दिखाई नहीं पड़ते। उनका अवधूत स्वरूप, धूनी और भस्म लपेटे हुए मलंग सी स्थिति, बेहद भाव-प्रवण शैली में जैसे कोई बहुरूपिया या नट शृंगार करता है— वैसा ही शरीर का चोला रंगे हुए वे सारे निर्धूम उपासना में संलग्न रहते हैं। उन्हें सामयिक संसार से अगर कुछ जोड़ता है, तो सिर्फ उनके चारों ओर रचा हुआ वह आभामण्डल, जिससे देखने वाला गृहस्थ समाज थोड़ा संशकित या चकित रहता है। वे भले ही संगीत के द्वारा अपनी पद्धति के भीतर रमे हुए लय की आरती उतारते हों, मगर सामान्य व्यक्ति के लिये वह उस क्षण सिर्फ उपासना भर नहीं रह जाता, बल्कि किसी विशिष्ट कला-निर्मित्ति के जन्म का अवसर भी बनता है। सन्तों, निर्गुणियों, जोगियों, अवधूतों तथा मलंगों आदि को यह पता ही नहीं कि अपनी उपासना के साथ-साथ वह कलाओं के समाज में भी कोई विचारोत्तेजक इजाफा कर रहे होते हैं। वे यह नहीं जानते कि जिस संगीत के द्वारा उन्होंने अपने इष्ट को वशीभूत किया है; दरअसल उस संगीत के द्वारा उन्होंने अनजाने ही सृष्टि में कलाओं की एक नयी रेखा गढ़ दी है। यह नयी लीक शास्त्र और लोक के अन्तरालाप से सम्भव होकर लोक-व्यवहार की ऐसी लम्बी कड़ी का धीरे-धीरे रूप ले लेती है कि हम सहसा विश्वास ही नहीं कर सकते कि इन परम्पराओं का निर्माण इस तरह सम्भव हुआ होगा।

ऐसी न जाने कितनी परम्पराएँ और लोक-व्यवहार भारतीय संस्कृति में मौजूद हैं, जिनकी गणना लोक-कलाओं या प्रदर्शनकारी विधाओं के रूप में होती रही है, मगर उनका परिप्रेक्ष्य किसी सन्त, निर्गुणिए या विचारक के आस्था के आश्रम से निकलकर ही सम्भव हो सका है। *पचरा-गायन, सांझी-कला, फूल-बँगला, जोगिनी-नृत्य, धनुचि-नृत्य, ढेरों सम्प्रदायों की कीर्त्तन पद्धतियाँ, चर्यागीति-गायन, पाला-गायन, हरिकथाकालक्षेपम* जैसी विधाएँ इस परम्परा की सफलतम बानगियाँ हैं। दाक्षिणात्य विधि से *रुद्र-विष्णु-हरि की अंग-पूजा, स्वस्ति-वाचन, सहस्त्ररुद्री पाठ, विष्णु एवं ललिता सहस्त्रनाम वाचन* तथा *रुद्रम-चमकम* आदि भी इसी परिपाटी में गिने जा सकते हैं।

(10)

एक बात और, जो कलाओं को देखते हुए सामान्य जीवन से भी मतलब रखती है, वह बस इतनी है कि जिस तरह हमें अपने रहने के लिए एक अदद घर,

कुछ कपड़ों तथा बरतनों के साथ जरूरत के सामान की दरकार होती है। उसी तरह हमें अपने जीवन में ही इतना अवकाश निकालना चाहिए कि हम यह देख पायें कि भरोसेमन्द जीवन जीते हुए, जीवन को बेहतर, सुरुचिपूर्ण और कला सम्पन्न बनाने की दृष्टि भी विकसित कर पायें। कलाओं या अभिव्यक्ति के असंख्य क्षेत्रों को सराह सकने की सामर्थ्य ही हमें कुछ मूल्यवान या भरोसे लायक रचने में मदद कर सकती है। यह कहना कि कलाओं आदि का समाज एक खास वर्ग या आभिजात्य का पोषक है, सही नहीं। परम्परागत प्रदर्शनकारी कलाएँ यह कभी नहीं कहतीं कि हम सिर्फ विशिष्ट जनों के लिए ही स्वयं को अभिव्यक्त करती हैं। इस बात का सलीका हमें होना चाहिए कि हम वर्षों से चली आ रही कुछ परम्पराओं, कला प्रदर्शनों एवं लोक अभिव्यक्तियों को बचा सकें, जिनसे निकलकर ही हमें अपना मनचाहा समाज और स्वयं का स्वायत्त परिवेश रचने में महारत हासिल हुयी है। ऐसे स्वायत्त समाज में बिना किसी बन्धन के रहना ही कलाओं को उनके अपने स्वच्छन्द प्रदेश या अभिनव स्वदेश में नबेरना है।

संगीत के रंगपटल पर अवध का 'समाज'

(1)

उस्ताद बिस्मिल्ला ख़ाँ कहते हैं– 'अगर आप पहाड़ी[1] सुनियेगा तो जंगलों में जाना पड़ेगा।'

हम जब भी एक राग को उसकी पूरी शास्त्रीय प्रतिष्ठा के साथ सुनते हैं, तो वह राग एक ऐसे परिवेश का सृजन करता है, जिसमें उसकी सारी कलात्मक स्थिति भौतिक तरीके से रूपायित हो जाती है। मसलन, भैरव[2] को सुनते हुए लगता है कि धीरे-धीरे भोर की किरण प्रभात ला रही है। गायन, अभिनय और नृत्य मनुष्य के आन्तरिक भावों के ऐसे शरण-स्थल हैं जहाँ झाँकना, एक ऐसे तिलिस्म में उतरने जैसा होता है, जिसमें मनुष्य की सारी सर्जनात्मक शक्ति एक माध्यम से रूप में संरक्षित रहती है। जिस तरह प्यास के लिए घड़े में अनन्तकाल तक जल सुरक्षित रखा जा सकता है, उसी तरह एक कला अपने होने में उस कलाकार की प्रज्ञा में अनन्तकाल तक मौजूद रहती है। यह प्रज्ञा कोई अंतः प्रेरित ज्ञान नहीं है, बल्कि

वासुदेवशरण अग्रवाल के शब्दों में– 'अनुभवजन्य प्रक्रिया के द्वारा अर्जित ज्ञान है।'[3] इस कारण इसका क्षरण भी नहीं होता। वह शुद्ध रूप में कला को जीवित रखती है। उससे होने वाली सारी प्रक्रियाएँ किसी अन्य अभिव्यक्तियों के लिए उतनी ही उदार और खुली हो सकती हैं, जितनी स्वयं के लिए।

इस सन्दर्भ में अवध के नवाब वाजिद अली शाह का सुन्दर उदाहरण हम देख सकते हैं। वे रास और कथक से मिलता-जुलता हुआ एक नृत्य किया करते थे, जिसे 'रहस' के नाम से जाना जाता था। लेकिन यह रहस न शुद्ध रूप में रास था और न ही यह कथक के करीब था। संगीतशास्त्री ठाकुर जयदेव सिंह भी यह मानते रहे कि यह रास नहीं था। यह नौटंकी[4] और स्वांग[5] जैसी विधाओं के समकक्ष रहते हुए भी अपनी तरह की स्वतन्त्र और अनूठी विधा थी। इसे हम शुद्ध नृत्त और नृत्य के बीच का कोई मिलन बिन्दु भी पूरी तरह से नहीं कह सकते। बावजूद इसके यह अपने समय का एक प्रमुख सांगीतिक संयोजन माना जाता था, जिसे प्रचलित करने में वाज़िद अली शाह का महत्त्वपूर्ण योगदान है। मगर यह तथ्य भी कम महत्त्वपूर्ण नहीं कि उस समय ब्रज के रासधारियों ने जनता की मांग पर रहस की तरह का एक नृत्य विकसित किया था। इसका एक कारण यह हो सकता है कि नवाबी के उन दिनों में शास्त्रीय संगीत अपना आकर्षण खो रहा था। रासधारियों द्वारा शुरु किये जाने वाले इस रहस को हम पारम्परिक रास के नज़दीक मान सकते हैं। मगर इसमें विकृति आनी तब शुरु हुई जब वाज़िद अली शाह के दरबार में इसका प्रदर्शन आरम्भ हुआ और मनुष्य की शृंगारिक अभिव्यक्तियों को इसमें पूरी उदारता के साथ भूमिका मिलनी आरम्भ हुई।

वाज़िद अली शाह जो 'ज़ाने-आलम' के नाम से मशहूर थे, ने रहस के अन्तर्गत ढेरों राग रागिनियों, तालों आदि का उपयोग शुरु किया और उसके विषय ज्यादातर कृष्णलीला के रखे। शायद इसी कारण उन्हें 'अवध का कन्हैया' भी कहा जाता था। कृष्ण, पुरुष रूप में मनुष्य की उद्दाम लालसाओं के सनातन प्रतीक रहे हैं और उनकी राधा को सिर्फ प्रेयसी होने का ही सौभाग्य नहीं मिला है। वे महारास के लिए तैयार ऐसी नायिका हैं, जो कभी नहीं थकतीं। वे जब कृष्ण की प्रतीक्षा करती हैं, तो प्रतीक्षा ही करती चली जाती हैं। जब प्रेम में निमग्न होकर सघन अमरायी में आती हैं तो पूरी की पूरी रात व्यतीत हो जाती है और प्रिय का इन्तज़ार बना रहता है। अक्सर जब उनके स्मरण में खोयी रहती हैं तो अपना शृंगार, खान-पान, मौसम,

वेष-भूषा सभी कुछ भूल जाती हैं। पुराणों में उनके इसी स्वभाव के कारण उन्हें महारासेश्वरी माना गया है। एक ऐसी स्त्री, जो सारी वर्जनाओं से ऊपर उठकर उत्सवधर्मी है और अपने प्रियतम को खुश करना ही जिसका सबसे बड़ा उद्देश्य है।

शायद इसी कारण कृष्ण-राधा लीलाओं पर आधारित कथक जैसी नृत्य विधा को 'नटवरी-नृत्य' भी कहा गया। हमारे देश में ही यह परम्परा रही है कि देवताओं के नाम ज्यादातर कलाओं पर पड़े। कृष्ण को नटवर और नटनागर, शिव को नटराज और नटेश्वर कहा गया। संगीतशास्त्र के अन्यतम ज्ञाता शारंगदेव ने अपनी पुस्तक 'संगीत-रत्नाकर' में हनुमान को भी संगीत व कला-प्रवीण माना व उन्हें 'आञ्जनेय' के नाम से अभिहित किया।

नवाब वाज़िद अली शाह की रहस में तल्लीनता ने कवि मियाँ अमानत को 'इन्दरसभा' लिखने के लिए प्रेरित किया। 'इन्दरसभा' में कम उम्र के लड़के और लड़कियाँ कुछ अतिरिक्त मांसलता व मसाले के साथ प्रेमकथा का प्रदर्शन करते थे। इसमें अपने शरीर के प्रदर्शन द्वारा, फूहड़ अभिनय व सस्ते लोकगीतों द्वारा मनुष्य की कामवृत्ति का ही निरूपण होता था। इस तरह के प्रयोग ने तत्कालीन समाज में ऐसी प्रतिष्ठा अर्जित कर ली थी कि उस समय बहुतायत में लोग 'इन्दरसभा' देखने जाने लगे थे। इसका जो सबसे बुरा असर संगीत पर पड़ा वह यह रहा कि महफ़िलों में होने वाली बैठकी मुज़रा गायन की शैली धीरे-धीरे हाशिये पर चली गयी। यह सही है कि इन्दरसभा उस समय लोगों में खासी लोकप्रिय थी, मगर इसने शास्त्रीय संगीत को खूब नुकसान पहुँचाया। 'गुज़िश्ता लखनऊ' में अब्दुल हलीम शरर लिखते हैं– 'पारम्परिक गायन शैलियों को रहस ने उतना नहीं बिगाड़ा जितना कि इन्दरसभा ने उसे सस्ता और बाज़ारू बनाया।'[6] इसी के साथ शरर एक दिलचस्प बात यह भी उठाते हैं कि घटिया और अश्लील होने के बाद भी इन्दरसभा को एक बेहतर कला रूप में विकसित किया जा सकता था। यह विधा थोड़े से संशोधन और विषयों के बेहतर चयन के साथ एक सुन्दर नृत्य आधारित अभिंनय नाटिका के रूप में स्थापित हो सकती थी। संगीत की दुनिया में 'रहस' और 'इन्दरसभा' ने कोई सकारात्मक हस्तक्षेप किया हो, ऐसा नहीं मिलता। हाँ, यह जरूर रहा कि एक छोटे से जीवनकाल के बाद यह विधाएँ इतिहास में महदूद हो गयीं। आज यह हमारी विस्मृति का अंग बन चुकी हैं। मगर इसी के साथ नवाब वाज़िद अली शाह के संगीत प्रेम ने शास्त्रीय गायन को एक नयी दिशा दी। उनके समय में उपशास्त्रीय गायन, शास्त्रीय गायन

की मुख्य धारा में सम्मिलित हो सका। जहाँ रहस ने रास और कथक को नुकसान पहुँचाया, वहीं नवाब के प्रयासों से ठुमरी[7], टप्पा[8] और दादरा[9] जैसी उपशास्त्रीय गायन विधाओं ने शास्त्रीय संगीत को नया आयाम दिया। पूर्वप्रचलित पारम्परिक गायन शैलियों ध्रुपद[10] और धमार[11] ने इन शैलियों को साथ लेकर एक बार फिर से शास्त्रीय संगीत को पुनरुज्जीवित किया।

यह ध्यान रखने की बात है कि संगीत की पूरी अवधारणा में ठुमरी, चैती[12], कजरी[13] और दादरा जैसी विधाओं को कभी भी खयाल और ध्रुपद की तरह का महत्त्व नहीं मिला। इन्हें उन दिनों 'पक्का गाना' की श्रेणी से अलग रखा जाता था। संगीत समालोचक शीला धर कहती हैं– 'यह सही है कि ठुमरी शास्त्रीय रागों पर ही आधारित है, परन्तु शुद्धता के मानक पर यह कम प्रचलित है।'[14] ठुमरी, टप्पा, दादरा और कजरी कभी भी पक्का गाना की श्रेणी में नहीं रखे गये, क्योंकि शास्त्रीयता के मानक पर इनकी शुद्धता में कमी थी। बावजूद इसके ऐसे नवप्रवर्त्तन ने संगीत के आकाश में इनकी उपस्थिति पूरी प्रखरता से दर्ज करायी। शास्त्रीयता से अलग, एक कला माध्यम अपने नवप्रवर्त्तन, अन्वेषण और विविधताओं से पूर्णता की ओर जा सकता है। यह स्थिति जिस तरह ठुमरी, टप्पा, दादरा और कजरी को सुलभ हुई, उसी तरह इसने भजन गायकी को भी उपशास्त्रीयता के मानक पर पहुँचा दिया। पं. डी. वी. पलुस्कर, एम.एस. सुब्बुलक्ष्मी एवं पं. कुमार गन्धर्व के प्रयोग, भजनों को शास्त्रीयता के लोक में प्रतिष्ठित कराने में ऐतिहासिक रूप से सफल सिद्ध हुए। पं. कुमार गन्धर्व का तो अवदान इस मामले में बेहद महत्त्वपूर्ण रहा। वे जब कबीर के पदों को मालवी लोकधुनों में गाते हैं, तब उनके द्वारा गाये गये भजन भी शास्त्रीय संगीत की सी प्रतीति देते हैं। बनारस घराने की अप्रतिम गायिका सिद्धेश्वरी देवी उपशास्त्रीय गायन में शिखर पर थीं और उसी के साथ-साथ भजन तथा अन्य लोकप्रिय विधाओं का गायन करती थीं। उनका संगीत उस दौर में इतना प्रचलित था, यह इसी बात से अन्दाज़ा जा सकता है कि सन् 1930-35 के आस-पास ओरछा नरेश के दरबार में दरबार गायन के लिये प्रतिवर्ष दशहरे के मौके पर जाया करती थीं। यह बात इसलिये काबिलेगौर है कि उन दिनों भारतीय दरबारों एवं रियासतों में शास्त्रीय गायन की जबर्दस्त प्रतिष्ठा थी। अगर, उपशास्त्रीय गायन विधा कहीं से कम महत्त्वपूर्ण रही होती, तो सिद्धेश्वरी देवी या विद्याधरी, रसूलनबाई, जानकीबाई जैसी कलाकारों का विशेष स्थान कभी भी न रहा होता।

(2)

इसी तरह मध्ययुगीन हिन्दी साहित्य का अधिकांश हिस्सा कृष्ण-राधा के शृंगार व प्रणय व्यवहार का सर्वोत्तम उदाहरण रहा है। फिर चाहे वह पुष्टिमार्गीयों[15] का साहित्य रहा हो या गौड़ीय सम्प्रदाय के पद।[16] सभी में संगीत व नृत्य एक महत्त्वपूर्ण घटक होता था। यहाँ ध्यान देने योग्य तथ्य यह है कि पुष्टिमार्गीयों में सेवा के सामान्य जो तीन प्रमुख अंग माने जाते हैं। वे हैं– शृंगार, भोग व राग। इसमें राग का विशेष महत्त्व है। राग अर्थात् संगीत का योग, इस भक्ति पद्धति का मुख्य आलम्बन है। गायन की क्रिया को सम्प्रदाय में 'कीर्तन' कहते हैं तथा इन गायकों को 'कीर्तनियाँ'। यहाँ सेवा का क्रम अपूर्ण ही समझा जाता है, यदि कीर्तनियाँ भाव से न गाये अथवा उनका अभाव हो। पुष्टिमार्ग में अन्य सम्प्रदायों की मन्दिर सेवा से अलग केवल अष्टछाप[17] के पद गाये जाते हैं। इन्हें मन्त्रों का स्थानापन्न तक माना जाता है। गुजरात में इनके मन्दिरों को 'हवेली' कहते हैं और उनमें होने वाले कीर्तनियों के श्रद्धा गायन को 'हवेली-संगीत' कहा जाता है। उत्तर भारतीय उपशास्त्रीय गायन विधा की एक महत्त्वपूर्ण उपलब्धि हवेली संगीत है। ऋतुओं के कालक्रम की अवधारणा के अनुसार हवेली संगीत के राग निर्धारित किये जाते हैं। जैसे कि होली के लिये प्रचलित रागों में काफी, खमाज और पीलू का प्रयोग होता है। शुद्ध कल्याण जैसा राग हवेली संगीत में, शरद पूर्णिमा के गायन के लिये सर्वाधिक महत्त्वपूर्ण माना जाता है। मंगल आरती का एक पारम्परिक हवेली कीर्तन, जो चतुर्भुजदास ने लिखा है, वह यों है–

मंगल आरती गोपाल की माई
नित्त प्रति मंगल होत निरख मुख, चितवन नयन बिसाल की
मंगल रूप स्याम सुन्दर कौ, मंगल भृकुटि सुभाल की
चतुर्भुज दास प्रभु सदा मंगल निधि बानिक गिरिधर लाल की।[18]

(हे माँ, यह गोपाल कृष्ण की पवित्र आरती है। उनके सुन्दर रूप और विशाल आकर्षण नेत्रों को देखना सदा ही मंगलकारी होता है। बालकृष्ण का गरिमामय स्वरूप और उनके ललाटों की सुन्दर प्रतीति हर प्रकार से कल्याणकारी है। चतुर्भुजदास कहते हैं कि श्री गिरधर लाल की शोभा को निहारना हमेशा ही मंगलप्रद हो।)

(3)

इसी तरह सोलहवीं शताब्दी के उत्तरार्द्ध से लेकर उन्नीसवीं शताब्दी के अन्त तक विभिन्न राज दरबारों में रहने वाले वाग्गेयकारों[19] ने प्रचुर मात्रा में कभी अपने राजा, तो कभी ईश्वर की वन्दना में जो बन्दिशें रचीं वह पूरी तरह नृत्य और संगीत पर आधारित हैं। अकबर के दरबार में तानसेन, पठान शासक अलाउद्दीन ख़िलज़ी के दरबार में अमीर ख़ुसरो, ज़हाँगीर के राज्य में विलास ख़ाँ, मुहम्मद शाह रंगीले की सरपरस्ती में सदारंग-अदारंग तथा वाज़िद अली शाह के दिनों में बिन्दादीन महाराज जैसे श्रेष्ठ वाग्गेयकार हुए। मुहम्मद शाह रंगीले के बेटे के जन्म पर लिखी जाने वाली मुबारकबादी, जिसे सदारंग ने रचा था, यहाँ प्रस्तुत है–

जीवे जी तुमरा लाडला जुग जुग नित नित
राज करो कोटि बरस लो महम्मदसा पातसाह
चकता तेहो नूर सलामत यह असीस हम तुमको दीनी
सब गुनियन को दियो करोर चतुर सहित सम्पत 'सदारंग' चाह।[20]

(ईश्वर करे तुम्हारा पुत्र दीर्घजीवी हो। हे बादशाह मुहम्मद शाह रंगीले! तुम्हारी सल्तनत करोड़ों वर्षों तक आबाद रहे। तुम्हारी प्रसिद्धि जीवनपर्यन्त बनी रहे, यह मेरा अशीष है। यह सदारंग की चाह है कि आप इसी तरह कलाकारों को पूरी उदारता से आगे भी संरक्षण देते रहें।)

यहाँ संगीत व अन्य प्रदर्शनकारी कलाओं पर यही तथ्य लागू होता है कि वह भक्ति की तरह एक ऐसा कर्म है, जिसमें 'इष्ट सेवा' की भाँति भावक (श्रोता या दर्शक) की सेवा का प्रयोजन ही अभीष्ट है। इसका अभिप्राय यही बनता है कि सुनने वाले या देखने वाले के आनन्द की सीमा, असीमित हो जाये और साथ ही स्वर व रागों का ऐसा सहमेल विकसित हो कि लगे सुर के प्रति लगातार समर्पित रहना ही संगीत को नये अर्थ देना है।

संगीत में अभ्यास और पारस्परिकता का सामंजस्य ही कला को ऊँचाई प्रदान करता है। यह एक ऐसी जीवन्त प्रक्रिया है, जिसके उपयोग के बिना दूसरे सारे उद्यम बेकार हैं। उस्ताद बिस्मिल्ला ख़ाँ साहब के वादन के सन्दर्भ में यह मशहूर रहा है कि जब वे अपनी शहनाई से नौहा[21] बजाते हैं, उस वक्त उनका आन्तर और बाह्य जीवन उस शोक को न सिर्फ उद्घाटित करने में तल्लीन हो जाता है, बल्कि

स्वयं ख़ाँ साहब भी उस अतीन्द्रिय दुख को हर सम्भव स्तर पर अनुभव करते हैं। यह दुख उनकी पूरी आंगिक भंगिमा से दिखायी भी देता है। यह आत्मदया की स्थिति नहीं है। इसमें एक सार्वकालिक दुख को महसूस करने का भाव छुपा हुआ है। इस अर्थ में दुख का कायान्तरण कला के सर्वोत्तम प्रदर्शन का माध्यम बनता है। कला, कला के लिये ही नहीं, जीवनानुभूति के उन सारे दुखों, कष्टों, मोहभंगों, प्रतिवादों, ऊहापोहों और अकल्पनीय तर्कों का ऐसा सुघड़ स्थापत्य हो जाती है, जिसकी प्रतीति ही उसको एक नया और गम्भीर अर्थ देने में सक्षम है। जैसे मंगल का माहौल रचने का उपक्रम हो तो दरबारी, कामोद, पटमंजरी, कलावती, दुर्गा जैसे राग जितना स्वयं को अर्थ विस्तार देते हैं, उतना ही अर्थ विस्तार मालकौंस, जोगिया, विभास और सोहनी जैसे रागों के बहाने दुख प्रदर्शित करने में हमें मिलता है। यह सारे राग एक विशेष मानसिकता तैयार करते हैं और अपने-अपने गुणों के अनुसार बन्दिशों में अतिरिक्त सौन्दर्य भर देते हैं। अगर कोई राग दुख के लिए प्रयुक्त होता है, तो उसका प्रयोग यदि हम गीतगोविन्द की किसी प्रणय भरी अष्टपदी में कर दें, तो अष्टपदी का अर्थ बुझ जायेगा। साथ ही कला का निखार बिखर जायेगा। इसी कारण एक कलाकार की सबसे बड़ी चुनौती यह होती है कि वह अपने द्वारा तय किये गये बन्दिश में किस राग का आरोहण करे कि गायन की प्रखरता और शाब्दिक अर्थमयता दोनों शीर्ष पर जा पहुँचें। इसी क्रम में बेग़म अख़्तर के जीवन की एक सुन्दर घटना यहाँ बयान कर रहा हूँ। सन् 1940-45 का यह वह जमाना था, जब बेग़म अपनी गायकी के शीर्ष पर थीं और अख़्तरी बाई फ़ैज़ाबादी के नाम से जानी जाती थीं। वे मुहर्रम की सातवीं तारीख़ को मेंहदी के जुलूस का प्रतिनिधित्व करती हुई आगे-आगे चलती थीं। इस दिन बेग़म एक प्रसिद्ध स्यापा गाती थीं, जिसकी प्रारम्भिक पंक्तियाँ ही अब मिलती हैं।

रंडसाला न पिन्हाओ
मुझे बेवा न बनाओ[22]

(मुझे विधवा मत बनाओ, मुझे विधवा के कपड़े मत पहनाओ।)

यह स्यापा, जो नौहा गायकी का एक प्रकार है, बेग़म के गाते ही अपूर्व दुख से भर उठता था। उस वक्त गायकी में दुख, उद्रेक और असमंजस की एक लम्बी और अपूर्व छटा रहती थी। बेग़म अख़्तर का लिबास उस दिन काला होता था।

महफ़िलों में हमेशा साजो शृंगार से लदी रहने वाली बेग़म इस दिन बनाव से कोसों दूर रहती थीं। यह जुलूस राठ हवेली से निकलता था और शहर की चौक से गुज़रते हुए बहू बेग़म के मकबरे तक जाता था। इस प्रसंग में यह भी उल्लेखनीय है कि यह मकबरा उन्हीं अवध के नवाब शुजाउद्दौला की बहू बेग़म का है, जिनके दरबार में सोज़ख़्वानी[23] और मर्सियाख़्वानी[24] की मज़लिसें लगती रहती थीं। मुहर्रम के पाँचवें दिन बेग़म अख़्तर अपनी शिष्याओं की मण्डली के साथ एक दुर्लभ सोज़ख़्वानी गाते हुए आगे बढ़ती थीं। शिष्याओं द्वारा कोरस में दुहराये गये बोल एक विचित्र प्रकार का अवसादी माहौल निर्मित करते थे। उस सोज़ख़्वानी की कुछ पंक्तियाँ इस तरह हैं—

आबाद हुई कर्ब-वा-बला उजड़ा मदीना
या शाहे मदीना! या शाहे मदीना![25]

(इस सोज़ख़्वानी का सन्दर्भ यह है कि इमाम हुसैन ने अपने स्थान मदीना से कर्बला के लिए प्रस्थान किया, जहाँ उनका वध कर दिया गया। अब इस रूप में गायक यह कहता है कि कर्बला में शहीद होने के साथ इमाम हुसैन ने उसे हमेशा-हमेशा के लिए आबाद कर दिया और उनकी ग़ैर मौजूदगी में मदीना उजड़ गया। हे मदीना के राजा! आपने कर्बला को आबाद किया।)

यह गौरतलब है कि नौहा गायकी की वह पारम्परिक अदायगी एक ख़ास मनोदशा में पूरी होती थी। इस प्रकरण में सादे और अवसादी लिबास में शृंगारविहीन गायिका की अपने फ़न के प्रति तैयारी की बानगी स्वतः ही स्पष्ट हो रही है।

नौहा, मर्सिया और सोज़ख़्वानी वैसे भी दुख की अभिव्यक्ति के प्रकार हैं, फिर उनको उसी पृष्ठभूमि के भीतर गाना और एक समेकित दुख का भाव प्रकट करना गायकी को बिलकुल नये फलक पर पहुँचाता है। बेग़म अख़्तर को जिन लोगों ने सुना हुआ है वे बताते हैं कि वैसा नौहा और सोज़ख़्वानी मुहर्रम के उन दिनों से अलग बेग़म कभी नहीं गा पायीं। यह एक ऐसी पारम्परिक निर्मिति है, जो सिर्फ़ संगीत के शास्त्र पर आधारित नहीं है। यह लोक जीवन के अनुसरण से आती है। यह प्रक्रिया जिसमें गायिका और पूरा समाज शामिल है, इन्सान के इतिहास से सम्बद्ध रखते हैं तथा जीवन के व्यक्तिगत अनुभूतियों से पूर्णरूपेण प्रभावित रहते हैं। इसी कारण दुख का प्रदर्शन, एक सार्वजनिक दुख में परिणत होता महसूस होता है।

एक ऐसी शास्त्रीय अभिव्यक्ति, जिसमें बिस्मिल्ला ख़ाँ नौहा बजाते हुए जितना रोते हैं, उतना ही बेग़म और उनकी शिष्याएँ भी ग़मगीन नज़र आती हैं।

(4)

अवध क्षेत्र में एक बेहद सुन्दर सोहर[26] भगवान राम के जन्म के उत्सव पर गाया जाता है। यह पारम्परिक सोहर है और इसे राम की छठी के दिन हिन्दू घरों में पारम्परिक ढंग से गाने का रिवाज़ है। सोहर इस तरह है–

छापक पेड़ छिउलिया त पतवन गहबर हो
रामा तेही तारन ठाढ़ी हरिनिया न मन अति अनमनी हो
किया तोरा ताल झुराने कि चारा थोड़ भये हो
हरिनी किया तोरा बान भये खांखर, काहे मन अनमनी हो

जब जब बाजे खंझड़िया, सबद सुनि अनकई हो
हरिनी ठाढ़ी ठकुलिया के तरवां हरिन के बिसूरई हो।[27]

सोहर का प्रसंग यह है कि राम जन्म के बाद का छठां दिन है, इस दिन मेहमानों को भोज में परोसने के लिए एक हिरण का वध करके राजमहल में लाया गया है। सुनहरी त्वचा वाले इस हिरण की खाल की छोटी सी खंजड़ी बनायी गयी है, जिससे बालक राम खेलेंगे। अब उस हिरण की हिरणी रानी कौशल्या के पास आकर अनुनय करती है कि उसके पति की खाल ही उसे सौंप दी जाये, जिससे बाकी का जीवन वह उसके सहारे काट सके। वह जानती है कि उसका पति मार दिया गया है, मगर वह खाल से ही सन्तुष्ट हो जायेगी; अगर रानी उसके पति की मृतदेह उसे लौटा दें। लेकिन रानी उसके इस अनुनय को भी नहीं मानती और उसे वापस लौटाने से इनकार कर देती हैं। हिरणी दुःखी होती है और अपने को असहाय पाकर रानी को शाप देती है कि जिस बच्चे के लिए उसने हिरण का वध कराया है, उसके लिए उसे विछोह का दुःख उसी तरह भोगना पड़ेगा, जिस तरह वह अपने पति की मृत्यु का संताप झेल रही है। इस गीत से आशय यह ध्वनित होता है कि पारम्परिक गीतों में रखे जाने वाले प्रसंग इस बात के दस्तावेज़ बन सकें कि किसी भी छोटे प्राणी का जीवन भी उतना ही महत्त्वपूर्ण और प्रासंगिक है, जितना किसी श्रेष्ठ व्यक्ति या राजा-रानी का। इस अर्थ में भारतीय संगीत और अन्य कलाएँ

मानवता की सबसे उदार अभिव्यक्तियाँ बनती रही हैं। इन गीतों में कला का उत्कर्ष दुःख और ऐश्वर्य दोनों के सामंजस्य से रचा गया है। यहाँ यह देखना महत्त्वपूर्ण है कि विशेषकर अवध में, जहाँ राम की मर्यादा व उपासना सर्वोपरि रहे हैं; वहाँ भी गीतों और कलाओं में लोकमंगल का भाव ज्यादा महत्ता से रेखांकित हुआ है।

बनारस में बुढ़वा मंगल के अवसर पर गंगा में बजड़े पर ख्याल गायन की परम्परा या नववधू आगमन के समय देसी बोलियों में निबद्ध 'गंगा पुजैया' के गीत इसी परिपाटी के अन्तर्गत रखे जा सकते हैं। यह दिलचस्प तथ्य है कि बनारस में घर-घर, दरवाजे-दरवाजे जाकर गाने वाली औरतें (मिरासिनें), तवायफ़ें, नृत्यांगनाएँ और अन्य गवैयों ने एक रुढ़ि के रूप में गंगा पूजा के गीत गाना परम्परा का अंग मान रखा है। इनमें से अधिकांश वादक श्रेणी के जो लोग हैं, वे भी अपने-अपने वाद्यों द्वारा गंगा पूजा के गीत बजाते रहे हैं। उस्ताद बिस्मिल्ला ख़ाँ की मशहूर धुन 'गंगा दुआरे बधइया बाजे' गंगा पूजा का ही गीत है। काशी की इस निराली परम्परा में बड़ी मोतीबाई, विद्याधरी, बड़ी मैना, हुस्ना, काशीबाई और सिद्धेश्वरी देवी ने अपनी-अपनी तरह योगदान किया है। आज की महत्त्वपूर्ण ठुमरी गायिका गिरिजा देवी का गाया हुआ गंगा पूजा का गीत यहाँ प्रस्तुत है–

सियारानी का अचल सुहाग रहे
राजा राम के सिर पर पाग रहे
जब तक यह शीश अहिबात रहे
गंगा जमुना की धारा बहती रहे।[28]

(रानी सीता का सुहाग अमर रहे। राजा राम का प्रभुत्व हमेशा विद्यमान हो। ईश्वर करे उनकी पवित्र गृहस्थी का मंगल तब तक बना रहे; जब तक गंगा और यमुना में पानी है।)

विवाह, पूजन एवं गंगा यह सभी मांगलिक प्रतीक हैं। अतः मंगल का माहौल रचने में इनके गीतों का भी अनन्य योगदान होता है। मसलन, आप गीत, पद, कवित्त आदि को जिस भी राग में सुनेंगे, एक उत्सव की व्याप्ति का सा अनुभव होगा। उस्ताद बिस्मिल्ला ख़ाँ साहब के कहे हुए का रूपक लेकर कहें, तो पहाड़ी सुनने के लिए जिस तरह आपको जंगलों में जाना पड़ेगा, उसी तरह रागों को पूर्णतया समझने के लिए उन परिपाटियों को भी खंगालने की जरूरत पड़ेगी, जो हमारी मिट्टी में बसी हुई हैं।

(5)

अवध की मिट्टी से निकले हुए कुछ अन्य गायकी के प्रकार भी हैं, जिन्हें रसिकों के बीच केन्द्रस्थानीयता हासिल है। इनमें झूला[29], बारामासा[30] व होली[31] का विशेष महत्त्व है। झूला गायन का जन्म मथुरा, वृन्दावन में कृष्ण और राधा की अर्चा के सन्दर्भ में हुआ है। इस कारण यह गायन का प्रकार मधुरोपासना का प्रमुख आलम्बन माना जाता है। अयोध्या में भी झूला गायन की परम्परा लगभग ढाई सौ साल पुरानी है। यह गायन राम और सीता के मधुरोपासना के रूप में अयोध्या आयी है। मगर इस मधुरोपासना में कृष्ण भक्ति का विशेष प्रभाव दिखायी देता है। इस उपासना को अयोध्या में 'रसिक-राम-भक्ति' कहा जाता है, जिसके प्रवर्त्तक सन्त कृपानिवास थे। ये अयोध्या में जानकीघाट मन्दिर के संस्थापक थे तथा सम्भवतः यही मन्दिर अयोध्या में रसिक राम भक्ति का सबसे पुराना केन्द्र रहा है। यहाँ गाये जाने वाले झूलन के पदों में ज्यादातर सन्त कृपानिवास का ही नाम आता है। कुछ अन्य भक्त जो इस परम्परा में दीक्षित थे, उनमें ललित किशोरी, रामसखी, रामप्रियाशरण, श्यामसखे, युगलप्रिया, रसमाला, प्रीतिलता, कांतिलता, सरयूसखी और युगलानन्यशरण प्रमुख हैं। रंगमहल, दिव्यकलाकुंज, रूपकलाकुंज, सद्गुरुसदन, रसमोदकुंज, लक्ष्मणकिला, रामसखी मन्दिर और सियाराम किला अयोध्या में मधुरोपासना के मुख्य केन्द्र हैं।

व्याकुल जी महाराज रंगमहल में जीवनपर्यन्त बारहों मास झूला गाया करते थे। रामभक्ति की यह नाटकीय अभिव्यक्ति है, जिसमें राम और सीता का स्वरूप बनाकर उनके इर्द-गिर्द झूला गाया जाता है। इस सम्प्रदाय में राम विवाह एक मुख्य आयोजन होता है। रामरस में निबद्ध रागों पर आश्रित गीतों पर रामविवाह की छटा अपूर्व होती है। इनकी भक्ति को श्रृंगारभक्ति भी कहा जाता है। मिथिला के लोकगीतों में यहाँ की श्रृंगार भक्ति की पूरी छाया रहती है। यह भी जानना बड़ा प्रासंगिक है कि दक्षिण की भरतनाट्यम परम्परा (जो ढाई सौ वर्ष पहले दासीअट्टम के नाम से शुरु हुई थी) में भी श्रृंगार भक्ति ही मुख्य घटक होती है। अवध में यह श्रृंगारभक्ति अष्टछाप के कवियों, तुलसीदास, कृपानिवास, बनी ठनी, तुलसी साहेब, ललित किशोरी और अन्यान्य रसिक भक्तों के माध्यम से आयी है, वहीं दक्षिण में इसकी स्थापना जयदेव का गीतगोविन्द, त्यागराज, मुत्तुस्वामी दीक्षितर एवं स्वाति तिरुनाल के पद करते रहे हैं। युगलप्रिया द्वारा लिखा एक सुन्दर अवधी झूलन् यहाँ उदाहरण रूप में दिया जा रहा है–

रसिक दोऊ झूलत सरयू तीर
रघुनन्दन अरु जनकनन्दिनी स्यामल गौर सरीर
गावहिं छवि अवलोकि प्रेम भरि चहुँ दिसि सखिन की भीर
युगलप्रिया अति सुख बरसत जब लेत तान गम्भीर।[32]

(दो प्रेमी युगल सरयू नदी के किनारे विस्मयविमुग्ध झूला झूल रहे हैं। भगवान राम काले हैं और रानी सीता गौर वर्ण की। सुन्दर सखियाँ चारों ओर से झूले को घेरे हुए उनके दैवीय सौन्दर्य में गीत गा रही हैं। कवि युगलप्रिया कहते हैं कि एक अद्भुत छटा बरसती है, जब वे सुन्दर तान लेते हैं।)

इस पन्थ के अनुयायी स्वयं को रानी की सहचरी मानते हैं। इस कारण वे अपने सुखी गार्हस्थ्य जीवन में रहते हुए भी स्त्री का वेष धरे रहते हैं। वे स्वयं को कई बार राम की प्रेयसी मानते हैं और अपने नामों में प्रिया, सखी, अली, सहचरी आद का सम्बोधन जोड़ते हैं। कई दफ़ा सीता से अपने सखी भाव के रिश्ते के चलते राम से बहनोई या दामाद का सम्बन्ध मानकर रसिक भाव से गारी भी गाते हैं।

(6)

अवध के संगीत में एक और परम्परा है, जो कथिकों से जुड़ी हुयी है। यह कथिक रामकथा का वाचन संगीत, मुद्राओं और नृत्य के माध्यम से करते है। इनको 'कथावाचक' भी कहा जाता है। यह परम्परा आज भी जीवित है और अयोध्या में रक्षाबन्धन के दूसरे दिन कथिकों का भारी समारोह होता है। ये कथिक रामकथा वाचन के लिए मुख्य विषय रामचरितमानस को बनाते हैं। गायन की सुविधा के लिए अकसर उनमें अवधी बोली की अन्य चीज़ों की मिलावट भी कर देते हैं और रामचरितमानस को अपने अनुसार मोड़ लेते हैं। ज्यादातर कथिक रामानन्द भक्ति सम्प्रदाय से जुड़े होते हैं। रामानुज सम्प्रदाय के कथावाचक अपना कथ्य वाल्मीकि रचित रामायण से उठाते हैं और उनके प्रदर्शन में कोई विशेष लालित्य नहीं होता। उद्धवदास, बीसवीं शताब्दी के महत्त्वपूर्ण रामकथावाचक हुए हैं। लेकिन यह कथावाचकों की उस श्रेणी से सम्बद्ध रखते थे, जिसमें स्वांग और स्वरूप का स्थान नहीं था। यह लोग सीधे-सीधे अपनी कथा जनमानस तक पहुँचाते थे और इन्हें 'रामायणी' कहा जाता था। मगर यहाँ यह ध्यान देने वाला तथ्य है कि ये रामायणी कथिक नहीं थे। इस सन्दर्भ में ठाकुर जयदेव सिंह कुशीलव[33] का प्रयोग करते हैं।

'कुशीलव' वह होता है, जो रामकथा गायन करता है। सबसे पहले इसका प्रयोग वाल्मीकि रामायण में हुआ, जिसका तात्पर्य है कि कुश और लव का सम्मिलित रूप, जिन्होंने सबसे पहली बार रामकथा गायी। इस अवधारणा के अन्तर्गत कुशीलव, कथावाचकों की जातिवाचक संज्ञा भी है।

भरत के नाट्यशास्त्र में, नृत्य व गायन में निपुण व्यक्ति के सन्दर्भ में 'समाज' शब्द का प्रयोग मिलता है। वाल्मीकि रामायण के अयोध्या काण्ड में भी 'समाज' शब्द की चर्चा हुयी है। यह समाज यहाँ रामकथावाचकों के सन्दर्भ में प्रयुक्त हुआ है। यह सिद्ध करता है कि कहीं न कहीं कथावाचक संगीत के व्यक्ति होते थे। यह हमें भरतनाट्यशास्त्र और रामायण में सांस्कृतिक अन्तर्सम्बन्ध होने का सूत्र भी देता है; जिस कारण नाट्यशास्त्र और रामायण की इन अर्थों में एक सांगीतिक व्याप्ति खोजनी चाहिए। कथिकों और कथावाचकों के रामकथा गायन में ज्यादातर लोकबोलियों के कवियों को प्रधानता मिलती रही। जनता की समझ और पसन्द के अनुसार उन लोगों ने सरल रागों में अपनी कथा को प्रचलित करना चाहा। इससे कालान्तर में जाकर यह हुआ कि बहुत सारे दुर्लभ और कठिन राग हाशिये पर चले गये। वे ही राग हमारे जातीय स्मृति का अंग बने रहे, जिनका बहुतायत में इस्तेमाल हुआ। संगीत के लिए यह एक बड़ा नुकसान था। आज भी बहुत सारे ऐसे रागों के नाम हमें सुनने को मिलते हैं, जिनका गाया जाना कब का बन्द हो चुका है। इसके अलावा कथिकों के द्वारा हुआ एक बड़ा नुकसान साहित्य को यह भी रहा कि बहुत सारी क्षेपक कथा व बेकार के साहित्य को, जिसका कोई ऐतिहासिक व सामाजिक महत्त्व नहीं है, मुख्यधारा में आने की सहूलियत मिल गयी। एक कला या वाचिक परम्परा अकसर यह भी करती है कि वह कुछ पुराने महत्त्वपूर्ण पक्षों को हाशिये पर ढकेल देती है, साथ ही किनारे पड़े ग़ैरज़रूरी पक्षों को प्रधानता देकर केन्द्र में ले आती है।

अवध के संगीत पर अगर हम सरसरी निग़ाह डालें तो पायेंगे कि तमाम सारे उतार-चढ़ाव के बावजूद शास्त्रीय संगीत मुख्यधारा में हमेशा बना रहा। कभी वह सतह पर दिखायी देता था, तो अकसर प्रमुखता से अपनी भूमिका निर्धारित करता हमारे सामने आता रहा। जितनी भी गायन और नृत्य की उपधाराएँ रहीं, उन्होंने एक समय विशेष में ख्याति पायी और धीरे-धीरे वे इतिहास का अंग बन गईं। मगर, एक

उत्प्रेरक की भाँति उन्होंने संगीत की मुख्यधारा को उर्वर ही बनाया। कुछ बिगड़ा भी, तो नवप्रवर्त्तन के साथ वह कही न कहीं सकारात्मक रूप से प्रकट भी हुआ।

संगीत एक ऐसी सार्वकालिक सामाजिक प्रक्रिया है, जो अपने विकास और उत्थान के लिए शताब्दियों का समय लेती है। अवध के संगीत की पूरी पड़ताल करते हुए हम पाते हैं कि जहाँ रामभक्ति और कृष्ण भक्ति के साधकों ने एक ओर आध्यात्मिक संगीत का प्रणयन किया है, वहीं दूसरी तरफ़ नवाबों के दरबारों में मौजूद वाग्गेयकारों ने अपने-अपने तरीके से संगीत में नये रंग भरे। इनके अभिनव प्रयोगों ने आजकल प्रचलित संगीत को जीवन्तता बरती थी। ये वही संगीत था, जिसने महफ़िलों और राजदरबारों में एक तरफ बड़ी मोतीबाई, पं. बड़े रामदास, रसूलनबाई, सिद्धेश्वरी देवी जैसे गुणीवन्तों को पैदा किया, तो दूसरी तरफ़ मियाँ हैदरी ख़ाँ, बेग़म अख़्तर, गुलाम रसूल ख़ाँ, मीर अली हसन, मीर बन्दा हसन जैसे फ़नकार दिये। इस संगीत में एक तरफ ध्रुपद की आध्यात्मिक ऊँचाई थी, तो दूसरी तरफ कजरी, चैती और होली का शृंगारिक उल्लास मौजूद था। अवध की परम्परा में बोलबाँट और बन्दिश की ठुमरियाँ थीं, तो पूरब अंग की मशहूर पुकार तान का कोई सानी न था। अवध के संगीत का आधुनिक रंगपटल इन्हीं विविधताओं से मिलकर तैयार हुआ है। साथ ही, हम यह भी कह सकते हैं कि न वह पूरा शुद्ध पारम्परिक ही है और न ही उसमें पूरी तरह नवाचार सम्भव हुआ है। बल्कि वह दोनों का मिला-जुला एक आत्मीय संयोजन ही अधिक ठहरता है।

यह अवध के संगीत की खासियत रही है कि उसे अपने श्रोता को मनमाफ़िक माहौल में ढालने की विशिष्टता प्राप्त थी। वह भक्ति गायन के साथ जितनी श्रद्धावनत होती थी, उतनी ही माधुर्य भाव से भर उठती थी, जब कोई गायक झूला या कजरी गाता था। अवधी सोहर ने यह महत्ता रेखांकित करायी कि एक साधारण से जीव का जन्म, राम के जन्म की तरह ही श्रेयस्कर है। अवध के इस ख़जाने का सिंहावलोकन करने पर हम पाते हैं कि मानव मूल्यों की उदात्त प्रतिष्ठा इसके संगीत ने की है। यह संगीत हर स्तर पर उत्सवधर्मी और मंगलकारी रहा है। यही कारण है कि यहाँ गाये जाने वाले नौहा और मर्सिया व बन्ना और होली में जल्दी कोई भेद नहीं करता। सभी को समान आदर प्राप्त है। संगीत के रसिक अवध के सन्तों, कवियों, गायकों, तवायफ़ों, कथिकों, कीर्तन मण्डलियों, नवाबों, वाग्गेयकारों एवं घरानों के ऋणी हैं, जिनके कारण यह परम्पराएँ पूरी उदारता से आज हमें मिल सकी हैं।

सन्दर्भ एवं टिप्पणियाँ :

1. रात्रि में गाया जाने वाला राग। इसका प्रयोग ज्यादातर उपशास्त्रीय गायन में होता है। लोकप्रिय लोकधुनों की रचना इस राग में की जाती है।
2. सुबह का एक बहुप्रचलित राग। इस राग में शिव की वन्दना की जाती है, इस कारण इसका नाम भी शिव के नाम के ऊपर पड़ा है।
3. वासुदेवशरण अग्रवाल, भारत सावित्री, भाग-2, सस्ता साहित्य मण्डल प्रकाशन, दिल्ली 1996, पृ. 48
4. एक प्रकार का लोकनाट्य, जो ग्रामीण अंचलों में लोकप्रिय निजन्धरी कथाओं पर किया जाता है।
5. एक अभिनेता द्वारा किया गया किसी प्रसिद्ध चरित्र का अभिनय।
6. अब्दुल हलीम शरर, पुराना लखनऊ (गुज़िश्ता लखनऊ) अनुवाद-नूर नबी अब्बासी, नेशनल बुक ट्रस्ट, नयी दिल्ली-1971, पृ. 168-169
7. उपशास्त्रीय गायन की एक महत्त्वपूर्ण विधा-ठुमरी। बन्दिशों की तरह ठुमरी भी हिन्दी की विभिन्न बोलियों में रची जाती है। ठुमरी गायन के प्रचलित प्रकारों में पंजाबी और लख़नवी महत्त्वपूर्ण हैं। ठुमरी बहुतेरे रागों में गायी ज़ाती है। अकसर इसमें मिश्र रागों का प्रयोग भी होता है। ठुमरी के विषय प्रेमी युगल के मिलन और वियोग से जुड़े होते हैं।
8. टप्पा-उपशास्त्रीय गायन का एक महत्त्वपूर्ण प्रकार। ज्यादातर टप्पा पंजाब और उसके आस-पास ऊँट पालने वाली जातियों में गाया जाता है। इसमें तानों की त्वरित और द्रुत गति देखने लायक होती है।
9. दादरा-ठुमरी की ही तरह प्रसिद्ध गायन विधा। दादरा में ठुमरी की अपेक्षा तानों और धुनों की तेज चाल रखी जाती है।
10. ध्रुपद भारतीय शास्त्रीय गायन की सबसे पुरानी विधा है। इसकी शुरुआत 400 वर्ष पूर्व हुई थी। पारम्परिक ध्रुपद में राजा या ईश्वर की वन्दना, प्रकृति चित्रण, संगीतशास्त्र की जानकारी आदि गायी जाती है। बैजू बावरा, गोपाल नायक, बक्शू नायक और तानसेन प्रमुख ध्रुपदिये माने जाते हैं। समकालीन ध्रुपद के चार अंग हैं– स्थायी, अन्तरा, संचारी और आभोग।

11. धमार-पखावज पर बजने वाला 14 मात्राओं का ताल है। इस ताल में बंधे पदों का गायन ध्रुपद की ही तरह होता है। इसमें गाये जाने वाले पद धमार ताल के अन्तर्गत आते हैं। इसमें ज्यादातर हिन्दुओं के प्रसिद्ध त्यौहार होली के प्रसंगों का गायन होता है।

12. लोकगायन का एक प्रकार, जिसे चैत्र मास (मार्च-अप्रैल) में गाया जाता है। इसे ऋतु गीत के अन्तर्गत भी रखा जाता है। इसकी खासियत यह है कि गीत का अन्त 'रामा' से होता है। अकसर गीत में टेक लेते समय 'हो रामा' गाया जाता है। उत्तर प्रदेश और आसपास के इलाकों का महत्त्वपूर्ण गायन।

13. उपशास्त्रीय गायन की बहुप्रचलित विधा। ज्यादातर बिहार और पूर्वी उत्तर प्रदेश में गायी जाती है। कजरी का अर्थ काजल या श्याम वर्ण है। अतः इसमें काले बादलों एवं कृष्ण के काले रंग का वर्णन होता है। इसीलिये ज्यादातर कजरी बादलों, वर्षा और कृष्ण का प्रतिनिधत्व करती है। इनका गायन मुख्यतः सावन में होता है।

14. शीला धर, द कुकिंग ऑफ म्यूजिक, परमानेण्ट ब्लैक, नयी दिल्ली 2001, पृ 12।

15. उत्तर भारत का प्रमुख कृष्ण भक्ति सम्प्रदाय। इसे वल्लभ सम्प्रदाय के नाम से भी जाना जाता है। इसका प्रवर्त्तन श्री वल्लभाचार्य (1479-1531) ने किया था।

16. इस भक्ति शाखा के प्रवर्त्तक चैतन्य महाप्रभु थे। वे कृष्ण अनुयायी थे। इस पंथ में आध्यात्मिक संगीत और नृत्य, मुख्य अंग माने जाते हैं।

17. आठ कवियों द्वारा निर्मित, पुष्टिमार्गीय भक्ति धारा का समूह। इस समूह में कुम्भनदास, कृष्णदास, सूरदास, परमानन्ददास, गोविन्द स्वामी, छीत स्वामी, चतुर्भुजदास व नन्ददास थे।

18. प्रो. सत्यभान शर्मा, पुष्टिमार्गीय मन्दिरों की संगीत परम्परा : हवेली संगीत, राधा पब्लिकेशन्स, नयी दिल्ली 1999, पृ. 74।

19. वह व्यक्ति जो रागों में कोई पद या बन्दिश रचता है।

20. शैलेन्द्र के. गोस्वामी, हिन्दुस्तानी संगीत के महान रचनाकार– सदारंग-अदारंग, कनिष्का पब्लिशर्स, नयी दिल्ली 2001, पृ. 55।

21. इमाम हुसैन एवं उनके परिवार की शहादत की घटनाओं का शोकपूर्ण सांगीतिक वर्णन। ज्यादातर मुहर्रम के दिनों अजादारी में गायी जाती है।

22. यह नौहा बेग़म अख़्तर के समकालीन श्री नकी हुसैन जी द्वारा हासिल हुआ है। वे 90 वर्ष के थे और फ़ैज़ाबाद में रहते थे, जब उन्होंने यह बताया। अब दिवंगत।

23. दुःख अदायगी का प्रकार। मुस्लिमों में किसी व्यक्ति के मृत्यु के तीसरे (तीजा) या चालीसवें (चालीसवां) दिन पढ़ा जाने वाला। यह मुहर्रम में भी गाया जाता है। यह कहा जाता है कि सोज़ख़्वानी की शुरुआत ख़्वाज़ा हसन 'मौदूदी' ने की थी।

24. हज़रत इमाम हुसैन की कर्बला में शहादत का शोकपूर्ण वर्णन। उर्दू अदब में मीर अनीस, दबीर और सौदा के मर्सिये विशेष महत्त्व रखते हैं।

25. यह नौहा बेग़म अख़्तर के समकालीन श्री नकी हुसैन जी द्वारा हासिल हुआ है। वे 90 वर्ष के थे और फ़ैज़ाबाद में रहते थे, जब उन्होंने यह बताया। अब दिवंगत।

26. बच्चे के जन्म पर गाया जाने वाला पारम्परिक लोकगीत।

27. विद्यानिवास मिश्र, सम्पादन-चन्दन चौक, उ.प्र. संगीत नाटक अकादेमी, लखनऊ 1989, पृ. 45।

28. यह गीत प्रख्यात ठुमरी गायिका गिरिजा देवी के सौजन्य से प्राप्त।

29. यह झूलन या सावनी के नाम से भी मशहूर है। उपशास्त्रीय गायन का एक महत्त्वपूर्ण प्रकार, जिसमें राधा-कृष्ण या राम-सीता के दैवीय स्वरूप का वर्णन होता है।

30. बारहमासा– बारहों महीने में पड़ने वाले विभिन्न ऋतुओं का वर्णन करता है। ऋतु वर्णन के साथ-साथ इन गीतों में प्रिय के विछोह की कथा भी चलती है।

31. उपशास्त्रीय गायन का महत्त्वपूर्ण प्रकार। ज्यादातर ताल धमार में गाया जाता है। इसे होरी धमार भी कहते हैं। पीलू, काफ़ी और परज जैसे राग इस गायकी के लिए प्रमुखता से उपयोग में लिये जाते हैं।

32. स्वामी श्री सीतारामशरण जी महाराज, संपादन-श्री झूलन बिहार पदावली, लक्ष्मणकिला, अयोध्या, 1997, पृ. 14।

33. ठाकुर जयदेव सिंह, भारतीय संगीत का इतिहास, संगीत रिसर्च अकादेमी, कलकत्ता, 1994, पृ. 160।

बाईयों का जमाना और हिन्दी फ़िल्म संगीत का आरम्भिक दौर (सन् 1925-1945)

हिन्दी फ़िल्म इतिहास में संगीत का आगमन या फ़िल्म संगीत का आरम्भ एक महत्त्वपूर्ण घटना रही है। पिछले लगभग सौ सालों में इस बात पर ढेरों बहस-मुबाहिसों और विमर्श के दौर चले कि मूलतः फ़िल्म संगीत किस ढंग से अपना स्वरूप अख़्तियार कर सका। बहुत सारी प्रचलित धारणाओं के साथ-साथ, जिस तथ्य की ओर हमारा ध्यान बरबस जाता है, उसमें सर्वाधिक प्रासंगिक वह दौर है, जब भारतीय समाज में बाईयों और तवायफों का दबदबा कायम था। एक प्रकार से यह हिन्दुस्तानी संगीत का वह आरम्भिक दौर है, जब तवायफों का संगीत राजदरबारों, बड़े नवाबी घरानों, महफ़िलों-मज़लिसों एवं कोठों में रचा-बसा था और अपने शिखर पर था। हिन्दी फ़िल्म संगीत का आरम्भ भी आश्चर्यजनक ढंग से इसी दौर की देन है, जिसे हम सन् 1925 से 1945 के मध्य बीस वर्षीय लम्बे कालखण्ड में पसरा हुआ देख सकते हैं। इस बात को स्वीकारने में मुझे जरा भी सन्देह नहीं है कि भारतीय फ़िल्म संगीत, खासकर हिन्दी फ़िल्म संगीत का आरम्भ मुख्यतः

बाईयों, तवायफों, तमाशा और नौटंकी की नर्तकियों के द्वारा हुआ है। ये स्वतंत्रता आन्दोलन के पूर्व (सन् 1925-45) का समय है, जिस समय भारतीय समाज में आमोद-प्रमोद की ढ़ेरों प्रदर्शनकारी अभिव्यक्तियों में इन बाईयों का वर्चस्व रहा।

इस अवधारणा को समझने के जतन में उस समय की प्रमुख बाईयों का वर्गीकरण हम मुख्यतः तीन कोटियों में कर सकते हैं, जिससे इस बात की पुष्टि होती है कि वह समय सामाजिक-राजनैतिक स्तर पर जिस तरह बन-बिगड़ रहा था और जिससे गुज़रकर हिन्दी फ़िल्म संगीत का बिल्कुल आरम्भिक चेहरा विकसित हो सका। इस वर्गीकरण में जो सबसे दिलचस्प तथ्य है, वह यह है कि बाईयों का एक लगभग बड़ा समुदाय ही बाद में अस्तित्व में मौजूद न रहा, जिनमें से अधिकांश तवायफ़ें न जाने किन वजहों से बाद के वर्षों में अन्धेरों में चली गयीं। कुछ के हिस्से में जो थोड़ी बहुत रोशनी हाथ आयी भी, वह भी धीरे-धीरे हमारे सांस्कृतिक समाज की विस्मृति का अंग बन गयी। बाईयों के व्यवहार और उनका विभिन्न प्रकार की कलाओं में संलग्न रहने की पड़ताल को परखने से पहले इतिहासकार सलीम किदवई के एक दुर्लभ और इतिहास सम्मत तर्क पर ध्यान देना लाजिमी है—

"तवायफ़ों, बाईयों व राजदरबारों एवं नवाबों के यहाँ आसरा पाने वाली गायिकाओं के बारे में कुछ भी ढूँढ़ने से पहले हमें इस बात का खासा ध्यान रखना चाहिए कि इनमें से अधिकांश औरतों को अपने इतिहास को दोबारा से गढ़ना पड़ा है। इन औरतों को अपनी ज़ाती ज़िन्दगी में इतने झूठ बोलने पड़े हैं कि आसानी से इनकी बातों से यह निकालना बेहद मुश्किल है कि इनकी ज़िन्दगी में जो कुछ हुआ और घटा है, वह कितना सही और कितना गलत है।"

किदवई इन अर्थों में इस पूरी परम्परा पर ऐसी पैनी नज़र डालते हैं कि आपको अपने व्यक्तिगत पसन्द की किसी भी बाई या गायिका को जानने समझने के लिए कम से कम एक मज़बूत सिरा पकड़ में आ जाता है। हाँ, यहाँ यह बताना उतना ही प्रासंगिक है कि जब वे इस तरह का सार्वजनिक बयान इन गानेवालियों के बारे में जारी करते हैं, तो उनका इशारा हमें उस परम्परा के प्रति भी मिलता हुआ नज़र आता है, जो बाद में जाकर सिनेमा में पूरी तरह दृश्यगत हो सका।

सलीम किदवई के बयान को ध्यान में रखते हुए हमें उस समय की बाईयों की पड़ताल में कुछ दुर्लभ तथ्य हाथ आते हैं। मसलन, एक कोटि उन बाईयों की

है, जो कभी भी फ़िल्मों में नहीं गयीं; और जिनको कभी भी हिन्दी या किसी अन्य सिनेमा के खाते में डालकर आँका नहीं जा सकता। इसमें मुख्य रूप से *जानकीबाई छप्पनछुरी, मलका जान, अनवरबाई लखनवी, काशीबाई, रसूलनबाई* और *मलका पुखराज* जैसी धुरन्धर तवायफ़ें शामिल रही हैं। दूसरी श्रेणी उन बाईयों की थी, जिन्होंने फ़िल्मों में कम और महफिलों में बराबर से अपना दबदबा बनाये रखा। मुझे लगता है, इन गायिकाओं को फ़िल्म दुनिया का सुनहला पर्दा रास नहीं आया होगा अथवा उन्हें अपना पेशेवर गायिकी का घराना उस समय ज्यादा महफूज़ लगा होगा, जिसके चलते उन लोगों ने अपनी परम्परागत गायिकी को समाप्त नहीं किया। उदाहरण के तौर पर जम्मू कश्मीर की *कमला झरिया*, बंगाल की *अंगूरबाला* और *अनारबाला, गौहर जान, राजकुमारी, सितारा कानपुरी, अमीरज़ान* और *अख़्तरीबाई फ़ैज़ाबादी*। तीसरी कोटि उन बाईयों की थी, जिन्होंने मुख्य रूप से फ़िल्मों को ही अभिनय व गायिकी के लिये अपना पसन्दीदा क्षेत्र चुना। सन् 1931 से 1940 के मध्य में प्रचलित इन बाईयों का दबदबा फ़िल्मी दुनिया में सर्वाधिक था। एक लम्बी फेहरिस्त है ऐसी बाईयों-गायिकाओं की, जो लगातार दस-पन्द्रह वर्षों तक फ़िल्म और उसके संगीत, दोनों ही परिदृश्यों पर सक्रिय थीं। पर आज लगभग अस्सी वर्ष बीत जाने के बाद इस तथ्य को आँकना कम दिलचस्प नहीं कि धीरे-धीरे वे सब की सब गुमनामी के अन्धेरे में चली गयीं। इनमें प्रमुख तवायफ़ें हैं– *जहाँआरा कज्ज़न, जिल्लू, मुश्तरी, चन्दा, मिस गुलाब, मिस मोती, शान्ताकुमारी, शकीरा, मोहिनी, ख़ुर्शीद, हीरा, फूलकुमारी, पद्‌माबाई, मिस अनुसूया, बिब्बो, कमलाबाई, मिस शैला, मिस बदामी, तारा, पुष्पा, सुन्दरबाई, बिमला, मिस अनवरी, माधुरी, रामप्यारी, मिस इकबाल, शिरीन बानो, ललिता, रतनबाई, मिस लोबो, लीलादेवी, हमीदा, शाहज़ादी, कश्मीरा देवी, चम्पा, मिस पर्ल, शिवरानी, पीरजान, राजकुमारी बनारस वाली, राजकुमारी कलकत्तावाली उर्फ उल्लो बाई, चाँदकुमारी, अमीना, ख़ातून, इन्दूबाला, निहारबाला, राधाबाई, सुलताना बानो, मिस शाहज़हाँन, श्यामकुमारी, ज़रीना, मिस गुलज़ार, प्रेमकुमारी, अरुणा देवी, हुस्नबानो, इन्दूरानी, भणिबाई, ज़िल्लूबाई, बृजमाला, शकुन्तला, कान्ताबाई, पुतली, दुर्गाबाई, अज़ूरी एवं दुलारी आदि*।

यह फेहरिस्त देखते हुए सलीम किदवई का बयान याद आता है कि इनमें से अधिकांश औरतों को अपने इतिहास को दोबारा से गढ़ना पड़ा है। हो सकता है कि जाती ज़िन्दगी में इन गायिकाओं के कुछ दूसरे प्रचलित नाम रहे हों, जिनके

अनुसार वे अपने समय की महफ़िलें लूटती रहीं, मगर हो सकता है जब उन्हें एक ज्यादा बड़ा प्रभावी क्षेत्र फ़िल्मी पर्दा नज़र आया, तो कुछ असमंजस में अपनी सही पहचान को छुपाने तथा फ़िल्म के ग्लैमर भरे जीवन की इज्ज़त व शोहरत को जीने की चाहत के चलते नाम बदल लिए हों। यह अकारण नहीं है कि ऐसी बाईयों, तवायफ़ों की लिस्ट में अधिकांश नाम कुछ गढ़े या नकली से लगते हैं। मसलन— *मिस लोबो, मिस बदामी, मिस पर्ल, मिस शैला, मिस गुलाब, मिस मोती*। ठीक इसी तरह कुछ ठेठ पेशेवर नाम भी सामने आते हैं, जो अन्य सन्दर्भों से इस बात की पुष्टि भी करते हैं कि बीत चुके इतिहास में फ़िल्मों के अलावा इनका कुछ अतीत अवश्य रहा होगा। हो सकता है इनमें से कुछ की निशानदेही को हम कोठों से ढूँढ लाएँ, जहाँ उनकी महफ़िलें भी गुलज़ार रही होंगीं। उदाहरण के तौर पर *चाँद कुमारी, हुस्नबानो, रतनबाई, हमीदा, जिल्लूबाई, पद्‌माबाई* आदि के नाम देखकर ऐसा ही आकलन बनता है।

यह वो समय था, जब अंग्रेजों ने सोशल वैल्यूज़ प्रोग्राम बन्द करा दिये थे। किसी भी प्रकार की कुरीति या सामाजिक समस्या पर फ़िल्म बनाना उस दौर में ज़ोखिम भरा काम था। हर एक फ़िल्म सघन सेंसरशिप के द्वारा आँकी जाती थी, जिसका असर यह रहा कि अधिकांश फ़िल्मवालों ने सेंसर से बचने के लिये पौराणिक, मिथकीय और ऐतिहासिक कथानकों में जाकर पनाह ली। *मायामछिन्द्र, राजा हरिश्चन्द्र, रामशास्त्री, हनुमान पाताल विजय, बिल्वमंगल, जादूगर डाकू, पृथ्वी वल्लभ* और *सिंहलद्वीप की सुन्दरी* जैसी फ़िल्में इस ख़ास परिस्थिति को रेखांकित करती हैं। बाईयों के आगमन से एक अतिरिक्त उत्साह फ़िल्मवालों को यह भी मिला कि फ़िल्मी पर्दे पर उनकी अदायगी का इस्तेमाल वे लोग बखूबी करने लगे, जिसके पहले संगीत देने के लिये पर्दे के बाहर अलग से साजिन्दों सहित फनकारों को बिठाना पड़ता था।

इस प्रक्रिया में कुछ तवायफों का जिक्र भी यहाँ फ़िल्म संगीत में विकास के मद्देनज़र अवश्यंभावी लगता है। उस लिहाज से तवायफों की जो समृद्ध परम्परा रही, उसमें *गौहरज़ान* का विशेष नाम है। यह जानना दिलचस्प है कि हिन्दी फ़िल्म के आरम्भिक दौर में *गौहरज़ान* नाम से मुख्यतः तीन महत्त्वपूर्ण गायिकाओं, बाईयों और अभिनेत्रियों की चर्चा आती है। इनमें से एक *गौहरज़ान कर्नाटकी* हैं, जो सन् 1925-40 के बीच हिन्दी फ़िल्मों की महत्त्वपूर्ण अभिनेत्री रही हैं। आपके समय में

अख़्तरीबाई फ़ैज़ाबादी यानी बेग़म अख़्तर फ़िल्मों में पैर जमाने के लिए संघर्ष कर रही थीं। दूसरा नाम अदाकारा *ग़ोहर* का है। इन्हें *गौहर कय्यूम मामाजी वाला* भी कहते हैं। लाहौर में जन्मीं मूक फ़िल्मों की ये भी समर्थ अभिनेत्री रहीं। इन्होंने चन्दूलाल शाह के साथ मिलकर रंजीत मूवीटोन की स्थापना की थी। एक तरह से 1929 में स्थापित हुई रंजीत फ़िल्म कम्पनी, जिसे रंजीत मूवीटोन भी कहते थे, में गौहर ही उसकी मुख्य अभिनेत्री हुआ करती थीं। एक दिलचस्प तथ्य गौहर के सन्दर्भ में यह भी है कि उन्हें जामनगर की रियासत द्वारा भी पैसा मिलता था। वे जामनगर राजदरबार में फ़िल्मों में आने से पूर्व महफ़िलें करती थीं। यह तथ्य इस बात की ओर भी इशारा करता है कि जो बाईयाँ पेशेवर ढंग से फ़िल्मी जीवन में उतरने से पूर्व अपना कोठा सजाती रही थीं, उन्होंने अभिनय के क्षेत्र में पदार्पण के साथ अपने पुराने अतीत से किनारा कर लिया था। जो लोग अभिनय के क्षेत्र में सीधे नहीं आ सकी थीं, उन्होंने अपनी पेशेवर गायिकी और फ़िल्म संगीत के बीच एक बेहतरीन सन्तुलन बनाया हुआ था। इनमें हम *मलका पुखराज़, मिस मेनका, अनीस ख़ातून, कज्ज़न, कानन देवी* और *मिस दुलारी* जैसी गायिकाओं-बाईयों को याद कर सकते हैं।

तीसरी गौहर ज़ान शास्त्रीय संगीत की महत्त्वपूर्ण गायिका मानी गयीं, जिनका पूर्व नाम था *एंजोलिना एवॉर्ड*। ये कलकत्ता से सम्बन्धित थीं और ठुमरी गायिकी में बेहद नाम कमा चुकी थीं। एक ऐतिहासिक तथ्य इनके सन्दर्भ में यह काबिलेगौर है कि उस्ताद मौज़ुद्दीन ख़ाँ ने स्वयं बनारस से कलकत्ता जाकर गौहर को ठुमरी सिखायी थी। मूलतः तवायफ़ों की परम्परा में आने वाली ग़ौहर ज़ान उन्नीसवीं शताब्दी के पूर्वार्द्ध की सबसे महँगी गायिका थीं, जो महफ़िलें सजाती थीं। इनके बारे में मशहूर था कि सोने की एक सौ एक गिन्नी लेने के बाद ही वह किसी महफ़िल में गाने के लिये हामी भरती थीं।

इसी समय यह याद करना भी फ़िल्मेतिहास के सन्दर्भ में दिलचस्प है कि फ़िल्मों में मशहूर कुछ ऐसी भी तवायफ़ें या गानेवालियाँ थीं, जिन्हें बाद में बहुत याद नहीं रखा गया। इनमें से अधिकांश अपने गाने स्वयं गाती थीं। बिब्बो, ख़ुर्शीद, राधारानी, उमाशशि और अंगूरबाला व अनारबाला को इसी सन्दर्भ में याद कर सकते हैं। इसी तरह सितारा कानपुरी भी थीं, जो कानपुर छोड़कर फ़िल्मों में गीत आजमाइश के लिये आयीं। इनका 1948 में फ़िल्म *'पगड़ी'* में मुकेश के साथ गाया गीत *'इक तीर चलाने वाले ने दिल लूट लिया'* बड़ा मशहूर हुआ था। इसके संगीतकार गुलाम

मोहम्मद और गीतकार शकील बदायूँनी थे। इसी सन्दर्भ में अभिनेत्री *निम्मी* को भी याद करना चाहिए। निम्मी को फ़िल्मों में आने से पहले *निम्मी आगरेवाली* कहा जाता था। उस समय संगीत हल्कों में उनके गाये गाने भी नये ढंग से शुमार हो रहे थे और वे ठुमरी, ग़ज़ल, गीत और दादरा बहुत करीने से गा लेती थीं। मगर राजकपूर के कहने पर उन्होंने गाना छोड़ दिया और *'बरसात'* फ़िल्म से अपने अभिनय जीवन की शुरुआत निम्मी नाम से की। यह भी जानना प्रासंगिक होगा कि निम्मी की माँ *वहीदनबाई* अपने समय की महत्त्वपूर्ण तवायफ़ मानी गयी हैं।

इनके अलावा चार प्रमुख गायिकाएँ, बाईयाँ ऐसी थीं, जो राजदरबारों में तो मुबारकबादियों के लिये आती-जाती थीं, मगर दूसरी ओर उनके भीतर उसी वक्त अपनी-अपनी बेटियों को हिन्दी फ़िल्मों में सफल अभिनेत्रियाँ बनाने की पुरजोर कोशिशें भी चल रही थीं। इनमें से अधिकांश संगीत में निपुण महिलाएँ थीं और एक हद तक उनकी गायिकी व हुनर का लोहा उस समय माना जाता था। इनमें *नरगिस* की माँ *जद्दनबाई, शोभा गुर्टू* की माँ *मेनकाबाई, नसीमबानो* की माँ *शमशाद बेगम* एवं *अख़्तरीबाई फ़ैज़ाबादी* की माँ *मुश्तरीबाई* प्रमुख हैं।

इनमें नरगिस की माँ जद्दनबाई सर्वाधिक प्रगतिशील औरत साबित हुईं, जिन्होंने बदलते हुए समय को पढ़कर न सिर्फ नरगिस को अपने गाने-बजाने की परम्परा से बहुत मेहनत के साथ अलग किया, बल्कि उन्हें अंग्रेजी तबीयत की शिक्षा भी दिलवाई। साथ ही, नरगिस बेहतर ढंग से तैयार हो सकें इसलिये उन्हें सआदत हसन मंटो, पृथ्वीराज कपूर और महबूब ख़ान जैसे नयी सोच के प्रगतिशील लोगों के साथ उठना बैठना सिखाया। जद्दनबाई उत्तर प्रदेश के चिलबिला जैसे छोटे शहर की तवायफ़ थीं, मगर अपनी सोच व हुनर के चलते उन्होंने हिन्दी फ़िल्मों में भी काफ़ी काम किये। नरगिस की पहली फ़िल्म जिसमें वे एक बाल कलाकार के रूप में बेबी रानी के नाम से पहली बार सिनेमा के पर्दे पर आती हैं, उसे लाहौर के निर्देशक चिमनलाल लाहौर, बी. एस-सी. ने निर्देशित किया था। सन् 1935 में प्रदर्शित हुई इस फ़िल्म का नाम *'तलाशे-हक'* था। यह फ़िल्म एक और कारण से ऐतिहासिक है कि इस फ़िल्म में बतौर संगीत निर्देशक जद्दनबाई ने संगीत दिया था। कोठे की शैली का ठेठ 'बैठकी महफ़िल' गाने वाला दादरा 'घोर घोर घोर घोर बरसत मिहरवा' एवं 'दिल में जब से किसी का ठिकाना हुआ' जैसे गीत उन्हीं पर फ़िल्माये गये थे। उनकी संगीतबद्ध अन्य फ़िल्मों में सन् 1936 में *'हृदय मन्थन'*

के गीत 'डमरू हर कर बाजे', 'सावन के बदरा घिर आये', 'सूने दिल का कहीं अश्कों से पता मिलता है' और 'हमारी सेजरिया सैंय्या एक बेरी आ जा' मशहूर हुए। इसके अलावा *जीवन स्वप्न* (1937), *मैडम फैशन* (1936), *मोती का हार* (1937) और *राजा गोपीचन्द* (1935) जैसी फ़िल्मों में संगीत दिया। जद्दनबाई ने अपनी बनाई फ़िल्म कम्पनी का नाम भी 'संगीत फ़िल्म कम्पनी' रखा था, जिसके तहत वे स्वयं फ़िल्म निर्देशन करती थीं।

एक महत्त्वपूर्ण तथ्य जद्दनबाई और नरगिस के सन्दर्भ में इतिहासकार सलीम किदवई के माध्यम से यह भी मिलता है कि जद्दनबाई की माँ का नाम दिलिपा था और वे पूर्वी उत्तर प्रदेश की महत्त्वपूर्ण तवायफ़ के रूप में विख्यात थीं। इनके बारे में कहा जाता है कि इन्होंने ही तमाम सारी बाईयों से अपनी बेटी जद्दन को संगीत की तालीम दिलवायी थी। यह तथ्य राम औरंगाबादकर की मराठी में लिखी पुस्तक 'नरगिस' के उर्दू तर्जुमे से प्राप्त होती है। यह सन् 1960 में छपी है और पुस्तक का मूल्य 3 रुपये है। इसकी भूमिका में राम औरंगाबादकर ने यह लिखा है कि उन्हें जान से मार डालने की धमकियाँ दी गयीं कि वे नरगिस के पूर्वजों का इस तरह का कोई उल्लेख न करें। यह कुछ-कुछ उसी तरह का अपने इतिहास के साथ छेड़छाड़ का नतीजा है, जिस तरह की बात सलीम किदवई पूर्व में तवायफों की एक पूरी परम्परा के बारे में यह कहकर उठाते हैं कि उन्होंने अपने अतीत को कई बार बदला और नये सिरे से लिखा है।

जद्दनबाई से अलग, शमशाद बेगम भी अपने समय की महत्त्वपूर्ण गायिका थीं, जो राजदरबारों में महफिलें किया करती थीं। इनका ताल्लुक फ़िल्म अभिनेत्रियों की उस पीढ़ी से भी है, जिसमें उनकी बेटी नसीम बानो एक बहुत बड़ी अभिनेत्री बनीं और उनकी नातिन सायरा बानो ने भी फ़िल्म इण्डस्ट्री में अपनी कला का जादू बिखेरा। शमशाद बेगम के बारे में यह भी कहा जाता है कि उन्होंने दिल्ली घराने की गायिकी को बखूबी सीख रखा था।

मुश्तरीबाई ने अपनी बेटी अख़्तरीबाई को पूरब अंग की गायिकी सिखाने और उन्हें उस्तादों से बाकायदा शास्त्रीय संगीत की शिक्षा दिलवाने में बड़ी भूमिका निभाई। अख़्तरीबाई ने पटियाला घराने के उस्ताद अता मुहम्मद ख़ाँ से गण्डा बँधवाकर शास्त्रीय रागों की अदायगी के बारीक काम को सीखा था तथा बाद में किराना घराने के उस्ताद अब्दुल वाहिद ख़ाँ से भी शास्त्रीयता के सूक्ष्म ब्यौरे तालीम

में प्राप्त किये। मुश्तरीबाई इस मामले में एक कामयाब औरत के रूप में अपनी बेटी के सामने आ सकीं कि उन्होंने दो महत्त्वपूर्ण घरानों के उस्तादों से गण्डा बन्ध शिष्या बनाकर अपनी बेटी को एक प्रसिद्ध और पेशेवर ख्याल व ठुमरी की गायिका बनाया। बाद में अख़्तरीबाई फ़ैज़ाबादी ने फ़िल्मों में भी काम किया और उनके खाते में महज़ आठ फ़िल्में आईं, जिसके चलते भले ही उनका फ़िल्मी कॅरियर बहुत न सँवरा हो; मगर गायिकी के पेशे को तो जैसे फ़िल्म अभिनेत्री बनने के बाद, उसका ठप्पा लग जाने से, सफलता और शोहरत के पंख लग गये।

इन सबसे अलग बिल्कुल नये सन्दर्भों में सिद्धेश्वरी देवी का नाम आता है, जो स्वयं बनारस की मशहूर गायिका थीं और बड़ी मोतीबाई व रसूलनबाई के बाद ठुमरी की एकमात्र दमदार उपस्थिति थीं। उन्हें सर्वाधिक बढ़ावा ओरछा और बड़ौदा जैसी रियासतों से हासिल था। ओरछा राजदरबार के वंशज महाराज मधुकर शाह जूदेव बताते हैं कि सन् 1935 से 40 के दौरान सिद्धेश्वरी देवी लगातार ओरछा गाने के लिये बुलायी जाती रहीं और उसके एवज में उन्हें बतौर पारिश्रमिक चाँदी के रुपयों की शक्ल में एक हजार सिक्का तथा ट्रेन का द्वितीय श्रेणी का किराया दिया जाता था। सबसे काबिलेगौर तथ्य यह भी है कि उसी दौरान फ़िल्मों में प्रयुक्त होने वाले अधिकांश बनारसी कजरी और दादरों को सीधे फ़िल्मवालों ने अपनी फ़िल्मों में जस का तस इस्तेमाल करना शुरू कर दिया था। यह तथ्य इस बात की ओर इशारा करता है कि हो सकता है उन दिनों इन बन्दिशों को उन लोगों ने रसूलनबाई, बड़ी मोतीबाई, विद्याधरी और सिद्धेश्वरी देवी से हासिल किया हो। इनको प्राप्त करने के लिये वे लोग कभी-कभार छोटी-मोटी रकम की पेशकश करते रहे हों या ज्यादातर गायिकाओं को किसी फ़िल्म में गाने का लालच दिया जाता हो। इससे सन्दर्भित दिलचस्प तथ्य यह है कि यदि इनमें से किसी बाई को ऐसा कोई अवसर मिल जाता था, तो उस जमाने की म्यूजिक कम्पनियों के लिये उनका नाम एकाएक कई गुना ज्यादा कीमती हो जाया करता था। इस सन्दर्भ में वे गायिकाएँ एक हद तक अपने शास्त्रीय गायन को कामर्शियल सेटअप में ले जाने की लालच के चलते अपनी कुछ दादरों, कजरियों और बन्दिशों को फ़िल्मवालों को आसानी से उपलब्ध करा देती थीं। इस काम में *मेगाफान, कोलम्बिया, डावरकीन, एरोफोन* एवं *ट्वीन* कम्पनी के रेकॉर्ड सबसे आगे थे। जैसा कि ऊपर जिक्र किया जा चुका है, बेगम अख़्तर का भी उस जमाने में इसी कारण जबरदस्त बोलबाला या दबदबा था कि वे एक पेशेवर गायिका

होने के साथ-साथ फ़िल्म स्टार भी थीं। उनके लिये मेगाफोन इस तरह विज्ञापन करता था– *'मिस अख़्तरीबाई फ़ैज़ाबाद फ़िल्म स्टार'*।

कहने का सार यह है कि बाईयों ने बदलते हुए समय के साथ अपने सम्बन्ध बनाते हुए म्यूजिक कम्पनियों के साथ इस बात के गाहे-बे-गाहे सौदे किये कि वे अपने प्राईवेट एल.पी. बनवाने के चक्कर में उन कम्पनियों को अपनी कुछ पुरानी घरानेदार बन्दिशें सौंप दिया करती थीं। रसूलनबाई, बड़ी मोतीबाई, काशीबाई, अमीरजान से लेकर यह काम सिद्धेश्वरी देवी तक के जमाने में हुआ है, जिसकी पड़ताल उसी जमाने के फ़िल्मों की गीत सूची को परखकर किया जा सकता है। मसलन, हम कुछ फ़िल्मों की बन्दिशें यहाँ इसी सन्दर्भ में याद कर सकते हैं– सन् 1935 में रिलीज हुई *'नवजीवन'* फ़िल्म का *'काहे करत मोसे रार सुन्दरवा, काहे करत मोसे रार'*, *'निर्दोष अबला'* फ़िल्म का *'होरी खेलूँ न मैं दईया री, उँगली पकड़ मोरी बईयाँ री'*, *'नीला'* फ़िल्म का, *'नाही मानत नैना हठीले, कैसे बाँके कटील रसीले'*, *'देवदास'* फ़िल्म का *'नहीं आये घनश्याम घेरि आयी बदरी'*, *'धर्म की देवी'* फ़िल्म का *'मालिनिया लाओ माल आज जगे मोरे भाग'* और *'जवानी का नशा'* फ़िल्म का *'अब सेजिया अकेली दुःख दे राम, सैंय्या गये परदेस* (अख़्तरीबाई फैजाबादी)। इसी तरह सन् 1933 एवं 1934 के भी कुछ गीत ध्यान देने लायक हैं– *'प्रेम की रागिनी'* फ़िल्म का *'किरपा करो मो पे दीन दयाल, डोलत नैया मोरी मझधार'*, *'मिस 1933'* फ़िल्म का *'मधुकर श्याम हमारे चोर'*, *'कुरुक्षेत्र'* फ़िल्म का *'धड़कन लागी करेजवा हो राम'*, *'दोरंगी दुनिया'* फ़िल्म का *'बाँसुरी मधुर बजाओ रे कान्हा'*, *'गुण सुन्दरी'* फ़िल्म का *'गगरी छलक न जाये गोरी जमुना के तीर'*, *'नाचवाली'* फ़िल्म का *'झूलना डला दे प्यारी ऋतु बसन्त आयी'* तथा *'तूफान मेल'* फ़िल्म का *'आली री प्रियतम घर आये'*।

इसी के साथ यह जानना भी दिलचस्प है कि बीसवीं शताब्दी के आरम्भ में कोठे और महफिलें वैसी पारम्परिक ढंग की नहीं रह गयीं थीं, जिस तरह वह नवाबी शासनकाल के दौरान या वाजिद अली शाह के समय में होती थीं। बम्बई, कलकत्ते और बनारस के बड़े व्यापारी भी संगीत की महफिलें कराने लगे थे और बाईयों का संगीत मुख्यतः तीन भागों में विभक्त हो गया था। एक तरफ वे बाईयाँ थीं, जिनका काम पारम्परिक दरबारी संगीत और महफिल सजाना रह गया था। साथ ही जिनके यहाँ नवाबों और राजाओं के अलावा पैसेवाले व्यापारी वर्ग के लोग भी

शामिल होने लगे थे। कलकत्ता और मुम्बई इसका मुख्य केन्द्र था। दूसरी तरफ वह परिदृश्य था, जिसमें उर्स, दरगाह, मेलों और त्यौहारों में होने वाली संगीत सभाएँ और दंगल में होने वाली बाईयों की भागीदारी प्रमुख थी। इसमें आज भी मिर्जापुर में होने वाला कजरी का दंगल, बनारस में बुढ़वा मंगल और देव दीपावली की महफ़िलें तथा ख़्वाजा मोइनुद्दीन चिश्ती और निज़ामुद्दीन औलिया के दरग़ाहों पर होने वाली ज़ियारतें शामिल की जा सकती हैं। तीसरी ओर उन म्यूजिक कम्पनियों का दखल इन औरतों की ज़िन्दगी में बढ़ने लगा था, जिनके लिये कभी-कभार उनके अनुरोध पर दादरा और कजरी की रिकार्डिंग कराना, एक नयी रवायत की शुरुआत जैसा बनने लगा था।

हिन्दी फ़िल्म संगीत के आरम्भिक दौर के बनने की प्रक्रिया के तहत एक खास तथ्य की ओर अलग से इशारा करना चाहता हूँ कि इनमें उन महफ़िलों की अपनी निजी परम्परा का भी परोक्ष रूप से योगदान रहा है। कहने का तात्पर्य यह है कि हर बाई के कोठे पर परम्परागत रूप से कुछ कायदे निभाये जाते थे। वे तवायफ़ें और बाईयाँ राजदरबारों में या खुद के कोठों पर महफ़िलों को जिन तरीकों से सजाती थीं, उन्हें *'बैठकी महफ़िल'* तथा *'खड़ी महफ़िल'* कहते थे। *'बैठकी महफ़िल'* का चलन ज्यादा था क्योंकि इसमें ठुमरी, दादरा, सादरा, होली और ग़ज़ल आदि का भावपूर्ण प्रदर्शन गायिका बैठे हुए करती थी। बाईयों का भारी कपड़ा और श्रृंगार आम लोगों के आकर्षण का केन्द्र हुआ करता था, जिसे पेशवाज़ कहते हैं। 'खड़ी महफ़िल' कभी-कभार ही होती थी, जिसमें गानों की अदायगी थोड़े अंग-संचालन के साथ गायिका खड़े हुए करती थी। एक प्रकार से इसे हम मुजरे का प्रकार ही कह सकते हैं। संगतिये गायिका के पीछे-पीछे चलते थे, कभी-कभार तो दौड़ते भी थे। कब 'सम' आएगा, कब 'ठेका' लेना है– इसका ख़ास ख़्याल रखते थे। तबलानवाज़ों के तबले उनके कमर में कसे हुए आगे को लटके रहते थे। गायिका घूम-घूमकर महफिल में अपने फन का रंग बिखेरती थी। बेग़म अख़्तर के यहाँ होने वाली बैठकी महफ़िल की एक सुन्दर छवि हमें बहुत बाद में जाकर सन् 1958 में बनी सत्यजित रे की फ़िल्म 'जलसाघर' में जस की तस बेगम पर ही फ़िल्मायी हुई दिखायी जाती है। वे बैठकी महफ़िल करती हुईं एक महत्त्वपूर्ण बन्दिश गाती हैं– *'हे भर-भर आयीं मोरी अँखियाँ पिया बिन/घिर घिर आयी काली बदरिया/धड़कन लागी मोरी छतियाँ पिया बिन'*।

इस तरह म्यूजिक कम्पनियों से व्यापक लेन-देन और सौहार्द्रपूर्ण मित्रता के चलते ढेरों ख्याल-ठुमरियाँ, ग़ज़ल-गीत, भजन और नाट्य पद आदि फ़िल्मों की भी संस्कृति का अभिन्न हिस्सा बनते चले गये। आज हम आसानी से ढेरों ऐसे प्रचलित मशहूर फ़िल्मी गीतों को जाँच सकते हैं, जो कभी बनारसी कजरी या महफ़िली मुजरा का अंग होते थे। उदाहरण के तौर पर बनारस में मशहूर राग मिश्र खमाज की ठुमरी *'ठाढ़े रहियो ओ बाँके श्याम हो'*, जिसे सिद्धेश्वरी देवी से लेकर शोभा गुर्टू तक गाती रही हैं; *पाकीजा* फ़िल्म में बदलकर *'ठाढ़े रहियो हो बाँके यार हो'* इस्तेमाल हुआ। इसी तरह राग मिश्र गारा की बनारसी ठुमरी *'मोहे पनघट पे नन्दलाल छेड़ गयो रे'* जस का तस *मुगले आज़म* में प्रयुक्त हुई और बृज की पारम्परिक लोकधुन *'निबुआ तले डोला रख दे मुसाफ़िर सावन की आयी बहार रे'* पर *बन्दिनी* में *'अबके बरस भेज भैय्या को बाबुल'* जैसा हृदयस्पर्शी गीत रचा गया। गंगा जमुना का बेहद मशहूर गीत *'ढूँढ़ो-ढूँढ़ो रे साजना मोरे कान का बाला'*, पूरब अंग के एक दादरा *'गंगा रेती पर बँगला छवा मोरे राजा'* पर आधारित था।

फ़िल्म संगीत पर कोठों के जो अधिकांश शुरूआती प्रभाव लक्षित किये जाते हैं, उनमें महत्त्वपूर्ण भूमिका उनके साजिन्दों की भी होती थी। स्वयं संगीतकार नौशाद ने यह स्वीकारा है कि उनकी फ़िल्मों के संगीत पर जो असर है वह अवध की तवायफी ग़ज़ल और बन्दिशों का है। उन्होंने लखनऊ और बनारस के अधिकांश कोठों के इर्द-गिर्द बसे हुए पुराने साजिन्दों को पकड़कर अपनी धुनों में वैसा प्रभाव डालने की कोशिश की है, जैसी उन दिनों *खड़ी* और *बैठकी महफिलों* में होती थी। लच्छू महराज भी फ़िल्मों से जुड़े हुए थे और उन्होंने भी अधिकांश जानकारियाँ इसी तरह की फ़िल्मवालों को उपलब्ध करायीं। अमृतलाल नागर ने अपने ऐतिहासिक कार्य *'ये कोठेवालियाँ'* में साजिन्दों की इसी भूमिका पर ढेरों बाते कही हैं।

अमीरबाई कर्नाटकी, जोहराबाई अम्बालावाली, राजकुमारी, खुर्शीद, सुरैया और *नसीम बानो* आदि ऐसी महत्त्वपूर्ण गायिकाएँ, अभिनेत्रियाँ एवं तवायफों की परम्परा की प्रतिनिधित्व करने वाली स्त्रियाँ हुईं, जिन्होंने एक हद तक दरबार संगीत या महफिली संगीत को फ़िल्मों के रूपहले पर्दे पर जीवन्त किया। इन्हीं लोगों के दौर का प्रभाव बाद तक लक्षित किया जा सकता है। यहाँ इस तथ्य की ओर भी ध्यान देना जरूरी है कि बाईयों, कोठों तथा महफिलों से अलग एक धारा ऐसी पेशेवर गायिकाओं की भी थी, जिनका फ़िल्म संगीत पर गहरा प्रभाव रहा। दिलचस्प तथ्य

यह है कि यह गायिकाएँ महफिली संगीत से सर्वथा दूर थीं और ज्यादातर बंगाल की पृष्ठभूमि से निकलकर आयी थीं। इस परम्परा में हम *जूथिका राय, कानन देवी* एवं *पारुल घोष* को याद कर सकते हैं। इसी समय तीन-चार महत्त्वपूर्ण बातें हुईं, जिन्होंने आरम्भिक फ़िल्म परिदृश्य को बदलने के साथ-साथ फ़िल्म संगीत की दुनिया को भी नये सिरे से गढ़ना शुरू किया। इसमें सबसे महत्त्वपूर्ण बात सन् 1947 में भारत की आजादी से सम्बन्धित है, जब उस दौरान आजादी के कारण व्यापक स्तर पर हुई उथल-पुथल एवं फेरबदल के चलते समाज सांस्कृतिक रूप से भी काफी कुछ बदलने लगा।

सन् 1947 में भारत-पाक विभाजन के साथ नूरजहाँ, रोशनआरा बेगम और मलका पुखराज जैसी बड़ी गायिकाएँ पाकिस्तान चली गयीं। सुरैया का कॅरियर इस समय शीर्ष पर था और लता मंगेशकर सन् 1949 के साथ *'बरसात', 'महल' और 'बड़ी बहन'* जैसी फ़िल्मों से फ़िल्मी परिदृश्य पर मजबूती के साथ स्थापित हो रही थीं। सन् 1946 में के. एल. सहगल की मृत्यु के साथ सहगल युग का अन्त हो गया था और अब उसकी सिर्फ प्रतिध्वनियाँ बची थीं, जो लता और मुकेश आदि के आरम्भिक गानों में लक्षित की जा सकती हैं। धीरे-धीरे लता मंगेशकर ने जब अपना मुहावरा विकसित किया, तब तक स्त्री गायन का परिदृश्य पूरी तरह बदल चुका था और सन् 1925 से 1945 तक की बहुतेरी बाईयों, अभिनेत्रियों, तवायफ़ों का जमाना गुमनामी के अन्धेरे में जा चुका था।

ऐसे में नौशाद, सी. रामचन्द्र, एस.डी. बर्मन, अनिल विश्वास, सलिल चौधरी और पण्डित रविशंकर की तमाम संगीतबद्ध फ़िल्मों का नया दौर आया, जिसमें पूर्वी उत्तर प्रदेश की लोकधुनें एवं बनारसी महफिल संगीत की धड़कनें अन्तरधारा की तरह बहुत सूक्ष्म ढंग से बहती हुई सुनी जा सकती हैं। खासकर पचास और साठ के दशक की कुछ बेहद उल्लेखनीय संगीतमय फ़िल्में, जिनमें हम आज भी फ़िल्म संगीत का स्वर्णिम दौर मान सकते हैं। उदाहरण के तौर पर– *बसन्त बहार, शबाब, बैजू बावरा, अनारकली, आजाद, उड़न खटोला, अन्दाज, नौबहार, गंगा जमुना, लीडर, झनक झनक पायल बाजे, बहार, मुगले आजम, चित्रलेखा, मदर इण्डिया, फागुन, ममता, बर्मा रोड, मयूरपंख, रानी रूपमती* और *सेनापति* जैसी फ़िल्मों का संगीतमय दौर।

आज इतने बरस हिन्दी फ़िल्म संगीत के बीत जाने के बाद इस बात से कौन इनकार करेगा कि बसन्त बहार, बैजू बावरा और चित्रलेखा जैसी फ़िल्मों के उत्कृष्ट संगीत तक पहुँचने में हमें जो समय लगा, उसकी नींव में न जाने कितनी जानी-अनजानी पेशेवर बाईयों, तवायफ़ों की गायिकी का योगदान रहा आया था। साथ ही, उनकी शुरुआती दौर की फ़िल्मों के संगीत का धरातल; जिनमें भूले-बिसरे कुछ फ़िल्मों के दिलचस्प नाम आज भी याद आ जाते हैं, जब हम मिस पर्ल, मिस बदामी या मिस लोबो को याद करते वक्त उस दौर की उनकी फ़िल्मों *खूनी खंजर, दिल की प्यास, हूरे बगदाद* और *गुल सनोबर* को याद करने लगते हैं।

कलाओं की पारिस्थितिकी में रंग, राग और विचार

'कला का चेहरा कुछ-कुछ सूर्य जैसा है। यह सम्प्रेषित नहीं करता लेकिन देता है।'

—जगदीश स्वामीनाथन
'द परसीविंग फिन्गर्स' 1987

प्रदर्शनकारी कलाओं के सन्दर्भ में महाभारत के एक लीजेन्ड के अनुसार यह बताने की चेष्टा कर रहा हूँ कि उनका समाज एक ऐसी व्यवस्था है, जिसमें नरककुण्ड के रास्ते स्वर्गारोहण किया जाता है। इन कलाओं के आत्मीय संसार में जाना उस 'वर्जित फल' को चखने सरीखा अनुभव है, जिसके बाद भले-बुरे में फर्क करने का विवेक तो मिलता ही है, मगर व्यक्ति उस परमज्ञान की एवज में असहनीय दुःख और अकल्पनीय विवशताओं को जीने के लिए अभिशप्त होता है। यहाँ नरक से स्वर्ग तक की यात्रा में अन्धेरे से उजाले की ओर तथा प्रश्नों के घटाटोप से समाधान की सामासिकता हासिल करने का भी आशय छुपा हुआ है। यहाँ समाधान

किसी चालू जीवन पद्धति का गुणा-भाग नहीं बल्कि जीवन सन्दर्भों को कला की सीमा में विकेन्द्रित करने के अर्थ में है। जैसे संगीत में 'उपज' और अपने साहित्य में 'विचार' की महत्ता रहती आयी है, तमाम सारे कला माध्यम अपने विचार को ही कहीं न कहीं उपज का विस्तार देते हैं। कलाओं की इस अवधारणा पर बात हम पहले करेंगे, जिसको एक उदाहरण से समझाने का प्रयास करूँगा।

उस्ताद बिस्मिल्ला ख़ाँ से सम्बन्धित एक दुर्लभ सांगीतिक संस्म "ा यों है– एक बार संगीत कान्फ्रेंस के लिए बिस्मिल्ला ख़ाँ अपने उस्ताद के साथ, जो उनके मामू ही थे, कोलकाता जा रहे थे। मुम्बई से उसी ट्रेन में उस्ताद अब्दुल करीम ख़ाँ साहब भी चढ़ लिये और उसी डिब्बे में पहुँचे। रास्ते में परिचय आदि के बाद करीम ख़ाँ साहब और उनके उस्ताद की बातें होने लगीं। बिस्मिल्ला ख़ाँ साहब इस बात को लेकर परेशान थे कि तमाम सारी बातों के बीच ये लोग संगीत पर बात क्यों नहीं कर रहे। अगले दिन सुबह के प्रोग्राम में करीम ख़ाँ साहब का गाना था। रात में बिस्मिल्ला ख़ाँ से उनके उस्ताद ने पूछा, 'बूझो तो बिस्मिल्ला! करीम ख़ाँ साहब कल क्या गायेंगे।' बिस्मिल्ला ख़ाँ ने जवाब दिया 'ट्रेन में तो कोई बात हुई नहीं, अल्ला जाने वो क्या गायेंगे'। उस्ताद बोले 'देखना, वे तोड़ी गायेंगे।' बिस्मिल्ला ख़ाँ साहब बताते हैं कि उस दिन करीम ख़ाँ साहब ने तोड़ी ही गायी और वह प्रस्तुति ऐसी थी, जो उन्हें आज भी भुलाये नहीं भूलती है। बाद में उन्होंने अपने उस्ताद से पूछा 'जहाँ तक मुझे याद है आप दोनों में संगीत को लेकर कोई बात नहीं हुई थी, फिर आपने कैसे जाना कि वे तोड़ी ही गायेंगे?' इस पर जो जवाब बिस्मिल्ला ख़ाँ साहब को मिला, वो यह था– 'तुम ठीक कहते हो मियाँ, संगीत के बारे में कोई बात नहीं हुई। शायद तुमने ख़ाँ साहब की आँखें ध्यान से नहीं देखी थीं। उनकी आँखें बता रही थीं कि अन्दर कहीं तोड़ी की गान्धार लग रही है।'

यह उद्धरण उस कला के बारे में ऐसी सुन्दर भाषाई अभिव्यक्ति है, जिसे व्याख्यायित करना कठिन है। उस्ताद अब्दुल करीम ख़ाँ और बिस्मिल्ला ख़ाँ के उस्ताद के मध्य हुई सारी वार्ता यहाँ आकर इस तरह विकेन्द्रित होती है, जो अपने में स्वयं सिद्ध करती है कि भले ही वे दोनों संगीत के सन्दर्भ में बात न करते रहे हों, मगर उनका आपसी व्यवहार, उस्ताद अब्दुल करीम ख़ाँ साहब का अंग-संचालन व दोनों के बीच हुई बात की आन्तरिक लय ने यह चुगली कर दी होगी कि उस्ताद कहीं गहरे से तोड़ी की रियाज़ करके आये हैं। इसे इस तरह भी समझ सकते हैं कि

वह एक कला-माध्यम का अपना इतना बड़ा अवकाश था, जिसमें भाषा ने उस राग को पकड़ सकने में सहायक भूमिका निभाई थी। इसी तरह पं. कुमार गन्धर्व जब गायन का आरम्भ करते थे, तो शुरू में ही यह आभास हो जाता था कि वे कोई निर्गुन पद गाने जा रहे हैं या भक्तिसम्मत सरसता को उपस्थित कर रहे हैं अथवा किसी राग को शास्त्रीय अर्थों में हमें सुलभ करा रहे हैं।

संगीत में जिस 'विचार' को कोई गायक विभिन्न धरातलों पर तमाम प्रकार से गाकर निरूपित करता है, कला में वही स्थिति रंगों को उस कला माध्यम में कई तरह से लगाकर व्यक्त की जाती है। कलाएँ एक साझा समुदाय बनाती हैं, जिसमें अभिव्यक्ति का निरूपण केन्द्रीय भूमिका में होता है। मसलन, एक राग को विलम्बित में गाते हुए भीमसेन जोशी जितनी बार एक सुर की आवृत्ति करेंगे, सामान्य अर्थों में उस समय उस 'राग' के काल को कई स्तरों पर खोलते जायेंगे। उसी तरह सैयद हैदर रज़ा अपनी कलाकृति में जितनी बार रेखाओं, संकेतों या वलयों के माध्यम से कई रंगों का आवर्तन करेंगे, कला की परिभाषा में उस 'विचार' को ही कहीं न कहीं केन्द्रीय भूमिका में ला रहे होंगे। एक बातचीत के दौरान स्वयं रज़ा स्वीकारते भी हैं— 'रेखाओं, रंगों एवं अवकाशों से इसका संकेत किया जा सकता है। आप देवताओं या ईश्वर के चित्र नहीं बनाते, बल्कि अलौकिक आलोक व आनन्द को चित्रित करते हैं : साधारण और ईश्वरीय। मैं चाहता हूँ कि मैं सफेद रंग कुछ चित्रित करूँ, जिसमें हीरे जैसी चमक, चन्द्रमा की पवित्रता हो, जो कि प्रकृति में एक रसिक के जीवन के प्रति प्रेम को भी प्रदर्शित करे।'

इस तरह एक कलाकार का श्रम एक बुनकर या एक काश्तकार या भवनों-मन्दिरों पर कँगूरे बनाने वाले शिल्पी के श्रम जितना जटिल और महत्त्वपूर्ण होता है। एक कालीन के बुने जाने में किसी नमूने (पैटर्न) को जितनी तरह से ज्यामितीय जोड़-घटाव में लिया जाता है, रागदारी के लिए भी ऐसा ही 'पैटर्न' गायक बनाते हैं। घरानेदार संगीत की एक विशिष्टता यह भी होती है कि उसमें रागों के मध्य भराव का काम एक विशेष ढंग के परम्परा निर्वाह में किया जाता है। ठीक उसी तरह, जैसे बनारस का बुनकर अपनी कालीन पर एक निश्चित ढंग का ही पैटर्न बनाएगा हर बार, रंग अलबत्ता अलग-अलग हों या लखनऊ के चिकन की दस्तकारी में कढ़ाई का अपना एक विशिष्ट व्याकरण है, और उसमें कोई फेरबदल उसे 'चिकन

का काम' नहीं रहने देगी। यही बात रागों पर भी लागू होती है, रागों के दुहराव या घरानेदार प्रदर्शन में तोड़-फोड़ उसे अपने घराने की पहचान से काट देगी।

कला की दुनिया में बहुत सारे अभिप्राय (मोटिफ) उपयोगी हो सकते हैं, मगर वह कला की सीमा में ही अपने अर्थ को जस-का-तस ले पायेंगे। यदि वह प्रत्यय कला की व्याख्या से अलग साहित्य या भाषा की शब्दावली में पढ़े जाएँ, तो उनका कला अभिप्राय जाता रहता है। जैसे अवध क्षेत्र में जो लोक कला का निरूपण साँझी या ब्याह आदि के चौक बनाने में किया जाता है, उसमें प्रकृति, वनस्पतियों, पशु-पक्षियों, सूर्य-चन्द्रमा आदि का अंकन किसी अर्थ विशेष के सन्दर्भ में होता है। तोता यदि साहित्य में प्रकृति का जाग्रत बिम्ब है, तो यहाँ साँझी में वह ब्याह दी जाने वाली बेटी का अभिप्राय लिये हुए है। हंस, लोक कला में अगर प्रेम की उद्दाम लालसाओं का प्रतीक होगा, तो लोक संगीत में वह दामाद के बिम्ब के रूप में प्रस्तुत किया जाता है, वहीं वह निर्गुण साहित्य में आत्मा के रूप में वर्णित है। कबीर की पंक्तियाँ ध्यान देने योग्य हैं– 'उड़ जायेगा हंस अकेला/जग दरसन का मेला'। इसी तरह जीवन के अन्यान्य पक्षों से मिलने वाले प्रतीक, विभिन्न कला-समाजों में विभिन्न आशयों का संकेत देते हैं। मगर दिलचस्प बात यह है कि उन सब का एक समेकित भाव यही होता है कि संगीत में वह विचार का 'उपज' बनता है, वहीं लोक कला में वह अमुक अनुष्ठान का विषय होता है, जो स्वयं एक 'विचार' है। इसी तरह स्थापत्य या अन्य जगहों पर भी वह किसी विशेष अर्थ-अभिव्यक्ति के लिए ही चुना जाता है।

थोड़ी देर के लिए हम यहाँ फिर से संगीत व कला पर ठहरते हैं। दक्षिण में भरतनाट्यम् की अत्यन्त समृद्ध परम्परा मन्दिरों से आयी है, जिसे पूर्व में 'सदिर' या 'विलासिनी नाट्यम' से भी अभिहित किया जाता रहा है। भरतनाट्यम मूलतः 'दासीअट्टम' का संवर्धित रूप है एवं पूरी तरह देवदासियों से सम्बन्धित नृत्य है। इस नृत्य में देवदासियाँ अपने देवता के प्रति प्रणय का निवेदन करती हैं। इसमें मान्यता यह रहती है कि वह देवदासी अमुक मन्दिर में मौजूद उस इष्ट की दासी या समर्पिता है। जैसे अगर रंगनाथ विष्णु का मन्दिर है, तो वहाँ वह रंगनाथ की देवदासी कहलाएगी। वह स्त्री अपने सौन्दर्य व शृंगार से ही देवता को अर्पित होती है। इसी कारण अक्सर अलंकारदासी भी कहलाती है। अब आप यह देखें कि यह नृत्य परम्परा कई प्रकार के दर्शनों व विचार सरणियों के माध्यम से अब तक निभती

चली आयी है, जिसमें एक पद्धति तंजौर घराने का भरतनाट्यम भी है। यहाँ अगर हम तंजौर पेन्टिंग्स को देखें, जिनमें ज्यादातर विषय देवताओं से सम्बन्धित रहे हैं, तो यहाँ उस नृत्य से इस कला का साम्य देखा जा सकता है। तंजौर पेन्टिंग का अलंकरण देखते ही बनता है। उसमें अगर देवता की प्रधान उपस्थिति है भी, तो अलग-बगल दासियों, चेरियों और परिचारिकाओं की इतनी वैभवपूर्ण उपस्थिति किसी दूसरी भारतीय कला-परम्परा में ढूँढ़ पाना दुर्लभ है। पेन्टिंग्स का यह स्वरूप कहीं न कहीं दासीअट्टम की परम्परा में अलंकार दासियों का भी रूप निर्धारित करती है। यह परम्परा शृंगार भक्ति को पोसती है, तंजौर की कलाकृतियाँ इसी शृंगार भक्ति का कलात्मक निदर्शन हैं। पुष्टिमार्गियों की तरह यहाँ श्रद्धा भक्ति केन्द्र में नहीं है। फिर यह सारा नृत्य भी जयदेव की अष्टपदियों व त्यागराजा के पदों पर आधारित है, जो स्वयं राधाकृष्ण के प्रणय का सर्वश्रेष्ठ साहित्यिक ग्रन्थ 'गीत गोविन्द' हमें सुलभ कराता है।

भारतीय शास्त्रीय संगीत का एक महत्त्वपूर्ण आधार राग और रागिनियाँ हैं। हम चाहे उत्तर भारतीय संगीत की बात करें, चाहे दक्षिण भारतीय संगीत की, उसमें राग-रागिनियों की उपस्थिति केन्द्रीय भूमिका में है या हम ऐसा कह सकते हैं कि वहाँ वह प्रारम्भिक तत्त्व के रूप में मौजूद है और यह तथ्य भी कम उल्लेखनीय नहीं है कि संगीत शास्त्र में 'राग' की प्रस्तावना कलाकृति के तौर पर की गयी है। हर एक राग का विशिष्ट दृश्यात्मक निरूपण करने की परम्परा रही है। इस निर्मिति को 'रागमाला पेन्टिंग्स' के तौर पर जाना जाता है। फिर वह 13वीं शताब्दी के उत्तरार्द्ध में शारंगदेव की 'संगीत-रत्नाकर' की चर्चा हो या 17वीं शताब्दी में औरंगज़ेब के शासनकाल में फ़क़ीर उल्लाह के ग्रन्थ 'राग-दर्पण' की बात हो, सभी में रागों की परिकल्पना एक कलाकृति के रूप में की गयी है। उन सब में रागों के दृश्य बन्ध का चाक्षुष निरूपण विस्तार से किया गया है। मसलन एक अन्य ग्रन्थ 'तुहफ़तुल हिन्द' में रागों का जो स्वरूप वर्णित है उसमें से 'राग हिण्डोल' का निरूपण इस तरह वर्णित है– कम उम्र का एक सुन्दर तरुण ज़री की पोशाक से सुसज्जित है और सोने के झूले पर बैठा है। दोलन के समय सुन्दरियों के साथ मनोरम आलाप और गीत वाद्य में निपुण है। धीरे-धीरे आमोद और आह्लाद में मशगूल होता है। इसी तरह 'हिण्डोल' राग की रागिनी 'पटमंजरी' की रागमाला पेन्टिंग इस तरह होगी– वियोगिनी नायिका ने नायक के विरह में आहार व निद्रा का परित्याग कर दिया है।

अस्थिर एवं भाव सम्पन्न, विषाद में डूबी हुई, उसका शरीर क्षीण हो गया है। गले में जो पुष्पहार की माला झूल रही है, वह भी सूख कर विक्षिप्त हो गयी है।

यह सारी परिकल्पनाएँ, जो रागों के सन्दर्भ में की गयी हैं, की विशेष उपयोगिता संगीत शास्त्र में सिर्फ यह रही है कि गायन अथवा वादन के समय कलाकार या उस राग की अवतारणा करने वाला स्रष्टा उस राग के प्रचलित स्वरूप की पेन्टिंग का ध्यान करते हुए उसी मनोदशा को वहाँ 'राग' में सृजित कर सके। वह कलाकृति इस मायने में वहाँ हर क्षण प्रासंगिक रहेगी क्योंकि वह समूची दृश्यावली राग के अनुरूप उसके स्वभाव की अभिव्यक्ति कर सकेगी। यहाँ ध्यान देने वाली जो बात है, वह यह कि अगर 'रागमाला-चित्रकला' की परम्परा न रही होती, तो यह तय कर पाना मुश्किल हो जाता कि कलाकारों द्वारा रागों को किस तरह प्रदर्शित किया जाए। इसकी अनुपस्थिति में ज्यादातर कलाकार अपने-अपने घरानों की विशिष्टता को अधिक ठोस बनाने के लिए अपने विवेक का उपयोग करते हुए, एक ही राग की अलग-अलग मनोदशाएँ बनाते। इससे राग का जो स्थायी स्वरूप या निर्मिति बनती है, वह खण्डित हो जाती। फिर ऐसी गायकी क्षणभंगुर होती है और वह अमुक राग कभी भी अपने स्थापत्य को स्थायित्व न दे पाता। इस अर्थ में, 'पटमंजरी' या 'हिण्डोल' या अन्य कोई राग-रागिनी अपना स्थायी स्वरूप रखते हुए, अलग-अलग घरानों में भले ही अलग-अलग ढंग से व्यक्त होते हों, मगर उनका स्वर वही एक रहेगा। नहीं तो प्रेम के राग 'सोहनी' के लिए बैर और आशाओं के राग 'ललित' के लिए निराशा जैसी परिकल्पनाएँ की जाने लगतीं, जो संगीत को हास्यास्पद बना देता। इस अर्थ में कला और संगीत का सामंजस्य अद्भुत निर्मितियों को जन्म देता हमें सुलभ होता है, जिसका अनुकरण दोनों कलाओं को साझे रूप में ही सही, मगर कहीं समृद्ध जरूर करता है।

दो कला अभिव्यक्तियों के परस्पर मिलने वाले बिन्दु पर बनने वाली तीसरी और बिल्कुल नयी कला के सबसे बड़े प्रतीक भारत में उदयशंकर ठहरते हैं। यह बड़ी विलक्षण बात है कि बीसवीं शताब्दी के पूर्वार्द्ध में उभरने वाले नर्तक उदयशंकर, जिन्होंने सबसे पहले भारत में बैले कला की स्थापना की, अपने जीवन के प्रारम्भिक दिनों में एक पेन्टर थे। वे लन्दन के प्रसिद्ध रॉयल कॉलेज ऑफ आर्ट में शिक्षा के लिए गये थे। बाद में चित्रकारी सीखते हुए उनकी मुलाकात रूस की एक प्रसिद्ध

बैले डान्सर अन्ना पॉवलोवा से हुई, जिनके सुझाव पर उन्होंने अपनी कला को नृत्य बैले की ओर मोड़ा और एक सजी-धजी कलात्मक नृत्यनाटिका (डिजाइनर आर्ट बैले) की परम्परा विकसित की। उस समय उनके प्रदर्शन 'हिन्दू डांसिग' के नाम से प्रसिद्ध थे तथा उन्होंने ढेरों पौराणिक आख्यानों का सांगीतिक रंगमंच विकसित किया था। उनकी कला का सर्वाधिक प्रशस्त रूप फिल्म 'कल्पना' में मिलता है, जो उनके द्वारा निर्देशित एकमात्र फिल्म है। इस फिल्म में उनकी सहायता उस समय के छात्र और बाद में प्रसिद्ध हुए फिल्म निर्देशक गुरुदत्त ने की थी। इस फिल्म के लिए सुमित्रानन्दन पन्त ने गीत लिखे थे और विष्णुदास शिराली का संगीत था। 13 फरवरी, 1948 को प्रदर्शित हुई इस फिल्म ने पूरी दुनिया में भारतीय नृत्य के क्षेत्र में उनके द्वारा दिये गये समकालीन मुहावरे को जबरदस्त सफलता दिलाई थी। बाद में उन्हीं उदयशंकर ने रवीन्द्रनाथ ठाकुर की कृति 'चंडालिका' पर 1966 में एक महत्त्वपूर्ण नाटिका 'प्रकृति ओ आनन्द' बनायी। उदयशंकर के बारे में दो कलाओं के साझे समवाय को उनके लन्दन कालेज के प्रारम्भिक गुरु विलियम रोथेंस्टीन के उनको लिखे पत्र से आँका जा सकता है, जिसमें उन्होंने कहा था– 'मैं तुम्हें यह बताना चाहता हूँ कि कला की अभिव्यक्ति की जो सर्वोच्च पराकाष्ठा है, उसको तुमने छूने की कोशिश की है। यह मेरे लिए गर्व की बात है कि तुमने अपनी चित्रकला की प्रतिभा को नृत्य में न सिर्फ रूपान्तरित किया है, बल्कि उस कला-सम्मोहन को पूरे गौरव के साथ पुनराविष्कृत किया है।' उदयशंकर का सारा कार्य दो विभिन्न रूपंकर कलाओं के समागम और उनके आपसी सम्वाद का सबसे सफल और भारत में सबसे पहला प्रयोग है। बाद में उस परम्परा में बहुत से अन्य लोग जुड़ते गये, जिन्होंने थियेटर को संगीत से, नाटक को लोक कलाओं से व साहित्य को अन्य कला माध्यमों से जोड़कर देखा। बहुत बाद में जाकर लोक कलाओं की गेय रंगमंच प्रस्तुतियाँ भी उतनी ही महत्त्वपूर्ण साबित हुईं, जिसमें पंडवानी, राई नाच, यक्षगान परम्परा, चाक्यारों का कुडियाट्टम विशेष उल्लेखनीय रहे। ठीक इसी ढंग का अनूठा प्रयोग रतनथियम अपने नाटकों में करते हैं। उनके यहाँ मणिपुरी लोक संगीत व पौराणिक सन्दर्भों के इस्तेमाल की बिल्कुल निराली परम्परा रही है। उन्होंने साहित्य एवं लोक संगीत को जोड़कर जो नया रंग सृजन किया है, वह रंगमंच की दुनिया की महत्त्वपूर्ण उपलब्धि है। 'चक्रव्यूह' व 'ऋतुसंहार' इस प्रयोग के सफल उदाहरणों में से हैं।

समकालीन रंगमंच पर सर्वाधिक समादृत रहे हबीब तनवीर के 'नया थियेटर' का योगदान अविस्मरणीय है। उसमें भी 'आगरा बाज़ार' उनकी सर्वाधिक प्रशंसित व सफल प्रस्तुतियों में से एक है। यह नाटक दरअसल दो कलाओं के परस्पर आत्मीय संवाद का आदर्श उदाहरण है। 'आगारा बाज़ार' शुद्ध अर्थों में नाटक नहीं है, वरन वह कविता और संगीत के माध्यम से उस समय के सामाजिक परिदृश्य का प्रतिनिधित्व करता है। आगरा के मशहूर शायर नज़ीर अकबराबादी की सोलह नज़्मों के माध्यम से तत्कालीन समसामयिक समाज, राजनीतिक एवं आर्थिक परिस्थितियों का प्रतीकात्मक रंग-संयोजन है। इस नाटक के बारे में यह मशहूर है कि हिन्दी रंगमंच को लोकशैली दिलाने वाली यह पहली प्रस्तुति थी।

सिनेमा जैसे सशक्त कला माध्यम का कैनवास भी अन्य कलाओं के सहयोग से ही समृद्ध हो पाता है। भारतीय सिनेमा के सन्दर्भ में यह बात बड़ी दिलचस्प ढंग से सामने आती है कि ज्यादातर कालजयी फ़िल्मों पर अनेक कलाओं की छाया पड़ती दिखती है। उदाहरण के लिए कुछ फ़िल्मकारों की चर्चा यहाँ प्रासंगिक होगी। सत्यजित राय फ़िल्म को हमेशा साहित्यिकता की दृष्टि से आँकते थे। उनकी ज्यादातर फ़िल्में उत्कृष्ट साहित्यिक कृतियों पर आधारित हैं और यह दुर्लभ संयोग है कि उनकी उत्कृष्टता को सेल्युलाइड पर एक नया आयाम मिला है। ये फ़िल्में अपने समय का हस्ताक्षर रही हैं और यह अपने में महत्त्वपूर्ण बात रही कि फ़िल्म कला को अधिक तल्लीनता से उजागर करने के लिए उन साहित्यिक कृतियों से सत्यजित राय ने भरपूर छूट भी ली, जैसे 'शतरंज के खिलाड़ी' का अन्त बदला तो उसे [illegible] कथा के रूप में कहीं अधिक सार्वजनीन बनाया। 'पाथेर पांचाली' विभूति [illegible]पाध्याय की कृति पर बनी एक बेहतरीन सिनेमाई कृति है और रवीन्द्रनाथ ठाकुर की 'नष्ट नीड़' पर बनी 'चारुलता' भारतीय सिनेमा की सर्वाधिक सफ़ल व्याप्ति रही है। यहाँ इस बात का उल्लेख प्रासंगिक होगा कि अपनी कोई भी फ़िल्म शुरू करने से पहले राय उन फ़िल्मों के समस्त दृश्यों के स्केच बना लेते थे। वे चूँकि कोलकाता में रहते थे और शान्ति निकेतन में पढ़े थे, इसलिए उन पर बंगाल के पुनर्जागरण का तो प्रभाव पड़ा ही था, साथ में गुरुदेव की सादगी भरी आत्मीय उपस्थिति ने उनके कला-संसार को बड़ा और गौरवशाली बनने में महत्त्वपूर्ण भूमिका निभाई थी। वे अपने फ़िल्म जीवन की शुरुआत में जिन लोगों से सर्वाधिक प्रभावित हुए उनमें प्रमुख रूप से रवीन्द्रनाथ ठाकुर, विनोद बिहारी मुखर्जी, गगनेन्द्रनाथ

ठाकुर और रामकिंकर बैज जैसे कलाकारों के अलावा पं. रविशंकर और उस्ताद विलायत ख़ाँ जैसे लोग शामिल थे। 'शतरंज के खिलाड़ी' बनाते समय जो लखनवी तहज़ीब का उपयोग वे फ़िल्म के बैकड्राप के रूप में करते हैं, वह स्वयं प्रेमचन्द की कहानी में कहीं नहीं है, बल्कि उस स्थिति का चित्रण लखनऊ के नवाबी दिनों पर लिखी गयी मशहूर पुस्तक 'गुज़िश्ता-लखनऊ' में मिलता है, जिसे अब्दुल हलीम शरर ने लिखा था। लखनऊ के प्रति अत्यधिक प्रेम, राय के सिनेमा और साहित्य पर उनकी सशक्त पकड़ को ही व्यक्त करती है, साथ में अन्य कला माध्यमों के सूक्ष्म विश्लेषणों का रेखांकन भी साथ-साथ करती चलती है।

इसी तरह मणि कौल की फ़िल्में अपनी गहरी कलात्मक अभिरुचि के साथ-साथ एक बड़े बौद्धिक विमर्श के लिए प्रेरित करती हैं। मणि कौल स्वयं स्वीकारते हैं कि उन पर सर्वाधिक प्रभाव भारतीय परम्परा के एक महत्त्वपूर्ण ग्रन्थ 'योग वाशिष्ठ' का रहा है और साथ ही साथ वे पाश्चात्य चित्रकारों हेनरी मातीस और पॉल सेजाँ से भी प्रभावित रहे हैं। सेजाँ और मातीस के चित्रों के प्रति वे काफी दिनों तक इस कदर आसक्त रहे कि उनके कलम के स्ट्रोक और चित्रों के एंगिल को उन्होंने अपनी फ़िल्में 'नज़र' और 'माटी मानस' में पकड़ने की कोशिश की है। इसी तरह ऋत्विक घटक की फ़िल्म 'कोमल गान्धार' में एक दृश्य है, जिसमें नाटक का रिहर्सल दिखाया जाता है। उसमें पार्श्व संगीत नदारद है, बल्कि वहाँ सुकान्त भट्टाचार्य की कविता पार्श्व में पढ़ी जा रही है। अब गौरतलब यह है कि दोनों चीज़ों में कोई समानता नहीं है मगर यह आश्चर्यजनक रूप से उल्लेखनीय तथ्य है कि उस दृश्य को देखते हुए व कविता सुनते हुए, दोनों के समेकित प्रभाव में दर्शक आ जाते हैं, जिसके कारण दोनों माध्यम एक-दूसरे के अर्थ को विस्तार देते हैं। ऋत्विक घटक यह जानते थे कि सिनेमा से कहीं गहरे साहित्य जुड़ा हुआ है। व्ही. शांताराम की बाद की फ़िल्मों में सौन्दर्यबोध की निर्मिति बहुत कलात्मक और भावुक ढंग से प्रदर्शित होती रही है। उनकी एक प्रसिद्ध संगीतमय फ़िल्म 'झनक-झनक पायल बाजे' का एक दृश्य है, जिसमें नाटिका की प्रस्तुति नायक और नायिका कर रहे हैं और विषय है विश्वामित्र-मेनका की कथा। इसमें नायिका बादलों के ऊपर से नृत्यरत नीचे उतर कर आ रही है और विश्वामित्र अपनी तपस्या में तल्लीन हैं। नायिका अपने नृत्य व आंगिक व्यवहार से विश्वामित्र की तपस्या भंग करती है। पार्श्व में बसन्त देसाई का मधुर संगीत बजता है। यह पूरा दृश्य, जो फ़िल्म में

तकरीबन 4 से 5 मिनट का है, कई बार राजा रवि वर्मा की कलाकृतियों की याद दिलाता है। पूरी फ़िल्म देखने के बाद यह महसूस होने लगता है कि फ़िल्म के ज्यादातर मोन्ताज़ राजा रवि वर्मा के चित्रों से उठाये गये हैं। यहाँ यह बताना भी समीचीन होगा कि राजा रवि वर्मा की पौराणिक कथानकों की यह ओलियोग्राफिक कला पारसी थियेटर के प्रभाव से आयी थी। उनके जमाने में गौहर और जौहर नाम की दो पारसी रंगमंच की अभिनेत्रियाँ थीं, जिनकी सुन्दर और यथार्थवादी भंगिमाओं को राजा रवि वर्मा अपने पात्रों के रूप में उकेरते थे। उनकी कलम पर केरल की रंगमंच परम्परा कथकली का भी प्रभाव था और उन्होंने जर्मनी, फ्रांसीसी और इतालवी चित्रकारों के एलबम देख रखे थे। उन्होंने जो कला विकसित की, उसका सर्वाधिक प्रभाव भारतीय सिनेमा के आरम्भिक वर्षों में पौराणिक कथाओं के पात्रों तथा वेशभूषाओं आदि के माध्यम से पड़ा। उनकी कला कैलेण्डर आर्ट कहलाती थी और व्ही. शान्ताराम की 'झनक-झनक पायल बाजे', 'स्त्री' व 'नवरंग' जैसी फ़िल्में इस कैलेण्डर आर्ट के प्रभाव की सर्वाधिक सटीक बानगियाँ हैं। इसी के साथ एक अन्य फ़िल्म की चर्चा भी यहाँ प्रासंगिक है। यह चर्चा संस्कृत में बनी फ़िल्म 'आदि गुरु शंकराचार्य' के बारे में है। इसमें बालक शंकर को उसके गुरु आत्मा और परमात्मा का भेद व जीवन-मृत्यु का रहस्य समझाते हैं, ऐसा दृश्य है। अब वह किसी भी कला माध्यम के लिए चुनौती हो सकती है कि ऐसे जटिल विषय को किस तरह फ़िल्माया जाए, जिससे उसके अर्थ भी प्रकट हो सकें व दर्शकों की रुचि भी उसमें बची रहे। यह फ़िल्म इस बात का श्रेष्ठ रचनात्मक रूपान्तरण है कि कैसे ऐसे दृश्यों का सिनेमाई शिल्प गढ़ा जा सकता है। वहाँ फ़िल्म में यह दृश्य मृत्यु के देवता यम व मृत्यु जीतने वाले युवक नचिकेता के प्रतीक के रूप में यक्षगान रंगनृत्य शैली में दर्शाया गया है। मंच पर यह नाटक इसी रंगमंचीय अवधारणा के तहत होता है व साथ में गुरु-शिष्य संवाद द्वारा उसकी व्याख्या की जाती है। दर्शकों को यक्षगान व संवाद, दोनों को मिलाकर देखने पर एक अत्यन्त जटिल दृश्य को समझने में बड़ी मदद मिलती है, जो कहीं न कहीं यह भी दर्शाती है कि तमाम सारे जटिल प्रश्नों और स्थितियों का सिनेमाई रूपान्तरण अन्य कला माध्यमों में क्या हो सकता है।

समस्त प्रदर्शनकारी कलाओं पर यदि हम एक व्यापक दृष्टि डालें तो पाएँगे कि एक कला समाज को अन्य दूसरे, तीसरे कला-जगत ने नये फलक हासिल कराये हैं। वे सामासिक रूप में ऐसी नयी कला-सभ्यता का निर्माण करते हैं, जो बहुस्तरीय व अनेकार्थी रही है। मगर उसमें कलात्मकता, विचार और प्रतिरोध सभी एकमेव

होकर ज्यादा जीवन्त हो उठे हैं, फिर व चर्चा रंगमंच की हो या संगीत की, साहित्य की दुनिया में बोलियों और भाषा का उत्तरदायित्व हो चाहे कला में रंगों की अनिवार्यता– सभी कुछ सहयोगी की तरह एक-दूसरे को बरतते रहेंगे। इसी कारण हम हबीब तनवीर के नाटकों को छत्तीसगढ़ी बोलियों से, कुडियाट्टम रंग नृत्य शैली को परम्परागत भास के संस्कृत नाटकों से व पुष्टिमार्गीय हवेली मन्दिरों के गायन को नन्ददास, सूरदास आदि के पदों से अलग करके कोई पहचान नहीं दे सकते। न ही विभिन्न राज्यों में मंचित होने वाले रामलीला प्रसंगों को वहाँ की लोकभाषा में व्यवहृत होने से रोक सकते हैं। ब.व. कारन्त की लोकरंग में पगी रंगमंचीय प्रस्तुतियों से संगीत व साहित्य हटा देने पर क्या तब भी वह उतनी ही प्रभावशाली रह पायेंगी, जैसा वह इन दोनों माध्यमों को साथ लेकर चलने पर थीं? यह भी बड़े कुतूहल का प्रश्न हो सकता है कि सत्यजित राय की फ़िल्मों पर शान्ति निकेतन या यामिनी राय या रामकिंकर बैज की कला का प्रभाव न होता या कुमार शाहानी अपनी फ़िल्मों को एक नया मुहावरा देने के लिए यदि फ़िल्मांकन से पूर्व स्केच न करते, तो क्या तब भी उतनी ही कलात्मक उत्कृष्टता वे अर्जित कर पाते? राजा रवि वर्मा की पेन्टिंग्स पर जो कथकली नृत्य व पारसी थियेटर का प्रभाव पड़ा, उसने कितनी अभिनवता उनकी कला को प्रदान की? कुमार गन्धर्व का मालवी लोकधुनों को अपनी तईं नये तरीके से पुनराविष्कृत करने का कौशल रहा हो या रामकुमार की कहानियों का अवसाद, उनके प्रारम्भिक दौर की पेन्टिंग्स के चरित्रों पर भी उभरता दिखता हो, यही दर्शाता है कि कलाएँ आपसी संवाद से एक-दूसरे की पूरक बनती हैं। रज़ा की नोटबुक, जिसमें तमाम सारे कवियों की कविता-पंक्तियाँ बेतरतीबी से बिखरी मिलती हैं, कहीं न कहीं उनके रंगों के संयोजन का निर्धारण ही करती हैं।

यह सारे उद्धरण मात्र यह रेखांकित करने के उद्देश्य से लिये गये हैं कि हम यह देख पाएँ कि हर कला की एक तीसरी आँख भी होती है, जिससे उस कला माध्यम की सारी सृष्टि का व्यवहार परिलक्षित होता है। वह तीसरी आँख, जो कलाओं को सर्वथा नयी जमीन मुहैया कराती है, स्वयं उसमें से कलाकार, गायक, लेखक, नर्तक या अभिनेता अपने नरक की यात्रा में उतरता है। अन्त में अपनी बात, दो कविताओं के उदाहरण देकर पूरा करूँगा, जिनमें एक कविता प्रख्यात चित्रकार जगदीश स्वामीनाथन ने पं. कुमार गन्धर्व पर लिखी थी तथा दूसरी कविता सर्वेश्वर दयाल सक्सेना ने जगदीश स्वामीनाथन पर।

कुमार गन्धर्व के प्रति

अधर में खिलता चला गया
क्षितिज का मौन
रात अपनी चादर में तारों को समेट
बन गयी
एक धवल बादल की फुई
तिर आया आँखों में
पूजा का सजल थाल
'आनंदाच्या डोहीं आनंद तरंग'
आनंदचि अंग आनंदाचे

जगदीश स्वामीनाथन के लिए

जितनी रंगीन चिड़ियाँ थीं मुझमें
सब उड़ गयीं
जाने किन तरुओं, गिरि-शिखरों से
जुड़ गयीं
सूना नहीं हूँ मैं फिर भी ओ चितेरे,
राग बन करके
सब मुझमें ही निचुड़ गयीं।

सिनेमा की दुनिया और प्रेमचन्द का साहित्य

अभी वह जमाना बहुत दूर है, जब सिनेमा और साहित्य का रूप एक होगा। लोक-रुचि जब इतनी परिष्कृत हो जाएगी कि वह नीचे ले जाने वाली चीज़ों से घृणा करेगी, तभी सिनेमा में साहित्य की सुरुचि दिखाई पड़ सकती है।

– प्रेमचन्द ('सिनेमा और जीवन' से)

प्रेमचन्द जैसे युगान्तकारी कथाकार के साहित्य को सिनेमा के परिप्रेक्ष्य में आजमाने या अपनाने के ढेरों जोख़िम हैं। प्रेमचन्द की कहानी कला का सिनेमाई रूपान्तरण विभिन्न कारणों से सिने माध्यम के लिये एक चुनौतीपूर्ण श्रम है; जिसमें सबसे प्रबल आग्रह तो इसी बात का है कि उनकी साहित्यिक रचना अपनी ठोस निश्चितता में लगभग क्लैसिक का रूप ले चुकी है, जिसे ढाई-तीन घण्टे के सीमित दायरे में प्रस्तुत कर पाना खासा मुश्किल काम है। इसी वजह से उनके ढेरों उपन्यासों, कहानियों का फ़िल्मों में एक कथासूत्र या पटकथा विन्यास के रूप में आना मुझे

ग़ैरज़रूरी लगता रहा है। इस कारण भी कि हम प्रेमचन्दयुगीन समाज का फ़िल्मीकरण उस अर्थ में जस का तस नहीं कर पाते, समकालीन सिनेमा या समानान्तर हिन्दी सिनेमा का स्वरूप अपने जिन विशिष्ट अर्थों में खुद को सन्दर्भित रहता है। फिर इस नज़रिये से देखना भी प्रासंगिक है कि प्रेमचन्द और उनके फ़िल्मकारों की आपसी मान्यताएँ कितनी सहोदर या एक दूसरे पर निर्भर करती हैं। मिसाल के तौर पर सत्यजित रे ने हिन्दी में जो दो फ़िल्में बनायीं, वे संयोगवश प्रेमचन्द की ही कहानियों– *'शतरंज के खिलाड़ी'* और *'सद्‌गति'* पर आधारित हैं। इसी तरह मृणाल सेन जैसा निर्देशक *'ओका ओरी कथा'* को *'कफ़न'* कहानी के ढाँचे पर विस्तृत करता है। अब यहाँ यह देखना बेहद दिलचस्प है कि मृणाल सेन और सत्यजित रे की साहित्यिक मान्यताएँ क्या प्रेमचन्द जैसे प्रगतिशील रचनाकार के दायरे में पूरी तरह समाती हैं या नहीं?

सिनेमा का अपना व्याकरण साहित्य की मूल संवेदनाओं को शुद्ध साहित्यिक अर्थों में व्यक्त करने की कुशलता अर्जित नहीं कर पाता। एक ओर जहाँ सिनेमा की अपनी भाषा, शब्दों, कथानक तथा पात्रों की सेल्यूलाईड पर पुनर्रचना का स्कोप सर्वथा भिन्न है और उसके अपने शाब्दिक अर्थों में जायज भी। वहीं दूसरी ओर साहित्य की गम्भीरता, उसके कथानक, कथावस्तु की सांकेतिकता तथा पात्रों एवं परिस्थितियों के चित्रण की शिल्पगत आवश्यकता एक बिल्कुल दूसरे स्तर पर कार्य करती है, जहाँ पाठक और शब्दों के बीच की समानता अपने-अपने ढंग से एक दूसरे का पूरक बनती है। जब मैंने प्रेमचन्द की कथाओं के फ़िल्मांकन की ओर ध्यान देना शुरू किया, तब उनके साहित्यिक बहुलार्थ और अधिक संघनित होकर मेरे सामने अपनी ताकत दिखाने लगे। जहाँ तक मेरी जानकारी है, प्रेमचन्द के साहित्य से अब तक छह फ़िल्में बनी हैं, जिनमें से तीन का नामोल्लेख मैंने शुरू में ही किया है। *'शतरंज के खिलाड़ी'*, *'सद्‌गति'* और *'ओका ओरी कथा'* के अलावा जिन अन्य कृतियों पर फ़िल्में बनी, उनमें से दो उनके कालजयी उपन्यासों क्रमशः *'गोदान'* एवं *'गबन'* पर आधारित हैं, जबकि तीसरी फ़िल्म *'हीरा मोती'-'दो बैलों की कथा'* जैसी मार्मिक कहानी पर एकाग्र है। *'गोदान'*, *'गबन'* एवं *'हीरा मोती'* बाकी की अन्य तीन फ़िल्मों से इस कारण भिन्न हैं कि यह तीनों फ़िल्में एक कामर्शियल सेटअप की उपज रही हैं, जबकि *'शतरंज के खिलाड़ी'*, *'सद्‌गति'* एवं *'ओका ओरी कथा'* पूर्णतया कलात्मक आधार लिए हुए विचार प्रधान फ़िल्में हैं। यह जानना भी अपने

में विमर्श का विषय हो सकता है कि मृणाल सेन और सत्यजित रे जैसे संवेदनशील फ़िल्मकारों ने अपनी फ़िल्मों के कथानक के लिए प्रेमचन्द की छोटी-छोटी कहानियों को तरजीह दी, न कि उनके महाकाव्यात्मक से लगते उपन्यासों को। हो सकता है इन निर्देशकों को इस बात का आसानी से भान रहा होगा कि प्रेमचन्द के प्रबुद्ध उपन्यासों में वे अपनी कलात्मकता एवं कलाशीलता के बहुतेरे प्रसंग शायद आसानी से जोड़ न पाते, जबकि उनकी छोटी कहानियों में इस बात की पर्याप्त गुंजाइश छिपी हुई थी कि कैसे उन्हें आधार बनाकर एक सुसंगत और तार्किक पटकथा में विन्यस्त किया जा सके।

आप *'शतरंज के खिलाड़ी'* फ़िल्म पर गौर करें, तो पाएँगें कि नवाबी ज़माने की पतनोन्मुख हो रही संस्कृति को सत्यजित रे ने प्रेमचन्द की यथार्थपरक संलिप्तता से निरपेक्ष रहते हुए कई बार अन्य सन्दर्भों से भी जोड़कर देखने की कोशिश की है। *'शतरंज के खिलाड़ी'* में अब्दुल हलीम शरर की 'गुज़िश्ता-ए लखनऊ' की छाया पड़ती दिखाई देती है। यह सभी जानते हैं कि इस किताब से रे इतना प्रभावित थे, जिस कारण *'शतरंज के खिलाड़ी'* बनाते वक्त उन्होंने पटकथा को शरर की निगाह से विकसित किया, न कि प्रेमचंद की कहानी के मुताबिक उसका इतिहास रचा। यह पूरी तरह से प्रेमचन्द की कहानी का फ़िल्मांकन न होकर, उनकी कहानी के बहाने उस इतिहास से एक बौद्धिक मुठभेड़ है। यदि हम वरिष्ठ कवि एवं कला समीक्षक कुँवर नारायण की इस फ़िल्म के सन्दर्भ में टिप्पणी पर गौर करें तो पाएँगे कि प्रेमचन्द ने रतननाथ सरशार के 'फसानाए आज़ाद' का हिन्दी तर्जुमा किया था, जो कि बहुत स्वाभाविक है कि उनकी कहानी कला को रतननाथ सरशार के नवाबी तहजीब को देखने के ढंग में कोई रंग ऐसा मिल गया हो, जिससे *'शतरंज के खिलाड़ी'* जैसी कहानी का जन्म हुआ। यह अकारण नहीं है कि सत्यजित रे ने नवाबी दिनों का जो परिदृश्य अपनी फ़िल्म में रचा है, उसमें वाज़िद अली शाह का दरबार, उनकी कलाओं के प्रति दिलचस्पी और रास व रहस की गौरवशाली प्रस्तुति इतिहास के गली-कूचों से निकलकर आती है, प्रेमचन्द की कहानी से नहीं। *'शतरंज के खिलाड़ी'* कहानी में प्रेमचन्द जिस नवाबी समय का जिक्र करते हैं, वह उसके शुरुआत के ही दस-पन्द्रह पंक्तियों में व्यक्त है, जो यह समझाने में पूर्णतया समर्थ है कि दरअसल उस समय समाज किस परिस्थिति से गुजर रहा था। वह चित्रण कहानी में इस तरह आता है— *'वाज़िदअली शाह का समय था। लखनऊ विलासिता*

के रंग में डूबा हुआ था। छोटे-बड़े, अमीर-गरीब, सभी विलासिता में डूबे हुए थे। कोई नृत्य और गान की मज़लिस सजाता था, तो कोई अफीम की पीनक ही के मजे लेता था। जीवन के प्रत्येक विभाग में आमोद-प्रमोद का प्राधान्य था। शासन-विभाग में, साहित्य-क्षेत्र में, सामाजिक व्यवस्था में, कला-कौशल में, उद्योग-धन्धों में, आहार-विहार में, सर्वत्र विलासिता व्याप्त हो रही थी। कर्मचारी विषय-वासना में, कविगण प्रेम और विरह के वर्णन में, कारीगर कलाबत्तू और चिकन बनाने में, व्यवसायी सुरमें, इत्र, मिस्सी और उबटन का रोजगार करने में लिप्त थे। सभी की आँखों में विलासिता का मद छाया हुआ था। संसार में क्या हो रहा है, इसकी किसी को खबर न थी। बटेर लड़ रहे हैं। तीतरों की लड़ाई के लिए पाली बदी जा रही है। कहीं चौरस बिछी हुई है। पौ बारह का शोर मचा हुआ है। कहीं शतरंज का घोर संग्राम छिड़ा हुआ है। राजा से लेकर रंक तक इसी धुन में मस्त थे। यहाँ तक कि फकीरों को पैसे मिलते तो वे रोटियाँ न लेकर अफीम खाते या मादक पीते। [1]

इस ब्यौरे को पढ़ने पर एक ज्यादा बड़ा यथार्थ प्रेमचन्द के बहाने हमें उस तहज़ीब के अन्तर्विरोधों से उपजता दिखाई देता है, जिसमें वाज़िद अली शाह से लेकर पूरी नवाबी संस्कृति ही किसी अघोषित अफीम की जद में कैद है। यहीं यह परखना समीचीन होगा कि सत्यजित रे की *'शतरंज के खिलाड़ी'* में मौजूद नवाब अपनी कला सुरुचि के कारण उतना बुरा नहीं दिखता, जैसा तीखा और बेधक प्रेमचन्द अपनी कथा में देख पाते हैं। प्रेमचन्द की कहानी में दरअसल वाज़िद अली शाह पात्र ही नहीं हैं, वह सिर्फ उस पतनशील समाज का एक संकेत या प्रस्थान बिन्दु भर हैं, जिससे उनकी कहानी के दो अन्य पात्र मीर और मिर्ज़ा अपना रूपाकार पाते हैं। सत्यजित रे की कथा कहने की चतुराई में मीर और मिर्ज़ा दो अलग-अलग शख़्सियतें कहीं न कहीं अपने विलासी नवाब से लिंक नज़र आती हैं, जो अपने आमोद-प्रमोद को 'गुज़िश्ता-ए लखनऊ' के फसाने से जोड़कर ज्यादा प्रासंगिक बनाते हैं। इसी वजह से *'शतरंज के खिलाड़ी'* के प्रमुख पात्रों मिर्ज़ा और मीर कहानी में जितने रोचक और दयनीय दिखते हैं, फ़िल्म में वाज़िद अली शाह के व्यक्तित्व से अप्रत्यक्ष जुड़ाव के चलते दो विदूषकों से बड़े नहीं लगते। इस फ़िल्म में मिर्ज़ा की नपुंसकता और मीर की बीबी का दूसरे मर्दों के साथ रंगरेलियाँ मनाना, हास्यास्पद है। प्रेमचन्द की कहानी का तनाव, फ़िल्म के अधिकांश हिस्सों से नदारद है। यह अलग बात है कि निर्देशक अपने इतिहास सम्मत विवेक के चलते इस छोटी और

आसान सी लगती कहानी में कई बार रचनात्मक छूट लेता है। रे के लिए *'शतरंज के खिलाड़ी'* एक अनोखी फ़िल्म भी बन जाती है, जब वे इस फ़िल्म को दो ध्रुवान्तों के बीच एक समानान्तर फासले के साथ फ़िल्माते हैं। फ़िल्म दो स्तरों पर हमसे रूबरू होती है– पहला वृत्तचित्र के रूप में, दूसरा कथेतर के रूप में। इसी कारण इतिहास और गल्प को सत्यजित रे यहाँ कलात्मक विवरणों की ओट में प्रासंगिक अर्थ दे पाते हैं। दो परस्पर सहयोगी कलाओं की आपसी समझदारी के चलते फ़िल्म का मुहावरा नयी संभावनाओं को तलाशने का बहाना तो बना देता है, मगर मिर्जा, मीर और नवाबी दिनों के अधःपतन का प्रतीक बन चुका लखनऊ शहर दम तोड़ता नज़र आता है। यह सत्यजित रे की सीमा हो सकती है, लेकिन यदि हम सिने माध्यम की शर्तों पर प्रेमचन्द की कहानी को परखें; तो थोड़ा हिचकते हुए यह कहना अप्रासंगिक नहीं होगा कि यहाँ आकर फ़िल्म कला के लिए प्रेमचन्द की कहानी भी अपनी एक निश्चित चौहद्दी तय कर लेती है। कहानी की इस सीमा की वजह से कथा के पात्र वैसा मुखर स्वर पर्दे पर नहीं दे पाते, जैसा वे अपने माध्यम में भाषा की सहायता से आसानी से दर्ज़ करा देते हैं।

यहाँ कुँवर नारायण की स्थापना एक बार फिर से काबिलेगौर है– "*शतरंज के खिलाड़ी* न तो पूरी तरह प्रेमचन्द की कहानी है, न ही पूरी तरह सत्यजित रे की फ़िल्म है। यह दो भिन्न तरह की कलाओं और उन कलाओं की दो बेजोड़ प्रतिभाओं के बीच एक दिलचस्प संवाद है।"[2] इसके साथ ही यहाँ सत्यजित रे का इस फ़िल्म और प्रेमचन्द की कहानी के सन्दर्भ में दिए गए बयान का पाठ शायद प्रासंगिक हो। वे कहते हैं *"बहुत सम्भव है कि अवध के अतिक्रमण की घटना कोई ऐसा चित्रण करे जिसमें वाज़िद अली शाह का महिमामण्डन हो तथा ऑटरैम की भर्त्सना। ऐसे चित्रण से, जाहिर है, फ़िल्म की लोकप्रियता में स्वतः इज़ाफा हो जाता। मेरी फ़िल्म इस अयथार्थवादी चित्रण से मुक्त है। यह फ़िल्म उस प्रवृत्ति को भी हतोत्साहित करती है, जो सामंतवाद और उपनिवेशवाद के प्रति मायूस किन्तु 'स्वीकृत प्रक्रिया' के रूप में अक्सर उनकी कमियों को नज़रअन्दाज़ कर देती है या फिर उनकी बुराइयों को समझने के साथ-साथ उनके चरित्रों में ख़ास मानवीय प्रवृत्तियाँ देखने का आग्रह करती हैं। इस मानवीय प्रवृत्तियों का अन्वेषण नहीं किया जाता, बल्कि ऐतिहासिक साक्ष्य से उन्हें पुष्ट किया जाता है। मैं जानता था कि ऐसे चित्रण से मनोवृत्ति का द्वैध पैदा होगा तथापि 'शतरंज के खिलाड़ी' को मैं ऐसी कहानी नहीं मानता, जिसमें*

आसानी से किसी एक पक्ष का हिमायती बना जा सके। यह कहानी मेरे लिए विचारोत्तेजक ज्यादा है, जिसमें दो संस्कृतियों की टकराहट है– एक निष्प्राण और अप्रभावी संस्कृति है, तो दूसरी अमंगलकारी किन्तु ऊर्जस्वित। इन दो धुर छोरों की उन अर्द्ध अर्थच्छायाओं को भी पकड़ने की कोशिश की है, जो इन दोनों छोरों के बीच झलकती है।"[3] सत्यजित रे उसी मर्म की ओर इशारा कर रहे हैं, जिसके लिए प्रेमचन्द जैसा अतियथार्थवादी और विवरणात्मक उपन्यासकार फ़िल्म कला की चुनौती बनकर उभरता है।

यह अकारण नहीं है कि मृणाल सेन ने *'कफ़न'* जैसी विख्यात कहानी को चुनते समय उसके सिनेमाई रूपान्तरण में सिर्फ कथासूत्र ही जस का तस रखा, पटकथा को पूरी तरह बदल दिया। *'ओका ओरी कथा'* तेलंगाना की पृष्ठभूमि में उसके अपने परिप्रेक्ष्य और *'कफ़न'* की टकराहट से निकली हुई कृति है, जहाँ प्रेमचन्द की मूल संवेदना को बरकरार रखने के साथ सेन अपनी फ़िल्म में कफ़न की एक बदलते हुए परिवेश में संरचना करते हैं। एक अर्थ में *'कफ़न'* के घीसू और माधव यहाँ *'ओका ओरी कथा'* में वेंकैया और किस्तिया में तब्दील हो चुके हैं। पूरी तरह कफ़न के निहतार्थ को परत दर परत उधेड़ते हुए भी *'ओका ओरी कथा'* अपनी मार्मिकता में एक बेहतर फ़िल्म बनने के साथ ही मृणाल सेन की कहानी का सिनेमाई रूपान्तरण बन जाती है। सेन स्वीकारते भी हैं– *"कफ़न जाड़े के समय को दर्शाने वाली कथा है– मैंने तेलंगाना में शूटिंग क्यों की? तेलंगाना में काफी गर्मी पड़ती है। मेरा तर्क था कि गरीबी और शोषण तो ऋतु-निरपेक्ष है। शीतकाल हो या ग्रीष्मकाल हर समय गरीबी और शोषण की यही दशा होती है। मुंशी प्रेमचन्द ने गरीबी और शोषण पर फोकस किया था, इसीलिए मैंने फ़िल्म में उसी पर फोकस किया। प्रेमचन्द के बेटे अमृतराय ने यह फ़िल्म देखी तो प्रभावित हुए। उन्होंने कहा कि फ़िल्म बहुत इम्प्रेस्ड है, पर जो इंटरप्रिटेशन है, उससे वे सहमत नहीं हैं। मैंने अमृत जी से कहा कि यदि मुंशी प्रेमचन्द भी आज जीवित होते तो यही कहते कि फ़िल्म से डीपली इम्प्रेस्ड हैं, पर इंटरप्रिटेशन से एग्री नहीं हैं। इंटरप्रिटेशन का अधिकार मुझे है। यह अधिकार मुझे मेरा समय देता है। मैं एक जगह से कहानी ले रहा हूँ। एक समय की बात कहने जा रहा हूँ। जब उसे अपने समय के मुताबिक तैयार करूँगा तो परिवर्तन करना ही होगा। सिनेमा की भाषा अलग होती है– यह बात तो सभी कहते हैं। मैं ये नहीं कहूँगा। मैं फ़िल्म को अपने समय से जोड़ता*

हूँ। सांप्रतिक चिन्तन को उस पर रखता हूँ।" [4] रे और सेन की फ़िल्मों में एक समानता यह भी दिखाई देती है कि *'शतरंज के खिलाड़ी'* की ही तरह *'ओका ओरी कथा'* में मृणाल सेन प्रेमचन्द की कहानी का अन्त बदल देते हैं, जो उनकी अपनी फ़िल्म की पृष्ठभूमि को ज्यादा स्वीकार्य लगता है। यह संयोग ही कहा जायेगा कि *'शतरंज के खिलाड़ी'* और *'कफ़न'* जैसी कहानियों का फ़िल्म रूपान्तरण, उस अति प्रबुद्ध कल्पनाशीलता की भी भेंट चढ़ता है, जिसकी छूट यह दोनों फ़िल्मकार आसानी से ले लेते हैं। बावजूद इसके प्रेमचन्द का आदर्शोन्मुख यथार्थवाद इन फ़िल्मों में एक अन्तर्लय की तरह मौजूद रहता है।

'शतरंज के खिलाड़ी' और *'ओका ओरी कथा'* से अलग *'सद्‌गति'* इस मायने में ज्यादा भरोसेमन्द फ़िल्म बन पड़ी है कि वहाँ सत्यजित रे *'शतरंज के खिलाड़ी'* जैसे किसी इतिहास मोह में नहीं पड़ते। मुझे लगता है कि वे *'शतरंज के खिलाड़ी'* कहानी का चयन प्रेमचन्द की साहित्यिक मान्यताओं को आधार मानकर नहीं करते, बल्कि उसको फ़िल्माने के पीछे उनकी नवाबी तहज़ीब के प्रति आसक्ति और 'गुज़िश्ता-ए लखनऊ' जैसी किताब के प्रति प्रेम ज्यादा असरकारी रहे होंगे। शायद इसी कारण *'सद्‌गति'* में वे प्रेमचन्द की मूल संवेदना के निकट पहुँच सके और उनके पात्रों के साथ वैसा न्याय कर पाए, जिस तरह विभूतिभूषण बन्धोपाध्याय की साहित्यिक कृतियों के साथ वे पूर्व में कर चुके थे। *'सद्‌गति'* एक दुष्कर मगर अद्‌भुत ढंग से सन्तुलित फ़िल्म है। जीवन के खुरदुरेपन और उसके प्रति गहरी आसक्ति, संघर्ष की तपती हुई बीहड़ जमीन और उनसे निकलकर बाहर साँस लेने की लालसा बहुत आसानी से *'सद्‌गति'* जैसी फ़िल्म में व्यक्त हुई है। इस फ़िल्म में अनेकों दृश्य ऐसे हैं, जो कहानी के मूल पात्रों की संवेदना को व्यक्त करने में गहरी तार्किकता रखते हैं। जैसे पण्डित घासीराम के घर का दृश्य और अलग से जोड़ा गया एक चरित्र लोकनाथ को प्रवचन देने का संकेत, मूल कहानी की उस संवेदना में वृद्धि करता है, जिससे ब्राह्मणवादी वर्चस्व और पाखण्ड को तार-तार किया जा सके। कहानी में दुःखी और झुरिया के संवादों के अनेकों दृश्यबन्ध ऐसे हैं, जो सहसा ही हमें उनकी ही एक अविस्मरणीय फ़िल्म *'पाथेर पांचाली'* की याद दिलाते हैं।

'सद्‌गति' के पात्रों की सबसे बड़ी खूबी यह है कि वे सर्वहारा समाज का प्रतिनिधित्व करते हुए अपने बने-बनाए सीमान्तों के पार जाते हैं। प्रेमचन्द जिस प्रगतिशीलता को अपने लिए तार्किक ढंग से जीवन भर पकड़े रहे, सत्यजित रे ने

उन अवसरों के फ़िल्मांकन के लिए कोई सरलीकरण नहीं किया है। वे बेहद गम्भीरता के साथ दुखी, झुरिया और पण्डित के चरित्र को व्याख्यायित करते हैं। कहना चाहिए कि यहाँ प्रेमचन्द की साहित्यिक मान्यताओं को बड़े सतर्क ढंग से पढ़ते हुए निर्देशक कहानीकार की संवेदना के तो निकट पहुँचता ही है, बल्कि वह मृणाल सेन की उस धुर वाम प्रतिबद्धता के समीप भी खड़ा नज़र आता है, जो उसका अपना विशिष्ट स्वर नहीं रहा है। सत्यजित रे, प्रेमचन्द की कहानी में कोई भी परिवर्तन नहीं करते, बल्कि शीर्षक से लेकर अन्त तक, पंक्ति दर पंक्ति वे लेखक का अनुसरण करते हैं, जिससे कहानी के सम्पूर्ण आक्रोश को एक वृहत्तर आयाम दिया जा सके। *'सद्गति'* के पात्रों के सन्दर्भ में सत्यजित रे के सिनेमा के विश्लेषक चिदानन्द दास गुप्ता की यह प्रतिष्ठा तर्कपूर्ण है– *"इस फ़िल्म में ब्राह्मण दम्पति पूरी तरह ब्राह्मण हैं– गौरवर्ण, सुदर्शनीय, घमण्डी और आलसी। इसके विपरीत चमार दम्पति पूरी तरह अछूत हैं– श्यामवर्ण, हट्टे-कट्टे, अपरिष्कृत रूप में सुन्दर, सेवाभाव युक्त एवं अपने बारे में पूरी तरह अनिश्चित। राय की अन्य उत्कृष्ट कृतियों की तरह 'सद्गति' के प्रत्येक पक्ष में 'निरपेक्ष अपरिहार्यता' है मानो कुछ भी इस तरह कभी भी सम्भव नहीं था।"*[5] इस निरपेक्ष अपरिहार्यता को हम ज्यादा निमर्मता से परदे पर उस क्षण पढ़ पाते हैं, जब *'सद्गति'* के पात्रों का चयन हमें रे की फ़िल्म में दिखाई पड़ता है। मोहन अगाशे तथा पत्नी के रूप में गीता काक यदि शास्त्रीय अर्थों में ब्राह्मण होने की सारी शर्त पूरी करते हैं, तो ओमपुरी और स्मिता पाटिल के रूप में हमें समाज के परित्यक्तों की छवि का असरकारी साधारणीकरण आसानी से परिलक्षित होता हुआ नज़र आता है।

'सद्गति' की संरचना में एक तत्त्व और भी है, जो उसके निहितार्थ को ज्यादा जीवन्त तरीके से ध्वनित करता है। वह है– पारम्परिक समाज और समकालीन यथार्थ के बीच तनातनी का रिश्ता। एक परोक्ष किस्म का खिंचाव, जिससे पात्रों का चित्रांकन मूल्यवान अभिप्राय हासिल करता है। यह परिस्थिति फ़िल्म में बिम्बों की सार्थक उपस्थिति, दर्शकों की सहज संलग्नता और मानवीय संवेदनाओं के सृजनात्मक अंकन से अपना फलक विस्तृत करती है। धनिया, दुखी, झुरिया, पण्डित घासीराम जैसे चरित्र इन्हीं वजहों से *'सद्गति'* को एक अर्थपूर्ण फ़िल्म बनाते हैं। फ़िल्म में प्रेमचन्द की भाषा संवेदना को नबेरने के लिए जो ढ़ेरों बिम्ब व प्रतीक सत्यजित रे ने इकट्ठा किया, उसका एक साहित्यिक परिपार्श्व भी

है। मसलन— हँसिया का बिम्ब, महुआ के पत्तों का बिम्ब, रावण के पुतले का बिम्ब, झोपड़ी की छत पर बिछे खाल का बिम्ब आदि कहानी की मूल संवेदना को सिनेमाई भाषा और तकनीकी कौशल के साथ अपने नव्यार्थों में स्थापित करते हैं। इसी फ़िल्म का एक ऐतिहासिक दृश्य सबको याद होगा, जिसमें ब्राह्मण मुर्दे को इसलिए घसीटकर अलग कर देता है क्योंकि अछूत उसके रास्ते में पड़े शव को हटाने से इनकार करता है। शोषक और शोषित के पारम्परिक द्वन्द्व को इतनी अपरिहार्य निरपेक्षता के साथ सत्यजित रे बरतते हैं कि सहसा हमें यहाँ प्रेमचन्द की ढेरों महान व अविस्मरणीय कहानियों की दुविधा अर्थ ग्रहण करती सम्भव जान पड़ती है। इस प्रकार के कारुणिक द्वन्द्वों को प्रेमचन्द ने अपनी कहानियों और कुछ बेजोड़ उपन्यासों में शिल्प व भाषा के चमत्कार से चरम पर पहुँचाया है। *'सद्गति'* और *'कफ़न'* के बरक्स प्रेमचन्द की इस निरपेक्ष अपरिहार्यता को हम *'गोदान'*, *'गबन'*, *'सेवा सदन'*, *'रंगभूमि'* जैसे उपन्यासों एवं *'पूस की रात'*, *'नमक का दरोगा'*, *'शतरंज के खिलाड़ी'*, *'मंत्र'*, *'ईदगाह'*, *'सवा सेर गेहूँ'*, *'लाग-डाट'*, *'बड़े भाई साहब'*, *'मोटेराम शास्त्री'*, *'इस्तीफ़ा'* और *'रामलीला'* जैसी कहानियों में घटता हुआ देख सकते हैं।

कहने का लब्बोलुआब यह है कि *'सद्गति'*, *'ओका ओरी कथा'* और *'शतरंज के खिलाड़ी'* में अलग-अलग तरीकों से यह देख पाना दिलचस्प है कि फ़िल्मकारों की अपनी मान्यताओं के चलते प्रेमचन्द के पात्र मूल कहानी पर अपनी कितनी पकड़ बना पाते हैं और कितनी गवाँ देते हैं। आज यह सर्वविदित तथ्य है कि प्रेमचन्द की कहानियों पर भले ही उत्कृष्ट फ़िल्मकारों ने फ़िल्में बनायीं, मगर उनकी मूल संवेदना, उनके सुसंगत यथार्थवाद एवं मानवतावाद को फ़िल्मी भाषा में अपेक्षित तरीके से व्यक्त नहीं किया जा सका। हो सकता है यह फ़िल्म माध्यम की अपनी ख़ामी हो कि वह बहुत ज्यादा नरेशन को उसी अनुपात में व्यक्त करने में असमर्थ रहती हो। मेरी दृष्टि में फ़िल्म किसी नाटक के ज्यादा करीब हो सकती है; क्योंकि वहाँ दृश्यों और तमाम सारे पात्रों की मौजूदगी के बावजूद पूरे कथानक को कहीं न कहीं संक्षिप्त या चुस्त किया जाता है। नाटककार अपने नाटक के पहले ही दृश्य से इस बात को लेकर चौकस रहता है कि इसका नाटकीकरण होगा और यह मंच पर किस प्रकार का अपेक्षित अनुभव उसके दर्शकों पर छोड़ेगा; जबकि उपन्यास या कहानी लिखने वाला व्यक्ति इस बात से पूर्णतया निरपेक्ष रहता है कि उसके अपने विचारों का कोई मूर्त स्वरूप भी कहीं हो सकता है। वह कहानी को

ढेरों तहों में इस कारण भी व्यक्त करता रहता है कि अलग-अलग पाठकों का मिज़ाज़ उसके अमूर्तन को अपनी व्याख्याओं द्वारा स्वयं के लिए अलग-अलग चित्रित करेंगे। यहीं एक फ़िल्मकार किसी कथानक को पटकथा की शक्ल देते समय चूकने लगता है। उसे मालूम नहीं कि उपन्यास या कहानी के पात्रों की अपनी स्थापनाएँ दरअसल उन्हें संक्षिप्त करते समय कहीं धीरे से हाथ से फ़िसल जाती हैं। फिर वह उपन्यास अगर प्रेमचन्द जैसे बेजोड़ फ़नकार की कलम से निकला हो, तो इस बात की पर्याप्त सम्भावना बचती है कि कैसे कोई विभिन्न परतों पर चल रहे उनके यथार्थवादी निरूपण को फ़िल्म के कितने दृश्यबन्धों में चित्रित करके वैसा मुकम्मल स्वर दे सका, जिससे उनके पात्रों की जीवन्तता और कालातीत होते रहने की शर्त गुँथी हुई है।

'गोदान' एवं *'गबन'* जैसे कालजयी उपन्यासों तथा *'दो बैलों की कथा'* जैसी मर्मस्पर्शी कहानी पर *'हीरा मोती'* जैसी फ़िल्में बनीं तो ज़रूर, मगर उनका कोई रचनात्मक दाय स्वयं रचनाकार अथवा फ़िल्म निर्देशक के लिए बहुत महत्त्व का नहीं बन पाया है। *'हीरा मोती'* पर प्रवीण देसाई एवं कृष्ण चोपड़ा ने 1959 में, *'गोदान'* पर त्रिलोक जेटली ने 1963 में तथा *'गबन'* पर कृष्ण चोपड़ा एवं ऋषिकेश मुखर्जी ने 1966 में फ़िल्में बनायीं। सरसरी तौर पर आँकें तो इस बात से इनकार नहीं किया जा सकता कि *'गोदान'*, *'गबन'* एवं *'हीरा मोती'* जैसी फ़िल्में प्रेमचन्द के कथानक व उनके विशाल रचनात्मक संसार से न्याय नहीं कर पातीं। फिर भी यह अलग बात है कि इन फ़िल्मों में *'गोदान'* एवं *'हीरा मोती'* का संगीत आज भी गाहे-बेगाहे याद किया जाता है। इनमें *'हीरा मोती'* का संगीत रोशन एवं *'गोदान'* का पण्डित रविशंकर ने रचा था। पूर्वी उत्तर प्रदेश की लोकधुनों पर आधारित कुछ बेहद सुन्दर गीत *'गोदान'* फ़िल्म के खाते में दर्ज़ हैं, जिसमें प्रेमचन्द का साहित्य तो मददगार नहीं ही रहा है। यहाँ संगीत की उत्कृष्टता सीधे पण्डित रविशंकर की देन है, जिसे उन्होंने अपनी शास्त्रीयता के रंग से सँवारा है। *'जाने काहे जिया मोरा डोले रे'*, *'जनम लियो ललना कि चाँद मोरे अँगना उतरि आये हो'*, *'होली खेलत नन्दलाल बिरज में'*, *'पिपरा के पतवा सरीखे डोले मनवा'* जैसे अविस्मरणीय गीतों से सजी *'गोदान'* में यह देखना प्रीतिकर है कि पारम्परिक सोहर, होरी तथा गाँव का नृत्य सभी कुछ अपनी पूरी देशज बसाहट के साथ मौजूद है। इसी तरह *'हीरा मोती'* को भी याद

किया जाना चाहिए, जिसमें एकमात्र सुन्दर लोकगीत को रोशन ने ठेठ पारम्परिक अन्दाज़ में ही कम्पोज़ किया है। पूर्वी उत्तर प्रदेश की यह प्रचलित लोकधुन *'कौने रंग मुँगवा कौने रंग मोतिया कौने रंग ननदी तोरे वीरना'* को सुधा मल्होत्रा एवं सुमन कल्याणपुर ने इतनी सहजता और उल्लास के साथ गाया है कि आज भी इस फ़िल्म के पचास साल बीत जाने के बाद भी यह गीत याद आता है और बरबस गुनगुनाने का मन होता है। इन दोनों फ़िल्मों के लिहाज़ से *'गबन'* का संगीत पक्ष बेहद कमज़ोर है तथा यह फ़िल्म संगीत से लेकर अपने प्रस्तुतीकरण में एक साधारण और असफल फ़िल्म है, जिसमें ऋषिकेश मुखर्जी जैसे दिग्गज फ़िल्मकार के होने के बावजूद, कहानी का सुसंगत यथार्थ पैदा नहीं हो सका है।

यदि हम प्रेमचन्द के ही शब्दों के उजालों में जाकर उनकी फ़िल्मों पर कोई टिप्पणी करें, तो सिनेमा के बारे में यह कहना पड़ेगा कि उसकी रचनात्मकता का एक स्रोत साहित्य हो सकता है; मगर वह पूरी तरह सिनेमा का व्याकरण रचने वाला मुकम्मल माध्यम नहीं बन सकता। एक कहानी, उपन्यास या अन्य साहित्यिक सामग्री किसी निर्देशक के लिए उस कच्चे माल की ही तरह है, जिस पर उसके फ़िल्म के पात्र अपना स्वरूप नये अर्थों में सम्भव करते हैं। यह बात बहुत वाज़िब है कि मृणाल सेन *'कफ़न'* को अपने ढंग से इण्टरप्रेट करें। यह सहूलियत उन्हें उनका समय देता है और इसके लिए उनकी कोई वाज़िब जवाबदेही नहीं बनती, क्योंकि सेल्युलाईड पर वे उस कथा को नये सिरे से लिखते हैं। इसी छूट का सहारा लेते हुए स्वयं मृणाल सेन ने *'कफ़न'* के अलावा प्रेमेन्द्र मित्र की छोटी सी कहानी *'तेले न पोता आविष्कार'* का खूबसूरत रूपान्तरण *'खण्डहर'* फ़िल्म के माध्यम से किया है। यह स्वतंत्रता भारतीय फ़िल्मों से अलग अन्य विदेशी फ़िल्मकारों ने भी अपने समय को रेखांकित करने के सन्दर्भ में ली है। शेक्सपियर के *'मैकबेथ'* पर अकीरा कुरोसावा की *'थ्रोन ऑफ ब्लड'* एवं बोरिस पास्तरनॉक के *'डाक्टर जिवागो'* पर डेविड लीन की इसी नाम की फ़िल्म इसके आदर्श उदाहरण हैं।

इस लिहाज़ से हम *'ओका ओरी कथा'*, *'सद्गति'* और *'शतरंज के खिलाड़ी'* के नव्यार्थों को प्रेमचन्द की रचनाओं का, उनके पात्रों की उपस्थिति का पुनर्पाठ मान सकते हैं या पुनर्संरचना कह सकते हैं। इसी स्थिति में साहित्य और सिनेमा के अपने-अपने सन्दर्भों को सही अर्थों में विश्लेषित किया जा सकता है,

अन्यथा प्रेमचन्द और उनकी रचनाओं के फ़िल्मकार एक ही भाव जगत पर साथ चलते हुए भी हमें सदैव दो समानान्तर पटरियों पर खड़े मिलेंगे, जिनका आपस में मिलना फिर शायद ही कभी सम्भव हो सके।

सन्दर्भ :

1. शतरंज के खिलाड़ी : प्रेमचन्द, प्रेमचन्द कथा साहित्य से
2. प्रेमचन्द और सत्यजित राय : कुँवर नारायण, आज और आज से पहले, राजकमल प्रकाशन, 1998
3. सत्यजित राय का सिनेमा : चिदानन्द दास गुप्ता, नेशनल बुक ट्रस्ट, 1994
4. मृणाल सेन का छायालोक : कृपाशंकर चौबे, आधार प्रकाशन प्रा. लि., 2001
5. सत्यजित राय का सिनेमा : चिदानन्द दास गुप्ता, नेशनल बुक ट्रस्ट, 1994

नृत्य के परिसर में अभिनय

कलाओं के समाज में जितने भी प्रकार की प्रदर्शनकारी कलाएँ आज संस्कृति के परिदृश्य पर नज़र आती हैं, उनमें से अधिकांश की व्याप्ति उनके प्रदर्शन व अभिनेयता के कारण शीर्ष पर है। साहित्य के क्षेत्र में नाटक, संगीत के क्षेत्र में नृत्य एवं अन्यान्य रूपंकर अभिव्यक्तियों में सिनेमा का महत्त्व सिर्फ इस कारण ही ज्यादा बढ़ जाता है कि उन जगहों पर 'अभिनय' की असीम सम्भावनाएँ पायी जाती हैं। कलाओं की दुनिया में यह बात हमेशा से महत्त्वपूर्ण रही है कि उनके प्रस्तुतीकरण में सम्मिलित होने वाला समाज कितनी गहराई से उस कलाभिव्यक्ति के साथ अपना सामंजस्य बनाता है। कोई गायक गाते समय किसी राग की अवतारणा कर रहा हो या कोई नृत्यांगना किसी प्रसंग विशेष को अपने देह संचालन से मूर्त्त रूप दे रही हो, सामाजिक की भूमिका के बिना उस कला का संतरण सामान्य दुनिया में नहीं हो पाता है। कला के प्रदर्शन व उसके सामान्य जीवन में प्रतिष्ठित होने के बीच के अवकाश में ही संवाद, गायन एवं अभिनय की सृष्टि बेहतर ढंग

से अपना स्वरूप ग्रहण करती है। सामान्य व्यक्ति, जो उस कला की दुनिया में एक 'सामाजिक' की हैसियत से प्रवेश पाता है, जीवन के सामान्य पक्षों का मंच पर अंकन होते देखकर ही कला के पड़ोस में जाने को इच्छुक होता है।

अभिनय इस अर्थ में एक असाधारण घटना है, कि वह असामान्य व दुर्लभ की श्रेणी में आने वाले मानव-व्यवहार को बड़ी सहजता से सामान्य की परिधि में प्रतिष्ठित करता है। इसके लिये कलाकार या साधक की भूमिका सबसे अधिक चुनौतीपूर्ण होती है। यह तथ्य इस अर्थ में खासा दिलचस्प है कि कलाकार का अपना कुछ नहीं होता। न उसका यौवन होता है, न उसकी कोई अवस्था होती है। बुढ़ापे में भी वह यौवन को प्रकट कर सकता है और भरे यौवन में भी उसका सम्मोहन कम करके दिखा सकता है। यह अनुभव करने की शक्ति ही कलाकार में दिव्यता लाती है। इसी से रस सृष्टि होती है और इसी से कला का संसार विस्मयकारी जान पड़ता है। इस अवधारणा के पीछे तर्क बस यही है कि कलाकार अपने वाणी, व्यवहार, लास्य, अंग-संचालन एवं संवाद-अदायगी द्वारा अपनी देह में एक दूसरी ही सृष्टि का अनुभव करता है। मसलन नृत्यरत ओडिसी गुरु केलुचरण महापात्र में राम-कथा के केवट का प्रवेश, थोड़ी देर के लिये उन्हें न सिर्फ केवट की देहयष्टि में स्थापित कर देता है, बल्कि देखने वाले केलुचरण महापात्र से तादात्म्य बिठाते हुए केलुचरण महापात्र से दूर हो जाते हैं। दर्शक के लिये जहाँ यह केवल एक विस्मयकारी कला का निदर्शन है, वहीं कलाकार के लिये यह परकाया प्रवेश जैसी अवधूत प्रक्रिया है, जिसमें अभिनेयता ही रूप-परिवर्तन के लिये मुख्य आधारपीठिका मुहैया कराती है।

एक सर्जक अपनी कला के अवयवों को खोलकर, उसकी सीमाओं और सीमान्तों को परे हटाते हुए अभिनय द्वारा कृति को जितना सरल करेगा, सामान्य दर्शक या श्रोता उसके साथ साधारणीकरण करते हुए, स्वतः ही उस कला से संवाद स्थापित कर लेंगे। जिस तरह अभिनय के लिये पर्याप्त नाटकीयता की ज़रूरत होती है, उसी तरह किसी कला के साथ दर्शक या सामाजिक का सम्बन्ध उसके साधारणीकरण से तय होता है। संगीत से एक सुन्दर प्रसंग का ज़िक्र यहाँ करना चाहूँगा– बनारस की ठुमरी विश्वप्रसिद्ध है। वहाँ गायकी की जो परम्परा है, उसमें सेनिया, पियरी, मिश्र एवं तेलियानाला जैसे घराने रहे हैं। सभी में ठुमरी, कजरी एवं चैती का अपना अभिनव स्थान रहा है। एक खास बात यहाँ ध्यान देने लायक है

कि आज से सौ-डेढ़ सौ साल पहले यदि हम बनारस में होने वाली इस प्रकार की गायकी का विश्लेषण करें, तो पायेंगे कि वहाँ विद्याधरी, बड़ी मोतीबाई, मुश्तरी, मैना से होते हुए रसूलनबाई, सिद्धेश्वरी देवी एवं गिरिजा देवी तक ठुमरी की परम्परा अपने उत्कर्ष पर रही है। मगर उसी के बाद की परम्परा में जिसमें अधिकांश पूर्ववर्ती गायिकाओं की शिष्याएँ भी सम्मिलित होती हैं, आज वह बात या उत्कृष्टता कहीं दिखाई नहीं पड़ती। वही परम्परा है, वही धुन है, बोल-बनाव व रागदारी का मिजाज सब कुछ पूर्व की भाँति है, मगर गायकी की ऊँचाई या इन पूर्वज गायिकाओं के असर या रस जैसी कोई चीज़ आज की गायकी में दिखाई नहीं पड़ती। इसके पीछे क्या कारण हो सकता है? इस तथ्य का उल्लेख जब मैंने गिरिजा देवी से किया तो वे बोलीं– "यह तो होगा ही। यह चीज़ जो आप हमारी पीढ़ी तक देखते चले आये हैं या पीछे पूरी प्रखरता से हम अपनी पूर्वज पीढ़ी से पाते रहे, उसके पीछे सबसे बड़ा कारण पुराने समाज में होने वाला महफ़िल संगीत था। दरअसल ठुमरी, चैती– राजा-महाराजाओं, नवाबों, रईसों के यहाँ महफ़िलों में गायी जाती थी। उस महफ़िल संगीत का एक अलग समाज था, उसका एक निश्चित रिवाज़ था कि बैठकी महफ़िल में इस तरह के कपड़े पहनकर आना है या पेशवाज़ का रंग अमुक जलसे के मुताबिक होगा। हम सबको थोड़ा बहुत अभिनय भी करना पड़ता था कि हमारा मन फ़लाँ कजरी गाने का है या कि बड़ी-बड़ी गायिकाएँ अपने नखरे व हाव-भाव से असम्भव चीज़ों की फरमाईश करती थीं। सामने बैठे लोग महफ़िल की इन्हीं रंगीन हरकतों पर झूम-झूम जाते थे। फिर मिजाज़ और फरमाईश के अनुसार उस समय ठुमरी, कजरी भी गायी जाती थी, और होली, सादरा भी। अब वो कहाँ रहा? मेरी कोई शिष्या कितना भी बढ़िया ठुमरी, चैती गा ले फिर भी हम वह महफ़िल कहाँ से लाएँगे? वह रियाज़ के लिये बैठेगी तो अक्सर आधुनिक कपड़ों– जींस वगैरह में होगी। बात यह नहीं कि उस समाज को सिर्फ विलास की निगाह से ही देखा जाये। तो जो एक तरह का वातावरण उस पूरी महफिल में अभिनय व पहनावे के कारण बनता था, वह आज की नयी लड़की कहाँ सीख पाती है? वह मिजाज़ बनाने व अदब सिखाने का रिवाज़ अब ख़त्म हो चुका है। आज एक निश्चित मानसिकता के साथ लड़कियाँ मंच पर जाती हैं व कुछ भी गा देती हैं। तो रसूलनबाई वाली तड़प कहाँ से पाइयेगा आप उनकी गायकी में?"

अब यह विचार उस जमाने की गायकी के बारे में प्रकाश डालता है कि कैसे ठुमरी व चैती के गायन में उन दिनों रंग भरा जाता था। यह महफिल की तैयारी दरअसल उन दिनों अभिनय की तैयारी होती थी। बैठकी करना एक तरह से रंगमंच पर पूरे श्रृंगार के साथ मनोभावों का नान्दीपाठ करना था। अब श्रोता और दर्शक तो हर हाल में उस मोहजाल में फँसेगें ही। फिर सालों बाद उसी नास्टैल्जिया को याद करके बिसूरेंगे कि अब वो गायकी नहीं रही। रसूलनबाई, मुश्तरीबाई, तौकीबाई, सुन्दरीबाई तथा मैना जैसी बाईयाँ उनके लिये उस क्षण किसी मिथक से कम नहीं ठहरेंगी व अभिनय तथा अभिनेयता की गुंजाइश को इन सन्दर्भों से भुला बैठेंगे कि किस तरह उसका प्रभाव संगीत में नयी-नयी उपज की सम्भावना पैदा करता है।

इसी तरह ठीक यही प्रतिक्रिया ओडिसी नृत्य में उन नये कलाकारों एवं युवतियों के साथ आज आती है, जो अविवाहित रहते हुये गीतगोविन्दम् या अन्य प्रेमकाव्यों के प्रसंगों को श्रृंगारभक्ति के द्वारा अपने नृत्य में अभिव्यक्त करना चाहते हैं। उनके लिये शास्त्र और कला कितनी ही तैयार की हुई चीज़ क्यों न हो, वे रागों व अष्टपदियों की व्याख्या के लिये भले ही पक्की तरह से तैयार हों, मगर अभिनय के समय उस रससृष्टि को करने में अक्षम होंगे, जो उनसे पूर्व या उनके समकालीन विवाहित कलाकारों ने अपने अनुभव की गहराई से विकसित की है। इसी तरह भास के नाटकों पर आधारित कुडियाट्टम रंग-नृत्य परम्परा को जिसने भी देखा है, वह सिर्फ उसमें होने वाले नेत्रों के अभिनय को शायद ही जल्दी भूल सकेगा। वहाँ दो-दो दिन तक लगातार संवाद अदायगी चलती है और घण्टों तक नेत्रों का अभिनय देखते हुए भी दर्शक थकते नहीं हैं। यह स्थिति अभिनय की महत्ता का सबसे बेहतर उदाहरण है कि कुडियाट्टम आज भी जिन जगहों पर खेला जाता है, जिन जगहों पर अपनी परम्परा का निर्वाह करते हुये जीवित है, वह सिर्फ़ आज तक अपनी अभिनेयता के कारण ही टिका हुआ है। असम और बंगाल की रामजात्रा और चण्डीजात्रा में यह तथ्य पूरी तरह देखने में उभरता है कि अपनी परम्परा व लोक के अनुसरण के साथ-साथ, जात्रा साहित्य में ढेरों पाठभेदों के अन्तर्विरोधों के बावजूद जो समन्वय पूरी जात्रा में दिखता है, वह उन अनभिज्ञ कलाकारों की अभिनेयता पर उसी तरह टिका हुआ है, जिस तरह हर प्रान्त की लोक-गायन शैली में औरतें रसोई का काम करते हुये यह भूली रहती हैं कि वे चूल्हा जलाने के साथ-साथ हंसध्वनि और

पटमंजरी भी जानती हैं। उन्हें पारिवारिक परम्परा में भी कई पीढ़ियों तक यह पता ही नहीं चल पाता कि पर्व-त्यौहारों, शादी-ब्याह आदि के समय जो आनुष्ठानिक प्रसंगों के गीत या संस्कार गीत वे सीखती, गाती अथवा सिखाती रही हैं, उनका भी अपना शास्त्र है, संगीत की ज्यामिति है तथा उनमें भी अधिकांश अब जस का तस शताब्दियों से गाए जाने के कारण प्रचलित अर्थों में लगभग रुढ़ बन गया है।

कलाओं में अभिनेयता की सम्भावना को एक अन्य उदाहरण से भी व्यक्त करना चाहूँगा, जो सिनेमा पर पारसी थियेटर के प्रभाव की पड़ताल करने वाले एक दिलचस्प वाकये के रूप में प्रस्तुत है। इसे प्रख्यात लेखिका मृणाल पाण्डे ने रेखांकित किया था। यह उदाहरण सिनेमा के आरम्भिक दिनों की दिलचस्प बानगी पेश करता है, साथ ही साथ इस बात की गवाही का भी सबब बनता है कि रूपंकर कलाओं की अधिकांश अभिव्यक्तियाँ अपने अभिनय एवं लोक पक्ष की समेकित धुरी पर टिकी होती हैं। प्रसंग है– कलकत्ता से लेकर दिल्ली की कम्पनी तक अनेक थियेटर कम्पनियों के नाटकों में स्त्री का अभिनय कर चुके एक चर्चित अभिनेता मास्टर 'चम्पालाल' के अनुसार थियेटरों में महिला का अभिनय करने वाले तरुणों की एक अच्छी-भली तादाद हुआ करती थी। उन सभी को एक कड़ी साधना तथा रियाज़ से गुजरना होता था, जिसके बिना वे सफलतापूर्वक स्त्री नहीं बन सकते थे। उनसे की गयी लम्बी बातचीत के दौरान यह स्पष्ट हुआ, कि तत्कालीन समाज तथा रंग-संस्कृति में स्त्री होने का मतलब स्त्री के रूप में जन्म लेना नहीं, बल्कि समाज द्वारा सायास दर्ज की गयी तथा स्वीकृत उस 'स्त्री-वृत्ति' को आत्मसात करना था, जिसके अन्तर्गत एक खास प्रकार की वेश-भूषा के अतिरिक्त वे सभी आंगिक, वाचिक तथा आहार्य मुद्राएँ और नाज़-नख़रे भी आते थे, जिन्हें आज भी स्त्रियोचित कहकर बखाना जाता है। बाल-गन्धर्व जैसे कुछ अभिनेताओं ने तो इस सामाजिक रुढ़िबद्ध स्त्रीत्व को ऐसी सुथराई के साथ धारण किया था कि भले घरों की बहू-बेटियाँ स्त्रियोचित वेशभूषा तथा उठने-बैठने के तौर-तरीके सीखने के लिए उनके नाटक देखने आया करती थीं।

यह कुछ-कुछ वही तरीका है, जिस तरह की मनोवृत्ति की ओर ठुमरी गायिकी की महफिल संगीत को गिरिजा देवी ने ज़रूरी माना था या ओडिसी और भरतनाट्यम करते समय उसके कलाकारों को रति प्रसंगों को दर्शाने में भारी मुश्किलों

का सामना करना पड़ता है, यदि वे परम्परागत ढंग से वैवाहिक नहीं हैं। रामजात्राओं से लेकर कलरिपयत्तू तक तथा भंगड़ा, झूमर से लेकर छाऊ नृत्य तक यही अभिनेयता एवं लोक संस्कृति का व्यवहार प्रभावी रहा है, यह और बात है कि हम आज उनमें तमाम प्रकार के नवाचार करते हुए कोई नयी नृत्य विधा या गायिकी का प्रकार विकसित कर लें। फिर भी उसमें उस पारम्परिक कला के आरम्भिक तत्त्व उसी तरह सक्रिय रहेंगे, जिस तरह वह नयी विकसित हुई कला अपनी नयी काया में एक दुर्लभ किस्म का चाक्षुष या वाचिक आनन्द देगी।

कलाओं का प्रदीप्त संसार और कुँवर नारायण

कुँवर नारायण जी के बारे में सबसे आसान परिभाषा यह है, कि वे कवि हैं। मगर यह उतनी आसान नहीं क्योंकि कवि होने के साथ-साथ वे एक सुधी आलोचक भी हैं। यह कठिनाई तब और बढ़ जाती है जब हम यह देखते हैं कि आलोचक के अलावा वे एक कला समीक्षक भी ठहरते हैं, जिनकी परिधि में संस्कृति एक निकाय की तरह मौजूद रहती है। और हमें यह जानने में देर नहीं लगती कि कुँवर नारायण का कवि और आलोचक संस्कृति के विभिन्न सोपानों में एक यात्रिक की तरह गमन करता है। उन दोनों के मिश्रित सम्बन्ध से बनने वाली दृष्टि उनके लिये किसी विशिष्ट तर्क की स्थापना का अभिप्रेत बनती है, साथ ही संस्कृति के विभिन्न अवयवों के स्वरूप, उसके स्थापत्य, उससे होने वाले सम्मोहन और उन सम्मोहनों की अर्थछवियों की महत्ता का अभिप्राय भी संकेतित करती हैं। यहाँ मैं संस्कृति को तमाम सारी कला अभिव्यक्तियों के सन्दर्भ में प्रयुक्त कर रहा हूँ। सिर्फ कला समीक्षा का दायरा संकीर्ण जान पड़ता है. फिर ऐसे आलोचक के सन्दर्भ में तो

और भी कमतर लगता है, जिसने एक साथ सिनेमा, लोक, स्थापत्य, कला, संगीत एवं रंगमच पर गहरी निस्संगता से विचार किया हो। यहाँ हम महसूस कर सकते हैं कि कुँवर जी के आलोचक का संस्कृति विमर्श उनके इर्द-गिर्द बनने वाले संसार के छोटे-बड़े अनुभवों की ऐसी अपूर्व व्याख्या है, जहाँ वह अपनी निर्मितियों से ऐसा आकाश सुलभ कराते हैं, जिसमें सारी कला समीक्षा समन्वय का एक विलम्बित सुर ध्वनित करती है। कुछ-कुछ भक्तिकाल के उन सन्त कवियों जैसी, जिसमें एक साथ भक्ति और समर्पण, मोह और वैराग्य, जुड़ाव और निर्लिप्तता मौजूद है। जैसे कुँवर नारायण जी के लिए कुमार गन्धर्व मात्र संगीत नहीं, पूरी भारतीय संगीत परम्परा में एक सभ्यता का होना हैं। वे संगीत के बरक्स कुमार गन्धर्व के गायन में उस अचूक भक्त संवेदना का लोप पाते हैं, जो गाते समय खुद की बनाई हुई आस्था परिधि को छोड़कर अपनी कला को ज्यादा बड़े आध्यात्मिक वृत्त में प्रतिष्ठित करती है। वे इस स्थापना तक पहुँचते हैं कि 'उनके संगीत में जनाश्रयी संगीत की व्यापक मानवीयता है– एक उद्धूत कोशिश, जो भारतीय संगीत को मानो उसकी सामन्ती सीमाओं से बाहर लाकर सबकी चीज़ बना देना चाहती हो, उसी तरह जैसे कभी संगीत और नृत्य मन्दिरों में था।'

इसी तरह पण्डित मल्लिकार्जुन मंसूर पर बहुत कम शब्दों में उनकी गहरी व्याख्या ध्यान देने योग्य है– 'शुद्ध और अत्यन्त सधी हुई तानों के सघनतम आश्रय पर एक राग के सूक्ष्मतम भेदों का कुशल विन्यास। लयकारी में गम्भीर शास्त्रीय अनुशासन के साथ-साथ पूरी रोमाण्टिक ऊर्जा का लगभग आध्यात्मिक आनन्द की सीमा तक विस्तार। अब लगभग 70 वर्ष की आयु में भी आवाज़ में अद्भुत ठहराव, निखार और सफाई। अतरौली घराने की गायक शैली को एक नयी ऊँचाई तक पहुँचा सकने वाले सिद्ध और धीर गायक।' यह सधी हुई संश्लिष्ट स्थापना थोड़ी देर के लिए आलोचक को निरा आलोचक नहीं रहने देती बल्कि उसी विधा का एक संवाहक बनाती जान पड़ती है। लगता है, संगीत को इस तरह परखते हुए स्वयं समीक्षक वाग्गेयकारों और संगीत के घरानेदार बुजुर्ग की श्रेणी में जा पहुँचा है, जिसे सुर और स्वर की गहराई से पकड़ है।

अभी हाल ही में कुछ वर्षों पूर्व साहित्य अकादेमी के संवत्सर व्याख्यान में कुँवर जी ने एक महत्त्वपूर्ण प्रश्न उठाया था कि बहुत सारे शब्द, जो हमारी भाषा परम्परा में किसी विशेष अर्थ के बगैर इस्तेमाल होते रहे हैं, उनके पुनर्मूल्यांकन,

पुनर्पाठ की ज़रूरत है। उनके अर्थों के प्रयोग का रुढ़ होते जाना, शब्द की गरिमा खो देता है। कुछ-कुछ अज्ञेय के उस प्रतीक की तरह जिसमें देवता जलहरी को घेर बैठे हैं और जलहरी का पानी सूख चुका है। फिर यह आशय मुखर होता है कि देवता भी सूख गये हैं। हम पाते हैं कि धीरे-धीरे शब्दों की देवत्व आभा धूमिल पड़ती जाती है। कुँवर जी के यहाँ कला-परख दरअसल इसी दृष्टि के माध्यम से संचालित होती है। वह इस बात के लिए बराबर सचेत हैं कि कला को, उसके प्रदर्शन और उसकी अनुषंग वृत्तियों को उन रुढ़ अर्थों में न देखा पढ़ा जाये, जिन अर्थों में व्यापक समाज उन्हें बरतता रहा है। जैसे, सिनेमा के लिए उनके मन में यह धारणा प्रबल है कि वह एक ऐसी कला है, जिसकी अभिव्यक्ति बहुत जल्दी और असरकारी होती है और अगर हम बेहतर फ़िल्म की समझ विकसित कर सकें, तो साहित्य और अन्य कलाओं को विश्लेषित और प्रसारित करने के लिए इस विधा को अचूक हथियार की तरह इस्तेमाल कर सकते हैं। उनके लिये यह स्वागतयोग्य है कि किएस्लोवस्की बाइबिल के टेन कमाण्डमेंट्स पर टेन शार्ट स्टोरीज़ की फ़िल्म 'डीकालॉग' बना सकते हैं और मृणाल सेन प्रेमचन्द की कहानी कफ़न को 'ओका ओरी कथा' के माध्यम से जनसमुदाय में प्रचलित कर सकते हैं। कुँवर जी और सत्यजित रे की मैत्री जगजाहिर है और यहाँ एक छोटा सा प्रकरण शतरंग के खिलाड़ी फ़िल्म के निर्माण के सम्बन्ध में बताना चाहूँगा, जो प्रेमचन्द की इसी नाम की कहानी पर बनाई जा रही थी। लखनऊ में फ़िल्म के आखिरी दृश्य का फ़िल्मांकन हो रहा था। इस अन्तिम दृश्य में मिर्ज़ा और मीर एक दूसरे के साथ बस्ती से दूर किसी खण्डहर के निकट, खण्डहर की दीवार के सामने शतरंज खेल रहे हैं। कुँवर जी ने पास ही पुराने बरगद का एक सूखा और जर्जर पेड़ देखा और निर्देशक को राय दी कि यदि इस पेड़ के नीचे हम दृश्यांकन करते हैं, तो फ़िल्म में सामने से देखने पर पेड़ के कई प्रतीकात्मक अर्थ निकलेंगे, जो निश्चय ही फ़िल्म को एक नयी व्याख्या दे सकता है। जर्जर पेड़ का प्रतीक उस परम्परा के टूटने का भी द्योतक था, जिसका इशारा प्रेमचन्द की कहानी में है और फ़िल्म द्वारा जिसे सेल्युलाइड पर लाया जा रहा था। सत्यजित रे प्रसन्न हुए, उन्होंने तुरन्त वह शॉट कैन्सिल करके उसी पेड़ के सामने फ़िल्माया। यह उद्धरण एक संवेदनशील कलाकार के प्रति वह धारणा प्रबल करता है कि किसी भी विधा में रहते हुए हम संस्कृति को बिना नुकसान पहुँचाये उसकी ज्यादा गहरी अर्थान्विति के लिए प्रभावित कर सकते हैं।

यहाँ उस्ताद बिस्मिल्ला ख़ाँ साहब से हुई बातचीत का एक अवान्तर प्रसंग सुनाना चाहूँगा। मुसलमानों में संगीत को त्याज्य मानते हैं, इसी सवाल की एवज़ में ख़ाँ साहब ने मुझसे कहा– 'संगीत वह चीज़ है, जिसमें जात-पात कुछ नहीं है। मुझे लगता है हमारे मज़हब में मौसीकी को इसलिए हराम कहा गया कि अगर इस जादू जगाने वाली कला को रोका न गया, तो एक से एक फ़नकार इसकी रागिनियों में इस कदर डूबे रहेंगे कि दोपहर, शाम वाली नमाज़ कज़ा हो जायेगी। अब हमारे यहाँ तो सबका मालिक एक अकेला अल्लाहताला ही है। उसी की इबादत की इज़ाज़त है। अब अगर दिन भर हम मौसीकी साधने में डूबे रहें, तो पाँच वक्त की नमाज़ का क्या होगा? सोचेंगे थोड़ा और रियाज़ कर लें। अभी तो पंचम या गांधार का वह कण पकड़ में आया है, फिर नमाज़ में भी दस-पन्द्रह मिनट है। इसी तरह सुर पकड़कर जहाँ हम तरन्नुम में गए कि नमाज़ का वक्त बीता। आपकी ही बात मैंने जब अपने उस्ताद जी से पूछी तो बोले कि देखो यह सही है कि अपने यहाँ संगीत जैसी बेहतरीन चीज़ नाज़ायज़ मानी जाती है, फिर भी उसे किसी ने छोड़ा तो नहीं। फ़ैय्याज़ ख़ाँ साहब को देखो, रज्ज़ब अली ख़ाँ साहब, अमीर ख़ाँ को देखो, मौजुद्दीन ख़ाँ, अलाउद्दीन ख़ाँ जैसे लोग कहाँ हैं मौसीकी में? अब जब हराम है, तब तो यह हाल है। अगर कहीं जायज़ होती तो ये सारे लोग या यों कहें सारे मुस्लिम फ़नकार कहाँ पहुँच गये होते?'

एक सच्ची कला यही करती है। वह स्वयं में खोने का अवकाश देती है। उसके डूबने में खुद कला के निजत्व को प्रतिष्ठा मिलती है। अगर एक गायक अपने द्वारा ली हुई बीहड़ तान के जंगल में फँस न सके और फँसने के बाद फिर से निकल न सके, तो उसकी कला मात्र प्रदर्शन होगी, समर्पण नहीं। साहित्य के लिये मोहभंग का होना ज़रूरी है और प्रदर्शनकारी कला में आत्ममुग्ध होना। कलाभिव्यक्ति में बिना स्वयं पर मुग्ध हुए दूसरे किसी को भी मुग्ध नहीं किया जा सकता। उस व्यक्ति या भावक के लिये यह ज़रूरी है कि उसका जुड़ाव कला से तो हो ही, कला के संवाहक के साथ भी एक स्थायी रिश्ता बन सके। ऐसा रिश्ता जिसमें नमाज़ भूल जाये और दोपहर शाम का फ़र्क जाता रहे।

कुँवर जी उस्ताद अमीर ख़ाँ साहब पर लिखते हुए, उनसे एक सवाल करते हैं कि वे ठुमरी, ग़ज़ल वग़ैरह क्यों नहीं पसन्द करते, तब ख़ाँ साहब की ओर से जवाब मिलता है– 'जो गाता हूँ, उसमें सब शामिल है।' इस अर्थ में आलोचक की समीक्षा

शास्त्रीय अर्थों के बदले लोक अनुभवों में विस्तृत हो जाती है। यह संगीत के लिए नहीं, संगीत की सीमाओं से बाहर निकलकर उस अद्वितीय बौद्धिकता को अपने लिए सृजित करने जैसा है, जिसमें व्यतीत कुछ नहीं होता; सब कुछ सिद्ध होता चला जाता है। जिन्होंने संगीत को जाना है और नृत्य को जाना है, उन्होंने भाषा और शब्द के उन उच्चतर सीमान्तों को भी जाना है, जिसमें एक सभ्यता पूरी पराकाष्ठा पर अनूठे तरीके से अपनी व्युत्पत्ति को प्रदर्शित करती है। यह हमारा सौभाग्य है कि हम ऐसे देश की परम्परा में रहते आये हैं, जहाँ सबसे कठिन और विरोधी समय में जब सब प्रकार के उपक्रम रद्द हो जाते हैं– कलाएँ ही, प्रार्थना की तरह, सबसे अचूक आश्रय बनती हैं। कुँवर जी की कला परख की सामग्री को हम इन्हीं आश्रयों की तरह या ख़ाँ साहब के रियाज़ की तरह महसूस कर सकते हैं, जहाँ खुद को भूलना नमाज़ को भूलने जैसा है। यह भी जानना इस अवसर पर बड़ा सन्दर्भयुक्त और ऐतिहासिक है कि उनके लखनऊ महानगर के घर में विभिन्न कला विभूतियों ने अपनी कला को, 'जगह' और 'समय' से बड़ा बनाया है। शायद कलाओं और उनकी प्रदीप्त दुनिया के बारे में इतनी निस्संगता से विचार करने की धारणा उनमें उसी समय आई हो। यह बहुत कम लोगों को मालूम है कि लखनऊ में रहते हुए कुँवर जी ने प्रदर्शनकारी कला के लिए ढेरों काम किये। पहली बार लखनऊ में ब.व. कारन्त के साथ श्रीलाल शुक्ल एवं सुरेश अवस्थी की मदद से गिरीश कर्नाड के नाटक 'हयवदन' की प्रस्तुति करवाई। यह लखनऊ का वह समय था जब हिन्दी नाटकों से वहाँ के दर्शक लगभग कट चुके थे और उन्हें यह भी ठीक से पता न था कि रंगमंच पर हिन्दी की कोई सक्रिय या केन्द्रीय भूमिका हो सकती है। अपने घर में एक कमरे को स्टूडियो का रूप दिया और नरेश सक्सेना के साथ मिलकर अवधी पारम्परिक गायन की कुछ लुप्त हो रही विधाओं, मर्सिया आदि की रिकार्डिंग की व्यवस्था की। स्वयं दो नाटक लिखे, जिनका प्रदर्शन भी हुआ मगर अपनी लोकप्रसिद्ध आदत के अनुसार कभी छपवाया नहीं। उ.प्र. संगीत नाटक अकादेमी में रहते हुए 'छायानट' पत्रिका का प्रकाशन शुरू कराया। यह सारे तथ्य यहाँ इसलिये रेखांकित हुए हैं कि यह उस कवि की परिभाषा के अन्दर आते दिखाई पड़े, जिसने कुँवर नारायण जैसा गम्भीर कला-समीक्षक हमें दिया है। यह कुँवर जी की बड़ी सफलता है कि वे अपने रचनाकर्म में शब्दों और रागों को, मानवीय सरोकारों और उनके नाटकीय प्रदर्शन को, ध्वनि और सादृश्य को परस्पर समीप ला सके। दो भिन्न कलाओं की भिन्न दुनियावों में यात्रा करते हुए जो महत्त्वपूर्ण तथ्य हाथ लग सका,

उसकी सबसे बड़ी उपलब्धि यह रही कि हमें हिन्दी में ऐसी कला-समीक्षा हासिल हुई, जिसमें किसी गायक को उसके नितान्त निज़ी आशयों के साथ हम साहित्यिक धरातल पर भी विश्लेषित कर सके, तो साहित्य का फैलाव हमने सेल्युलाईड की चमक में भी ढूँढना चाहा। सत्यजित रे के माध्यम से हम एक ज्यादा व्यापक प्रेमचन्द पा सके और रंगमंच पर उस परम्परा का प्रतिनिधित्व होते देखा, साहित्य और रूपंकर अभिव्यक्तियाँ जहाँ मित्रवत व्यवहार करती हैं।

कुँवर जी का साथ शास्त्रीयता का साथ है। वे लोक के विरोधी नहीं पर उससे सामंजस्य के बावजूद थोड़ी दूर-दूर चलते हैं। उनके यहाँ ख्याल की अपूर्व प्रतिष्ठा है मगर कजरी, चैती का लोक उल्लास गाहे-बेगाहे ही देखने को मिलता है। सत्यजित रे, मृणाल सेन, अदूर गोपालकृष्णन, कुरोसावा और किएस्लोवस्की तो उनकी चिन्तना में झलक जाते हैं मगर सिनेमा की पॉपुलर कल्ट कहीं दिखाई नहीं पड़ती, जिसमें राजकपूर, विमल रॉय या शान्ताराम जैसे लोग शामिल हैं। हो सकता है यह उनकी पसन्द का सवाल हो, मगर एक गम्भीर अध्येता और जागरूक रचनाकार से यह उम्मीद करना ग़लत या ज्यादती नहीं कि उसके रचना-संसार में यह लोकप्रिय तत्त्व अछूता क्यों रहा और ख्याल की गम्भीरता में लोक गायन शैलियों का उल्लास कहीं धूमिल पड़ गया। यह दुर्भाग्यपूर्ण ही है कि श्रोताओं और समीक्षकों द्वारा इस लोक-संसार पर ठीक तरह से ध्यान न दिये जाने के कारण हमारे बीच से कुडियाट्टम रंग नृत्य शैली, यक्षगान परम्परा, गन्धर्व गान, रास, मर्सिया गायकी, नौहा, सलाम आदि धीरे-धीरे लुप्त होने लगे हैं।

कुँवर जी की कला-आलोचना एक संयत और आत्मसजग कलाकार की आलोचना है। वह जब तक कवि से मुख़ातिब रहती है, हम कुमार गन्धर्व और अमीर ख़ाँ पर अनूठी टिप्पणियों के साथ अमीर खुसरो, अनारकली, मद्धिम उज़ाले में, जैसी कविताएँ पा जाते हैं और जब उसका साथ आलोचक का होता है, तब सिनेमा, रंगमंच और भाषा-परम्परा की महीन बुनावट का काम देखने को मिलता है। यह सारी रचनात्मक स्थिति, आलोचक की उस व्यापक 'स्मृति' का हिस्सा भी है, जो एक साथ सांस्कृतिक, राजनैतिक, ऐतिहासिक या बिल्कुल निज़ी आशयों से उपजी हैं और इन स्मृतियों की पहचान का सन्दर्भ इतना जीवनधर्मी है कि यह पता लगाना मुश्किल हो जाता है कि यह स्थापनाएँ कितनी जल्दी अपनी अनुपमेय उपस्थिति का वृत्त बना लेती हैं। यह जानना कुँवर नारायण जैसे कला-समीक्षक के बारे में बेहद दिलचस्प

है कि उन्हें ग़ालिब सर्वाधिक प्रभावित करते रहे हैं। यहाँ ग़ालिब के बहाने यह कहना कुँवर जी के लिए मौज़ूँ होगा कि अपनी बौद्धिक फ़ितरत और शायराना बेफ़िक्री के चलते उन्होंने साहित्य और कला-संसार को एक नक्शे पा, उसी तरह पा लिया है; जिस तरह स्वयं ग़ालिब ने पा लिया था। स्वयं ग़ालिब कहते थे–

है कहाँ तमन्ना का दूसरा कदम, या रब?
हमने दस्ते इम्काँ[1] को एक नक्शे-पा[2] पाया।

1. सम्भावनाओं का जंगल, 2. पाँव का निशान

हमसे यह तवक़्क़ो है

अशोक वाजपेयी की प्रचलित और सर्वमान्य छवि एक कवि, आलोचक, संस्कृतिकर्मी की है, जिसमें ललित कलाओं की अभिनव आलोचना भी समाहित है। पर, इधर मुझे यह गहराई से लगता रहा है कि उन छवियों से अलग और लगभग एक दूसरे ही छोर पर उनकी छवि एक ऐसे चिन्तक के बतौर उभरती है, जिसने लगभग पिछली आधी सदी में लगातार कविता, आलोचना लिखते हुए और संस्कृति के आयोजन करते हुए, भारतीय और पश्चिमी सभ्यता के सांस्कृतिक पक्ष के चिन्तन को अपना केन्द्रीय सरोकार बना रखा है। मुक्तिबोध के शब्दों में 'सभ्यता समीक्षा' दरअसल अशोक वाजपेयी के यहाँ संस्कृति के सबसे मानवीय और आदि प्रश्नों एवं सरोकारों की समीक्षा के रूप में चरितार्थ होती नज़र आती है। एक तरह से अशोक वाजपेयी का सर्जक मन कविता या आलोचना लिखते समय भी हमेशा इस बात के लिए चौकन्ना व सजग रहता है कि देस-परदेस के तमाम सारे सांस्कृतिक मूल्य कहाँ और किस ढंग से रूपायित, परिवर्तित और परिवर्धित होते रहे हैं। यह अकारण नहीं है कि उनका सरोकार शब्दों और विचारों के, साहित्य और कलाओं के, समाज और

राजनीति के, घर और पड़ोस के तथा मूल्यों और अतिवादों के अनन्तिम छोर तक जाकर सबसे मानवीय अर्थों में प्रश्नाकुल और बेचैन रूप में हमसे रू-ब-रू है। इस तर्क के पीछे का आधार मुख्यतः उनका साहित्य, संस्कृति और समय के चरम एवं आदि प्रश्नों पर 'कभी-कभार' नाम से की गयी टिप्पणियाँ हैं।

पिछले लगभग एक दशक से हर इतवार, 'कभी-कभार' की प्रतीक्षा सिर्फ इस कारण नहीं रहती कि अशोक वाजपेयी के लेखन से सीधे संवाद का कोई माध्यम बना हुआ है, बल्कि उस छोटे से कॉलम के बहाने मुझे हमेशा ही उनके सांस्कृतिक चिन्तक की एक नयी बानगी, एक नयी अर्थाभा देखने को मिलती है। आपको यह देखते-समझते देर नहीं लगती कि थोड़े से ही शब्दों में एक कवि और उसकी चिन्ताएँ व्यापक समाज से होते हुए, उसकी राजनीति और घर-बार की झंझटों से गुज़रकर भारतीय शास्त्रीय संगीत और लोक कलाओं से लेकर अध्यात्म और राजनीति के समाजशास्त्रीय विमर्श तक विस्तृत होती रहती है। एक ही समय में हम त्रिलोचन से लेकर ऑक्तोवियो पाज़ तक की बेधक मीमांसा में मुब्तिला हो जाते हैं। ऐसे रचना-कर्म में इस बात की गुंजाइश हो सकती है कि किसी को वह जल्दीबाजी, अधीरता या चलते-चलते लिखा हुआ गद्य लगे— मगर उसी क्षण यह रुककर सोचने की ज़रूरत समझ में आती है कि आजकल के इस आपाधापी वाले समय में इतना काम भी हम अपने किसी पूर्वज या समकालीन के प्रति नहीं ही कर पा रहे हैं। मैंने कई बार यह पाया है कि वरिष्ठ रचनाकारों और संगीतकारों से बात करते समय उन लोगों की चिन्ता और फिक्र इस बात की रही कि वे बहुत दिनों से किसी मूर्धन्य पर, किसी कला या पुस्तक पर, किसी राग या विचार पर सोचते रहे हैं, मगर उन्हें फुरसत से लिखने या बात करने का अवकाश ही नहीं मिल सका। ऐसे में ज्यादातर लोग यह कहते हुए उन चीज़ों से अपने को अलग कर लेते हैं कि अभी मुकम्मल तौर से कुछ कहने या टिप्पणी करने का उनके पास वक्त नहीं है और यह भी कि ऐसे ही थोड़े वे किसी मूर्धन्य के बारे में कुछ कह या लिख भर देंगे। इन्हीं सन्दर्भों में मुझे अशोक वाजपेयी की यह सांस्कृतिक टिप्पणियाँ प्रासंगिक नज़र आती हैं। कम से कम मेरे जैसे युवा कवि और जिज्ञासु अध्येता-पाठक के लिए, जो अपने वरिष्ठों और मूर्धन्यों से समय व समाज की धड़कनों का विश्लेषण चाहता है।

पिछले एक दशक में फैली इन टिप्पणियों से कोई कोलाज या कतरन बनाया जाये, तो यह जानकर हैरत होती है कि लगभग हज़ारों की संख्या में

कलाकारों, लेखकों, कवियों, रंगकर्मियों, चित्रकारों, पत्रकारों, नर्तक-नृत्यांगनाओं, वास्तुकारों, शिल्पकारों, आलोचकों, शिक्षाविदों तथा राजनयिकों आदि के बारे में मूल्यपरक, विश्लेषणात्मक और तथ्यपूर्ण किस्म का सार्थक उल्लेख यह रचनाकार कर पाया है। इस सन्दर्भ में अशोक वाजपेयी का संस्कृति चिन्तन सिर्फ साहित्य-कलाओं की आवाज़ या उनके प्रति एक वरिष्ठ रचनाकार का प्रणति निवेदन नहीं है, वरन् वह इन सब के बहाने संस्कृति के व्यापक फलक पर हो रही घटनाओं, विचारों आदि की ऐसी अन्तर्यात्रा भी है, जिसमें बार-बार उस विषय विशेष को प्रश्नांकित करने, उनका दस्तावेज़ी साक्ष्य बनाने तथा शताब्दी के उथल-पुथल को दर्ज़ करने की एक सकारात्मक कोशिश मौजूद है।

एक यायावरी, एक स्मृति-वीथिका, एक संस्मरणात्मक डायरी, एक कालचिन्तन, एक जातीय गद्य, एक रूपंकर निर्मिति, एक साहित्यिक मंच, एक नागरिक की अपनी आत्माभिव्यक्ति– यह सब कुछ इन टिप्पणियों के बारे में उतनी ही सच हैं, जितनी कि नहीं भी। दरअसल अशोक वाजपेयी अपने रचनात्मक समय में उस एकान्त या फुर्सत को नहीं टटोलते, जिसके बहाने कभी वे संगीत या नृत्य, कविता या कहानी, रंगमंच या सिनेमा, राजनीति या धर्म, काम या अध्यात्म, समय या समाज के बारे में इत्मीनान से बैठकर लिखेंगे। जीवन कभी भी इतने सारे प्रत्ययों को धीरता से समझने और दर्ज़ करने का मौका भी नहीं देता है। उलटे यहाँ यह कहा जा सकता है कि इतनी सारी चीज़ों के बारे में सोचने और लिखने की जरूरत भी क्या है? मगर यहाँ यह कहना इन्हीं सन्दर्भों में कुछ सामयिक होगा कि यदि कोई कवि-विचारक ऐसा जतन करने का ठान चुका है और वह अपने समय को उसकी पूरी संलग्नता और आवाजाही के साथ अपनी स्याही से निहायत वस्तुनिष्ठ ढंग से दर्ज़ ही करना चाहता है– तो वह स्वागतयोग्य होने के साथ ही अभूतपूर्व भी है।

इन छोटे व सार्थक गद्यांशों को पढ़ते हुए अकसर यह लगता है कि हम किसी रचना से सीधे सम्बद्ध नहीं हैं बल्कि किसी समाज या गोष्ठी में बैठे हुए किसी विद्वान से बातचीत में रमे हुए हैं। 'कभी कभार' को पढ़ते हुए हमेशा ही यह लगता रहा कि वह लिखे जाने से ज्यादा बोला गया गद्य है। एक तरह से बातचीत के दौरान आत्मीय किस्म के संस्मरण का एक नायाब संगुम्फन। स्वयं अशोक वाजपेयी ने अपने रचनाकार व्यक्तित्व के बारे में अकसर यह बयान दिया है कि– "यों तो मैंने काफ़ी 'लिखा' है, लेकिन अभी सोचता हूँ कि मैं बुनियादी तौर पर एक 'बोलता

हुआ' आदमी हूँ।" इन सरस गद्यांशों की सार्थकता भी इसी बात में छिपी हुई है कि यह स्मृति सम्पन्न संस्मरणात्मक बातें, बतकही की शक्ल में अपना मुखर अस्तित्व पाती हैं। कई बार यह भी लगता है कि कुछ बहुत छोटे साभिप्राय कथनों का अलग से कोई पाठ या विमर्श नहीं बन सकता है, भले ही उसे कोई रचनाकार कितना भी खींचे या बढ़ाये। इस अर्थ में रचनाकार का इस शैली का अंगीकार निहायत समीचीन और प्रीतिकर है। मसलन कोई छोटा सा विचार या परम्परा से मिलने वाली कौंध का इतना आत्मीय रूपान्तरण कहीं किसी और लेखन में मुमकिन करना सम्भव नहीं लगता। जैसे— केदारनाथ सिंह से बातचीत के दौरान अकस्मात उन्हें पता लगता है कि कालिदास ने आम्रमंजरी को ऋतुमंगल कहा है। और इसी शब्द को उसकी पुरानी परम्परा में प्रतिष्ठित करने के उद्देश्य से अशोक वाजपेयी 'ऋतुमंगल' नाम से ही एक छोटी मगर भावप्रवण मीमांसा करते हैं।

अशोक वाजपेयी के ही शब्दों का सहारा लेकर कहें तो यह टिप्पणियाँ व्यापक रूप से कबीर के उस रामझरोखे की तरह हैं, जहाँ से बैठकर उनका चिन्तक कुछ तटस्थ भाव से तो कुछ संलग्नता से साहित्य-संस्कृति, समय-समाज का मुजरा लेता रहा है। एक अन्तर्लय की तरह वे समाज़ में उपेक्षित पड़े संस्कृति के समाज को अन्वेषित करने में लगातार प्रयासरत हैं, जो हमने स्वयं ही देखते-देखते अपने हाथों से गँवा दिया है। इस दस्तावेज़ी काम में उनकी अनौपचारिक उपस्थिति सबसे मूल्यवान काम चुपचाप वह करती रही है, जो आगे चलकर एक हद तक ऐतिहासिक अवश्य बन जायेगी। वह यह कि हमारे समय के बहुत सारे मूर्धन्यों के द्वारा समय-समय पर कही गयी बातें और टिप्पणियाँ जो वाचिक परम्परा में तैर रही हैं और उनमें से कुछ किस्से-कहानियों की तरह आज मशहूर हो गयी हैं, उनका एक कवि-आलोचक के बहाने लिपिबद्ध होना है, जो हमारे समकालीन समय का भी मूर्धन्य है। ऐसा न हो पाने की स्थिति में बहुत सारी विचारोत्तेजक सामग्री और आत्मीय संस्मरण हमारी परम्परा से ही लुप्त हो जाते। बहुत सारी ऐसी ऐतिहासिक चीज़ें, विमर्श, वाद-विवाद तथा कहकहे-संस्मरण हमारी परम्परा से सिर्फ़ इसलिए नष्ट हो गये कि समय रहते किसी ने उसे संग्रहीत करने का कोई सौजन्य नहीं जुटाया। यदि आप गौर करें तो इस तरह के निज़ी और सार्वजनिक आयोजनों में कही गयी बातें भी अशोक वाजपेयी के बहीखाते में पूरी गरिमा और उदात्तता के साथ चित्रित होती रही हैं। यहाँ याद करना प्रीतिकर होगा कि किस तरह पण्डित मल्लिकार्जुन

मंसूर को रुपये गिनने नहीं आते थे और उन्होंने अशोक वाजपेयी के साथ थोड़ी देर तक कुछ हज़ार रुपये गिनने के बाद ही यह काम छोड़कर यह कहा कि– 'यह तो बड़ा बोर काम है' *(मंसूर की गिनती)* या यह कि तानसेन ने अकबर से यह वायदा ले लिया था कि वे उल्टे हाथ से उन्हें रोज़ इसलिए सलाम करेंगे कि उनका सीधा हाथ सिर्फ अल्लाह और रींवा नरेश रामचन्द्र सिंह जूदेव को सलाम के लिए उठता है *(उलटे हाथ से सलाम)* या यह कि कवि भवानीप्रसाद मिश्र ने उन जैसे 19 वर्षीय युवा कवि को अपनी एक ही बैठक में जबरन रोककर अपनी सौ कविताएँ सुनाते हुए लगभग पस्त ही कर डाला था *(एक साथ सौ)*।

इसी तरह कबीर, मिर्ज़ा ग़ालिब, रवीन्द्रनाथ टैगोर, निराला, नागार्जुन, जयशंकर प्रसाद, विजयदेव नारायण साही, रघुवीर सहाय, श्रीकान्त वर्मा से लेकर बनारस, प्राग, पेरिस, बर्लिन, लन्दन, कोलम्बिया, कोलकाता, मुम्बई और राजापुर गढ़ेवा तक, महात्मा गाँधी, अब्राहम लिंकन, राममनोहर लोहिया, अटल बिहारी वाजपेयी, इन्दिरा गाँधी से लेकर शम्भु मित्र, मकबूल फ़िदा हुसैन, किशोरी अमोनकर, ज़िया फरीदुद्दीन डागर, कमला देवी चट्टोपाध्याय, तैय्यब मेहता और अब्राहम अलकाजी तक– शायद ही कोई अपने समय की प्रखर वैचारिक और सामाजिक उपस्थिति बचती हो, जो अशोक वाजपेयी की इन आत्मीय और सार्थक टिप्पणियों का पात्र बनने से बच पाया हो। साथ ही साथ विदेशी साहित्य से इतनी सार्थक, सन्दर्भयुक्त और प्रामाणिक पहचान कराने में हिन्दी के पाठकों को किसी और ने शिक्षित किया हो– कम से कम मेरी जानकारी में नहीं है।

मनुष्य के स्वातंत्र्य की पुरजोर वकालत, गुणीजनों की रसिकता का उदार उल्लेख, सभ्यता के चरम प्रश्नों को बार-बार पूछने की जद्दोजहद, पूर्वज परम्परा के प्रति निर्मम हो गयी वर्तमान पीढ़ी को टोकने की कवायद, राजनीति के बरक्स साहित्य एवं कलाओं की उपेक्षा पर प्रहार, मूर्धन्यों के प्रति श्रद्धा और आस्था का गरिमापूर्ण प्रशस्तिगायन तथा भाषा और संवेदना की तमाम सारी समाज सापेक्ष सक्रियता को उभारने की कोशिश में अशोक वाजपेयी की यह टिप्पणियाँ अपना साहित्यिक उत्कर्ष पाती हैं। इस उत्कर्ष में सौन्दर्य और लालित्य तब और आ जाता है जब वे अपनी कविजनोचित भाषा, बखान की संक्षिप्ति, व्यंजना की प्रखर उपस्थिति, आत्मीयता का सहज मानवीय भाव तथा अपनी अचूक रसिकता की मुखर ऐन्द्रिक सम्वेदना से इन्हें सजाते हैं।

उनकी कविता में जीवन का उत्सव पूरी आभा और गरिमा के साथ मनता रहा है। स्वयं एक कविता में उनकी यह टिप्पणी रही है कि वे शब्दों और भाषा से इस संसार का गुणगान करते हैं। मुझे लगता है कि अशोक वाजपेयी के विचारक का मूल और स्थायी भाव ही यही है कि वे अपने समस्त सांस्कृतिक सरोकारों के केन्द्र में संसार के गुणगान का आख्यान रचते हैं। एक हद तक उनका यह मनोहारी और प्रासंगिक चिन्तन स्वच्छन्द है। उसमें कहीं भावना का अतिरेक है, तो कहीं परम्परा से प्रतिकृत होने का भाव भी। वह एक समय में मार्मिक, प्रभावपूर्ण और विचार के स्तर पर गहरे यथार्थबोध से भी उपजा है। उसमें जीवन और भाषा में मनुष्यता के पुनर्वास की सम्भावना निहित है, तो शास्त्रीय और लोक रूपों में गहरी ऐन्द्रियता उच्छल रूप से संग्रन्थित है। एक हद तक यदि इसे कुछ अतिरेक न माना जाये, तो कहना चाहिए कि ऐसे मूल्यहीन और स्मृतिविपन्न समाज में यह छोटी-छोटी कल्पनाप्रवण टिप्पणियाँ, जो हम लोग हर हफ़्ते इतवार की सुबह अख़बार के माध्यम से पढ़ने को पाते हैं– इधर की सांस्कृतिक पत्रकारिता का सबसे प्रामाणिक और कालजयी नमूना हैं। उसमें हमारी रोज़मर्रा की ज़िन्दगी पूरी शिद्दत से साँस लेती है और वहाँ स्मृति के पुनर्संयोजन का आश्वस्तिकर काम पिछले दस वर्षों से अहर्निश चल रहा है। लगभग चार कॉलमों में बँटे हुए इस छोटे से संयोजन में भारतीय तथा विश्व कविता के सौन्दर्यबोध की असमाप्त अनुगूँजे हैं, शास्त्रीय और लोक परम्पराओं की विविधवर्णी भंगिमाएँ हैं, कलाकारों और मूर्धन्यों की उदार और गरिमापूर्ण जीवनदर्शी उपस्थिति है तथा भाषा-कविता-संरचना-मूल्य-विचार-अनुभव-जीवन आदि की कल्याणकारी दृष्टि है, जो महाकाव्यात्मक न होने के बावजूद भी उसे एक महाकाव्यात्मक वितान देते हैं। इनमें कहीं क्षुब्ध या आहत होने का भाव भी है, तो उससे उबरकर जीवन को सबसे सार्थक अर्थों में निकष बनाने का सौजन्य भी। यदि हमें किसी वरिष्ठ कवि चिन्तक की यह टिप्पणियाँ हर हफ्ते इतने कम में इतना अधिक सुलभ करा रही हैं, तो यह किसी बड़े अचरज या सौभाग्य से कम नहीं। उन्हीं के शब्दों में इन टिप्पणियों की सार्थकता कुछ ऐसी ही है–

समय पता नहीं हममें से किसको
और क्या दर्ज़ करेगा
हमसे यह तवक्क़ो है कि हम अपने समय को दर्ज़ करें।

(समय पता नहीं)

स्मृतियों में काशी

प्रस्तुत लेख काशी की सांगीतिक-सांस्कृतिक विरासत को आधार बनाकर लिखा गया है, जिसमें काशी की बाईयों, गायिकाओं, रसिक सहृदय समाज से लेकर गंगा, दालमण्डी, राजा चेतसिंह का महल और वहाँ की रहस्यमय गलियाँ– सभी कुछ शामिल हैं। इसमें एक ओर काशी की मशहूर बाईयों का जमघट है, तो दूसरी ओर भारतेन्दु हरिश्चन्द्र और सिपाही मीर रुस्तम अली जैसे नायक भी अपनी ऐतिहासिकता में मौजूद हैं। यह लेख उस भूली-बिसरी काशी के बारे में है, जिसने कभी गायक और सहृदय में, बाईयों और आम-नागरिक में तथा कोठे और महलों में सांस्कृतिक रूप से कोई फ़र्क़ महसूस नहीं किया।

यह लेख चूँकि पिछली दो शताब्दियों के उतार-चढ़ाव की छोटी-सी बानगी है और साथ ही इसमें अधिकांश 'काशीवास' स्मृति आधारित है तथा वहाँ से उत्पन्न हुई ढेरों जनश्रुतियों की इसमें अनन्त रसधारा विद्यमान है, अतः इसकी सामग्री समय-समय पर उस्ताद बिस्मिल्ला ख़ाँ, गायिका गिरिजा देवी, कलाविद् राय आनन्दकृष्ण, विद्वान पं. विद्यानिवास मिश्र एवं काशी निवासी अमिताभ भट्टाचार्य से

हुई बातचीत पर आधारित है। ऐतिहासिक तथ्यों एवं तिथियों की वैधता एवं प्रामाणिकता की जाँच के लिए जिन ग्रन्थों, पुस्तकों को आधार बनाया गया है, उनके उल्लेख के बगैर इस लेख की सार्थकता अधूरी है। इनमें मुख्य रूप से 'स्कन्दपुराण' का 'काशीखण्ड', शचीन्द्रनाथ चट्टोपाध्याय की पुस्तक 'काशीधाम', 'हरिश्चन्द्र मैगजीन', जयनारायण घोषाल की किताब 'काशी परिक्रमा' तथा मोहन नाडकर्णी की 'द ग्रेट मास्टर्स' विशेष उल्लेखनीय हैं।

(1)

उन्नीसवीं शताब्दी का उत्तरार्द्ध। काशी-नरेश महाराजा ईश्वरीनारायण सिंह एवं उनके बाद महाराजा प्रभुनारायण सिंह का शासनकाल। यह समय काशी में वेश्या गायिका बड़ी मैना का समय है। यह समय भारतेन्दु हरिश्चन्द्र के उत्कर्ष का समय है। और यही समय हुस्नाबाई का भी समय है, जिनका भारतेन्दु जी से पत्र-व्यवहार भी इसी दौरान चला है। यह बात कम ही लोग जानते हैं कि भारतेन्दु जी के कई प्रचलित और सुन्दर चित्र कलाविद् राय कृष्णदास को हुस्ना से ही प्राप्त हुए थे। हुस्ना और मैना के लिए यह कहा जाता है कि उनकी जैसी गायिकाएँ भारतीय संगीत में दोबारा देखने को नहीं मिलीं। काशी का अत्यन्त प्रतिष्ठित बुढ़वा मंगल बड़ी मैना और हुस्ना के दम से ही उस समय अपने शिखर पर था। महाराजा प्रभुनारायण सिंह से बड़ी मैना को आश्रय प्राप्त था और इसी समय मझोली निवासी बाबू शेरबहादुर सिंह वर्मा, प्रसिद्ध नाम बाबू बच्चू सिंह, ने एक वेश्या अष्टोत्तरी की रचना की थी। यह पदावली सन् 1894 ई. में प्रकाशित वेश्या-स्तोत्र के तीसरे संस्करण में संकलित की गयी। हास्य और व्यंग्य से भरपूर इस पुस्तक की भूमिका भारतेन्दु हरिश्चन्द्र ने लिखी थी। उनके समय की प्रायः सभी प्रसिद्ध वेश्याओं के नाम इस अष्टोत्तरी माला में आये हैं। बाबू बच्चू सिंह की यह पदावली अपने मूल रूप में जिस पाठ के साथ आज हमें मिलती है, वह इस प्रकार है–

दोहा

विनय सहित करि पाठ पुनि, करौं अनेक प्रणाम।
तदनन्तर अब जपत हौं, अष्टोत्तर शतनाम।।

चौपाई

तौकी, मैना, उमदा मुन्ना, उत्तम जगमग तारा गुन्ना।
चन्द्रकला गुलबदन जानकी, फैजन बिब्बो और मानकी।

चंचल चन्दर चम्पा सुन्दर, हीरा मानिक पन्ना मुन्दर।
विज्ञानी विग्गा अरु प्यारी, छम्मी जानी जान दुलारी।।
जोहरा और मुश्तरी कुन्दन, सदाबहार बुलाकन गुलशन।
पंचम और अमीला गन्नो, नाजो और अलादेई बन्नो।।
मासूमन मिरचाई कल्लो, स्यामा नोखी भोलो डल्लो।
हुसेन, बाँदी, जीनत, रज्जो, गुल्ला सोना रूपा फज्जो।।
सरस्वती जमुना मनतूरन, गंगा सरजू और गफूरन।
रजनी बब्बन और गनेसी, बुल्लो नन्ही और महेसी।।
मूँगा मोतीजान इमामन, महबूबन सुखबदन गुलामन।
लक्खीजान नियामत कमला, यादन माधव शब्बो विमला।।
हैदर मिश्रीजान नबाबन, गिल्ली गुंचादहन गुलाबन।
विलायती हुस्ना औ हूरन, नज्जो रंगबहार जहूरन।।
राजकली शिवकली वजीरन, बेगम टुन्नी और अमीरन।
बूटा बन्दीजान वशीरन, सद्दो मद्दो और नसीरन।।

दोहा

विद्याधरी महम्मदी उम्मेदा महताब।
कृपा करौ अब भक्त पर मेरी प्रिये सिताब।।

उपर्युक्त पदावली में आई भारतेन्दु जी की समकालीन ढेरों वेश्याओं, गायिकाओं के नाम देखने से एवं मैनाबाई तथा हुस्ना के साथ उनके व्यक्तिगत सम्बन्धों की कथाओं से इस रोचक विमर्श को आयाम मिलता है कि उन्होंने अपने जीवन में जिन तमाम कजरियों, दादरों और ग़ज़लों की रचना की थी, उनके लिखे जाने के समय इस सबका परोक्ष प्रभाव उन पर अवश्य पड़ा होगा। भारतेन्दु जी अपने नाटक 'प्रेमजोगिनी' में काशी के लिये जो एक बड़ा दृश्य-बन्ध उपस्थित करते हैं, उसमें इन समकालीन वेश्याओं की झलक भी हमें देखने को मिलती है। उसकी कुछ पंक्तियाँ यहाँ उदाहरणस्वरूप प्रस्तुत हैं–

देखी तुमरी कासी, लोगो, देखी तुमरी कासी।
जहाँ बिराजें विश्वनाथ, विश्वेश्वरजी अविनासी।।
आधी कासी भाट-भँडेरिया, ब्राह्मन औ सन्यासी।
आधी कासी रण्डी-मुण्डी, राँड खानगी खासी।।

(2)

काशी के सुविख्यात सारंगीवादक रामसुमेरु मिश्र एवं काशी के ही संगीत विद्वान दरगाही मिश्र की शिष्या विद्याधरी, काशी-नरेश की दरबारी गायिका थीं। ख्याल, टप्पा, ठुमरी एवं तराना की इस अप्रतिम गायिका की प्रतिष्ठा एकाएक उस समय बढ़ी थी, जब उन्होंने जयदेव कृत 'गीत-गोविन्दम्' को अपनी रससिद्ध गायकी से अन्यतम बनाया। विद्याधरी के बारे में सर्वाधिक ऐतिहासिक एवं महत्त्वपूर्ण दस्तावेज़ यह है कि सन् 1930 ई. में विदेशी वस्त्रों के बहिष्कार के राष्ट्रीय आन्दोलन से प्रभावित होकर उन्होंने विदेशी वस्त्रों का परित्याग कर दिया था। महात्मा गाँधी से प्रेरणा प्राप्त कर स्वतन्त्रता आन्दोलन में अपनी संगीत कला के माध्यम से ओजपूर्ण राष्ट्रीय गीतों को कार्यक्रमों में निर्भयतापूर्वक गा-गाकर राष्ट्रीय आन्दोलनों में अपनी सक्रिय भूमिका दर्ज की थी। अपनी इसी समाजसेवी प्रवृत्ति के चलते वे समकालीन सुप्रसिद्ध गायिकाओं—गौहरजान (कोलकाता), जद्दनबाई (काशी), अच्छनबाई (लखनऊ) और अंजनीबाई मालपेकर (मुम्बई) से बहुत आगे निकल गईं। यहाँ इस तथ्य के उल्लेख के बग़ैर विद्याधरी का योगदान अधूरा है कि उनके अतिरिक्त काशी की पुरानी पीढ़ी की दूसरी गायिका हुस्नाबाई ने सुधारवादी आन्दोलन से अपना गहरा जुड़ाव प्रदर्शित किया था। महात्मा गाँधी हुस्नाबाई से काशी में मिले थे और उन्हीं की प्रेरणा से एक 'तवायफ़ संघ' की स्थापना हुई। इस संघ की पहली अध्यक्ष हुस्नाबाई ही चुनी गईं। इन सारे तथ्यों का जिक्र 'इण्डियन सोशल रिफार्मर' और 'दि लाहौर प्यूरिटी सर्वेण्ट' आदि पत्रों एवं 'वारवधू विवेचन' नामक पुस्तकों से प्राप्त होता है। हुस्नाबाई के अध्यक्षीय भाषण की नकल 'वारवधू विवेचन' में छपी थी। इस भाषण में हुस्ना ने अपने वर्ग के लोगों से मार्मिक अपील करते हुए उनको आत्मसुधार करने और स्वतन्त्रता आन्दोलन से जुड़कर उसमें सक्रिय भूमिका निभाने के लिए प्रेरित किया है। भाषण का अन्त इस तथ्य के साथ होता है कि काशी में तवायफ़ संघ की स्थापना का पूरा श्रेय हुस्ना ने तत्कालीन गायिका विद्याधरी को ही दिया है।

(3)

काशी और कजरी में गहरा सम्बन्ध है। पं. बद्रीनारायण चौधरी 'प्रेमघन' मिर्जापुर स्थित भगवती विन्ध्याचल देवी के जन्मोत्सव में गाये जाने वाले समस्त वर्षा गीतों को कजरी मानते हैं। वैसे भी, भगवती विन्ध्याचल भवानी का दूसरा नाम कजली है और श्रावण-भादों में गायी जाने वाली कजरियों को वहीं 'विन्ध्याचली' या 'हरिकाली' के नाम से भी पुकारा जाता है।

काशी की एक ऐतिहासिक घटना भी ऐसी ही प्रचलित एक कजरी के आविर्भाव के सन्दर्भ में है, जिसे आज दो-तीन सौ वर्ष बीत जाने के बाद भी, कजरी-गायन में शीर्षस्थानीयता प्राप्त है। यह बात सन् 1772 ई. के लगभग की है। मिर्जापुर में सुन्दर नाम की एक कजरी-गायिका अपनी शोहरत की बुलन्दियों पर थी। भारत में अंग्रेज़ी उपनिवेशवाद की स्थापना के साथ-साथ जब बहुत सारे कलाकार, फनकार इधर-उधर भटकने लगे, तब सुन्दर भी आश्रयहीन होकर कोठे पर बैठने के लिए मजबूर हुई। उसका गाना सुनकर काशी के एक योद्धा दाताराम नागर ने उसकी हरसम्भव सहायता की और कोठे की परम्परा से बाहर निकालकर उसे गायिका के रूप में प्रतिष्ठित किया। यह वह समय था, जब काशी में महाराजा चेतसिंह का शासन था और उसी के साथ ही अंग्रेज़ों का वर्चस्व काशी में एकाएक बढ़ चुका था। महाराजा चेतसिंह को अंग्रेज़ों ने गिरफ़्तार कर लिया, जिसके विरुद्ध दाताराम नागर ने ही अंग्रेज़ों के खिलाफ़ विद्रोह का बिगुल बजाया। दाताराम नागर पकड़े गये और अंग्रेज़ जज ने उन्हें आजीवन काले पानी की सजा सुनाई। इस घटना से गायिका सुन्दर के सब्र का बाँध टूट गया और उसने बड़ी मार्मिक कजरी की रचना की। अपने संरक्षक के बिछोह में सुन्दर ने काशी में जहाँ कहीं यह कजरी गायी, वह काशीवासियों के हृदय में उतरती चली गयी। आज भी यह कजरी काशी में बड़े सम्मान की दृष्टि से देखी एवं गाई जाती है। लगभग दो सौ तीस साल बीतने के बाद आज इस कजरी का जो पाठ हमें शुद्धतम रूप में मिलता है, वह यहाँ अविकल प्रस्तुत है–

अरे रामा नागर नैया जाला, काले पनियाँ रे हरी।
सब कर नैया जाला कासी हो बिसेसर रामा,
नागर नैया जाला, काले पनियाँ रे हरी।
घरबा में रोवैं नागर, माई और बहिनियाँ रामा,
सेजिया पै रोवैं बारी घनियाँ रे हरी।
रहिया में रोवैं तोर संग और साथी रामा,
नारघाट पै रोवैं कसबिनिया रे हरी।
खुँटिया पै रोवैं नागर ढाल तरवरिया रामा,
कोनवाँ में रोवैं कड़ाबिनियाँ रे हरी।
जो मैं जनत्यूँ नागर जइवा काले पनियाँ रामा,
तोरे पसवाँ चलि अवत्यूँ, बिनुरे गवनवाँ रे हरी।

इस ऐतिहासिक घटना का उल्लेख काशीनिवासी लेखक शिवप्रसाद मिश्र 'रुद्र' की 'बहती गंगा' जैसी महत्त्वपूर्ण औपन्यासिक कृति में भी मिलता है। साथ ही, काशी-नरेश महाराजा चेतसिंह एवं उनके महल आदि को आधार बनाकर बाबू नन्हकूसिंह और गायिका चम्पा के प्रणय की कथा का उल्लेख जयशंकर प्रसाद अपनी 'गुण्डा' कहानी में करते हैं। यहाँ यह तथ्य भी खासा ग़ौरतलब है कि भारतेन्दु युग में काशी एवं मिर्जापुर में कजरी का दंगल होता था तथा भारतेन्दु मण्डल के अनेक कवियों एवं स्वयं भारतेन्दु हरिश्चन्द्र ने असंख्य कजरियों की रचना इन दंगलों के लिए की थी। प्रेमघन की एक कजरी यहाँ उदाहरणस्वरूप दी जा रही है, जो उन्होंने मिर्जापुर के कजरी दंगल के लिए लिखी थी—

सिर पर सही रे ओढ़नियाँ, ओढ़े खेलै कजरी
हिलि-मिलि के झूला सँग, झूलैं सब सखि प्रेम भरी
सजी प्रेमघन सावन के सुख मिरजापुर नगरी

(4)

यह छोटा-सा प्रसंग उस्ताद मौजुद्दीन ख़ाँ से सम्बन्धित है। यह बात उस समय की है, जब उन्नीसवीं शताब्दी का अख़िरी दौर चल रहा था। लाहौर के सितारवादक गुलाम हुसैन अपने बड़े बेटे मौजुद्दीन और छोटे साहबज़ादे रहीमुद्दीन के साथ बनारस सन् 1894 ई. में आये। उन्हें मालूम था कि बनारस गाने-बजाने वालों का शहर है और यहाँ बसकर वे अपने फ़न की महारत दिखा सकते हैं। उस समय बनारस के महाराजा प्रभुनारायण सिंह के दरबार में बीनकार उस्ताद ज़िया ख़ाँ और सितारवादक उस्ताद आशिक अली ख़ाँ जैसे कलाकार होते थे। आशिक अली ख़ाँ की पैरवी पर उन्हें दरबार में गायन का जब मौका मिला, तो वे अपनी कला का बेहतर प्रदर्शन करते हुए दरबार में रख लिये गये। गुलाम हुसैन का हुनर चल निकला और उनका परिवार बनारस में ही बस गया। मौजुद्दीन ख़ाँ का एक दोस्त था, जो दालमण्डी में एक बाईजी के यहाँ काम करता था। वह रोज़ ही अपनी मालकिन से मौजुद्दीन की गायकी की तारीफ़ करता था। आख़िरकार रोज़ सुनते-सुनते बाईजी को भी उत्सुकता हुई और उन्होंने लड़के से मौजुद्दीन को बुला लाने को कहा। न्यौता पाकर मौजुद्दीन फूले नहीं समाए और झट बाई को गाना सुनाने कोठे पहुँच गये। यहीं से पन्द्रह वर्षीय मौजुद्दीन ख़ाँ साहब की, बाईयों की संगत में रहकर संगीत की तालीम की यात्रा शुरू होती है। धीरे-धीरे ख्याल गायक आशिक अली ख़ाँ, छन्नू ख़ाँ, बड़ी मैना

और सुग्गन बाई से गायकी की बारीकियों को सीखते हुए वे दालमण्डी की गलियों में रहने वाली बाईयों के चहेते हो गये। लगातार अभ्यास से जब मौजुद्दीन उन गायिकाओं की रागदारी से भी बेहतर प्रदर्शन करने लगे, तो दालमण्डी की सारी बाईयाँ उनसे जलने लगीं। यह छोकरा न सिर्फ़ उनके गानों की नकल करता था, बल्कि उन सभी से बेहतर गाता था। अब वे सब सचेत हो गईं और अपनी कला को मौजुद्दीन ख़ाँ से छिपाने लगीं। अपने उत्कर्ष पर पहुँचने के बाद उस्ताद को बहुत बाद के दिनों तक यह बात समझ में नहीं आई कि दालमण्डी में मिलने वाली उन गायिकाओं का प्रेम उन्हें बाद में मिलना क्यों बन्द हो गया।

यहाँ दालमण्डी से सम्बन्धित एक बात और जानने लायक है कि उस्ताद बिस्मिल्ला ख़ाँ को शहनाई में मींड़, गमक, खटका और मुर्की की तमीज़ कराने में उनके समय की ख्यातिलब्ध गायिकाओं रसूलनबाई और बतूलनबाई का बड़ा श्रेय था।

काशी के सन्दर्भ में आज यह बात प्रखरता से उभरकर सामने आती है कि यहाँ के प्रमुख घराने, मसलन– पियरी घराना, तेलिया नाला घराना, सेनिया घराना, दरगाही मिश्र घराना आदि में गायी जाने वाली ठुमरी, टप्पा, ख्याल एवं तरानों की गायकी में काशी की भूल-बिसरा दी गईं ढेरों बाईयों के गले की गूँज अन्तर्धारा की तरह मिली हुई है।

(5)

काशीराज के 'बनारस गजेटियर' के अनुसार काशी में बुढ़वा-मंगल जैसे अभिनव मेले की प्रथा का उल्लेख मिलता है। यह उत्सव होली के बाद पड़ने वाले पहले मंगलवार को आयोजित होता था। इसकी परिकल्पना के सन्दर्भ में तत्कालीन काशी-नरेश बलवन्त सिंह, महाराजा चेतसिंह एवं नवाब वाज़िदअली शाह का नाम आता है, मगर संगीत घरानों के उस्तादों एवं बनारस के सांस्कृतिक परिदृश्य को धीरता से समझने वाले विद्वानों के अनुसार उस समय के मुसलमान शासक मीर रूस्तम अली को बुढ़वा-मंगल का जन्मदाता माना जाता है। यह शासक मुसलमान होते हुए भी हिन्दू धर्म के सभी धार्मिक एवं सामाजिक उत्सवों में बड़े उत्साह से शिरकत करता था। उसी ने गंगा में बजरे पर बुढ़वा-मंगल का अयोजन आरम्भ करवाया था, जिसमें होली के उपरान्त गायिकाएँ ध्रुपद, धमार, टप्पा एवं चैती गाती थीं। इस कार्यक्रम में केवल प्रौढ़ वर्ग के संगीतप्रेमी पुरुष ही सम्मिलित होते थे,

स्त्रियाँ और बच्चे नहीं। शायद इसी कारण इसका नाम बुढ़वा-मंगल पड़ा। उस ज़माने में काशी की मशहूर गायिकाएँ मुश्तरी, हुस्ना, मैना, विद्याधरी, बड़ी मोती, काशीबाई, तौकीबाई और राजेश्वरी ने अपनी गायकी से इस आयोजन को मशहूर बनाया था।

ऐसी मान्यता है कि हर बार बुढ़वा-मंगल में मीर रुस्तम अली सारी गायिकाओं के आकर्षण का केन्द्र बना, वहाँ उपस्थित रहता था। जिस साल उसे किसी राजनीतिक कारण से क़ैद कर लिया गया, उस साल के आयोजन में उसकी अनुपस्थिति से क्षुब्ध होकर सारी गायिकाओं ने लगभग विलाप की शक्ल में यह गाया था–

कहाँ गयो मेरो होरी के खेलैया।
सिपाही रुस्तमअली बाँको सिपहिया।

बुढ़वा-मंगल के सम्बन्ध में एक ऐतिहासिक एवं दिलचस्प तथ्य यह है कि सन् 1923 ई. के प्रसिद्ध चौरी-चौरा काण्ड के बाद तत्कालीन भारत सचिव ने इंग्लैण्ड के हाउस ऑफ कॉमन्स में बयान दिया कि अब यहाँ सब ठीक है। इस पर हाउस के एक सदस्य ने यह सवाल किया है अगर सब ठीक है तो बनारस में बुढ़वा-मंगल क्यों बन्द हो गया? उस बाबत काफ़ी बहस-मुबाहिसे के बाद उत्तर प्रदेश के गवर्नर के आदेश पर बनारस के तत्कालीन कलेक्टर बी.एन. मेहता ने राजा मोतीचन्द एवं अन्य प्रतिष्ठित रईसों से मिलकर इस संगीत मेले को दोबारा शुरू करने के लिए दबाव डाला। सन् 1926 ई. से बुढ़वा-मंगल का आयोजन फिर से आरम्भ हुआ, जो बिना किसी व्यवधान के 1930 ई. तक चला। देश की स्वतन्त्रता प्राप्ति के बाद काशी के कुछ संगीत रसिकों ने इसे पुनः आरम्भ करने का जतन किया। यह प्रयास धन की कमी एवं समाज में बदलते संगीत-मिजाज के कारण बाद में बहुत सफल नहीं हो सका।

स्मरण

जो था
और अब नहीं है
जिसके न होने के लिये
कोई शब्द और रूपक नहीं है–
फिर यह क्या है
हमें घेरता हुआ
हृदय के अन्धेरे नीलाचल में।

–अशोक वाजपेयी

आलाप-कुसुम

(1)

पण्डित मल्लिकार्जुन मंसूर के बारे में साधारण ढंग से कोई भी बात नहीं कही जा सकती। यह मात्र इसलिए नहीं लिख रहा हूँ कि उन पर कुछ लिखने बैठा हूँ या कि उनकी जन्मशताब्दी के मौके पर उन्हें स्मरण करने के बहाने किसी तरह भावुक होने की स्थिति बन रही हो। सिर्फ़ इतने भर से कि उनको बहाने-बहाने से याद किया जाये, मुझे नहीं लगता कि पं. मल्लिकार्जुन मंसूर के बारे में कोई बात कहते हुए, प्रशंसा का कोई रूपक गढ़ते हुए अथवा उनके संगीत की महानतम विरासत का पुनर्पाठ करते हुए हम उन्हें एकबारगी पकड़ सकते हैं।

वे अपने समय के पार जाने वाले और जिस भौतिक समय में वे रह रहे थे, अपनी कला से उसका निषेध करके उस स्थूल समय को अपदस्थ करने वाले ऐसे अप्रतिम मूर्धन्य थे, जिनके संगीत को भी जल्दी-जल्दी समझ पाना थोड़ी गैर-वाज़िब

सी बात लगती है। कम से कम मेरे लिए उनका संगीत एकाएक ऐसा तरल और सहज संगीत नहीं बन जाता था, जिसमें तुरन्त उतरकर आप स्नान कर सकें अथवा अपने मनोभावों की नाव चला सकें। पं. मल्लिकार्जुन मंसूर को सुनते हुए मैंने हमेशा यह पाया कि उनका संगीत साधारण की सीमा से उठा हुआ, उस असाधारण के परिसर का कलाश्रम है, जिसमें रमने के लिए कुछ अतिरिक्त मनोयोग, कुछ अतिरिक्त सतर्कता, कुछ अतिरिक्त संवेदनशीलता एवं कुछ अतिरिक्त धैर्य की आपसे माँग हो रही है। इनमें से किसी भी तत्त्व का हलका सा भी तिर्यक हो जाना या फिसल जाने की अधीर दशा, कम से कम पं. मल्लिकार्जुन मंसूर की पहुँच से आपको दूर कर सकती है।

एक हद तक वे उस असीम और अनन्त के गायक हैं, जिसको पाने के लिये आपका रसिक मन भले ही उस असीम और अनन्त को खोजता न हो, मगर इतना ज़रूर है कि उसमें रमने के लिये आपको आतुर अवश्य बनाता हो। यह मेरे तईं हमेशा अचम्भे की स्थिति में पड़ना रहा कि मैं अकसर उनकी रिकार्डिंग्स को सुनते समय यह समझ पाया कि पं. मल्लिकार्जुन मंसूर को मैं बिना विशेष मानसिक तैयारी के अगर सुनता हूँ, तो उनके द्वारा रचे गये संगीत के आस्वाद से थोड़ा वंचित अवश्य हो जाता हूँ।

यह कहने में मुझे तनिक भी झिझक नहीं कि अपने समकालीनों एवं परवर्ती गायकों, फनकारों– मसलन पं. कुमार गन्धर्व, पं. भीमसेन जोशी, फिरोज़ दस्तूर या गंगूबाई हंगल का संगीत जितना श्रद्धास्पद, अद्भुत, मनोग्राही और महान था– उसमें थोड़ी अतिरिक्त आस्था, रहस्य, मनोग्राह्यता और महानता का योग कराने के बाद बनने वाला संगीत ही मल्लिकार्जुन मंसूर का संगीत हो सकता था। पण्डित जी के गायन के लिये कम से कम कोई साधारण उत्प्रेक्षा, उपमा या रूपक तलाशना भी उनका एक स्तर पर अपमान करना है। उनका संगीत कबीर की तरह अचम्भित और अकस्मात का संसार रचने वाला संगीत है। वह पलटूदास की उस सूक्ति की तरह का संगीत है, जिसमें वे प्रेम खेलने का संगीत रचते हुए कहते हैं– *'प्रेम बान जोगी मारल हो फाटा हिय मोर'*। अब इस प्रेम भरे संसार की उपस्थिति अगर उनके द्वारा सम्भव हुई है, तो कम से कम इस महान उदात्तता में उनका कोई अपराध नहीं, विनम्र प्रयास भर है, जो उनका संगीत कई दफा करता रहा है।

(2)

पण्डित जी के संगीत के सबसे मुखर एवं मननशील अध्येता अशोक वाजपेयी ने उन पर कुछ बेहद सार्थक टिप्पणियाँ की हैं और मार्मिक कविताएँ लिखी हैं। एक पंक्ति जिस पर बरबस ही कोई पाठक, अध्येता या रसिक ठहरकर सोचना चाहेगा, वह इस तरह है– *ईश्वर आ रहा होगा/घूमने इसी रास्ते/तो पहचान न पाता कि वह स्वयं है/या कि मल्लिकार्जुन मंसूर।*

जिस तथ्य की ओर मैंने शुरू में ही संकेत किया कि मितकथन, साधारण उपमाएँ एवं संगीत के प्रति आस्था भर जता देने से मल्लिकार्जुन मंसूर के गायन का सम भी पकड़ा नहीं जा सकता, वही स्थिति इन पंक्तियों में उजागर हुई है। उनके लिये सब कुछ बहुत ज्यादा और बहुत विराट स्तर पर रचने की जरूरत है। उपर्युक्त काव्य पंक्तियाँ भी इसीलिए बहुत मर्मस्पर्शी ढंग से इस बात की ताईद करने में सफल हैं कि मल्लिकार्जुन मंसूर का एक वह चेहरा भी है, जो गायन के समय ईश्वर की तरह, ईश्वर के समकक्ष या बिल्कुल दूसरा ईश्वर ही है। कोई दूसरा रूपक कम ही लगेगा, अगर हम मल्लिकार्जुन मंसूर को धैर्यपूर्वक सुनने का जतन करें। ईश्वर के सन्दर्भ से लिया गया यह रूपक बनाने का पद, भले ही कुछ लोगों को रुचिकर न लगे, मगर परम्परा और काव्यशास्त्र में तो कम से कम उदात्त अभिव्यक्तियों के सबसे निष्कलुष प्रतीक के रूप में तो अभी तक देवताओं, गन्धर्वों और ईश्वर की ही परिकल्पना सम्भव होती रही है। फिर वह कवियों के कुल में अगर थोड़े अतिरंजित भाव से ही बरती जा रही हो– उस स्थिति में भी मुझे यह परिदृश्य बेहद सटीक लगता है कि ईश्वर के रूप में, किसी मनुष्य को ईश्वर बनाते हुए यदि हम कोई काव्य-पंक्ति रच रहे हैं, तो उसके पार्श्व में कौन सा व्यक्तित्व आकार ले रहा है। फिर यह देखना सुखद हो जाता है, जब हम पाते हैं कि अशोक वाजपेयी, जो कि हमेशा यह स्वीकारते पाये गये *'मुझे आस्था का वरदान हासिल नहीं है'*, अगर तब भी वे मल्लिकार्जुन मंसूर को दूसरा ईश्वर मान रहे हैं, तब आप यह सहज ही अनुमान लगा सकते हैं कि उनका संगीत कितना विशाल है और किस तरह विराट का पर्याय बन पाया है। यह तथ्य प्रासंगिक रूप से देखने लायक है कि एक नास्तिक कवि की आस्था भी कम से कम अपने सर्वप्रिय गायक को न्यूनतम ईश्वर के प्रतिबिम्ब के रूप में देखने की रही है।

(3)

पं. मल्लिकार्जुन मंसूर के संगीत पटल पर दृष्टि डालें, तो जानकर हैरत होती है कि वहाँ संगीत भी साधारण का संगीत न होकर, शाश्वत का संगीत होना चाह रहा है। वहाँ तमाम प्रसिद्ध, प्रचलित एवं लोकप्रिय रागों की सुर ख़ानकाह से दूर कुछ ऐसे अल्प-प्रचलित, अप्रसिद्ध, अलोकप्रिय रागों को साधने की सहज कोशिश है, जिसमें यह तय कर पाना मुश्किल भरा काम है कि आप उनकी सहज उपस्थिति से अभिभूत हुए बिना रह नहीं सकते। इस सन्दर्भ में यह देखना गौरतलब है कि भले ही उन्होंने प्रचलित रागों को भी गाया है, मगर अपना सिग्नेचर राग बनाने के लिए वे जैसे अल्प प्रचलित को चलन में लाने के लिए कटिबद्ध रहे हों। आपको यदि *राग विभास* सूझे, तो पं. जी के यहाँ वह *कोमल विभास* के रूप में मिलेगा। *बिलावल* याद करें, तो वह *सुखिया, यमनी, शुक्ल* या *कुकुभ बिलावल* के रूप में हाज़िर होगा। *भैरव* की तल्लीनता में डूबना चाहें, तो *शिवमत भैरव* और *बिहाग* को खोजना चाहें, तो वहाँ *पट बिहाग* मौजूद होगा। इसके अलावा *मालकौंस, सारंग, यमन, भैरवी, मुल्तानी, नन्द* की तुलना में बहुत आराम से हम *पटमंजरी, ललिता गौरी, मालवी, मिश्र जंगला, खम्भावती, बिहागड़ा, सावनी नट, रामदासी मल्हार, लंकादहन सारंग, हिंडोल, धवलश्री, गारा बागेश्री* और *बहादुरी तोड़ी* जैसे अद्‌भुत रागों को याद कर सकते हैं।

रागों की यह अद्‌भुत मालिका याद करना इस बात को चिन्हित करने जैसा है कि हम यह देख सकें और जान पायें कि पं. मल्लिकार्जुन मंसूर जैसे अप्रतिम गायक ने अपने जयपुर अतरौली और ग्वालियर घराने के चन्दोवे तले कितनी धैर्यपरक निपुणता के साथ इन रागों को प्रचलन का अंग बनाया है।

(4)

पं. मल्लिकार्जुन मंसूर के गायन के सन्दर्भ में कुछ रूपक बहुत आसानी से गढ़े जा सकते हैं, जिनकी व्याख्या उसी राग सम्मत ढंग से की जा सकती है, जिस ढंग से वे *'सरपद विलावल'* की बंदिश *'आली री तुम पार करोगे मोरी नैया'* या *'यमनी विलावल'* में *'आली री कितवे गये'* गाते हुए संसार को सहेजते दुलारते हैं। मुझे पक्का यकीन है, जिन्होंने उनका गाया हुआ *'मियां की तोड़ी'* की बन्दिश *'बाजू रे मोहम्मदसा सबा निस बरजोरी करत'* एवं *'कुतुबुद्दीन कुतु बालम तुमि सन लागी मोरी लंगर कंकरिया जी'* सुना होगा, वह बिना भीगे रह नहीं पाये होंगे।

ऐसी ही बन्दिशों के मोह में पड़कर या उनके द्वारा गाये हुए ढेरों भजनों और मराठी भाव-गीतों के सम्मोहन में जाकर जो विचार उनकी गायिकी को परिभाषित करने के सन्दर्भ में कई बार दिमाग में आता है और कई बार अनकहा ही चला जाता है, उनमें से कुछ पंक्तियाँ इस तरह गढ़ी जा सकती हैं कि *पं. मल्लिकार्जुन मंसूर का गायन स्वयं को अनिकेतन में ले जाने वाला गायन* है। *मंसूर आत्मा की जिस धीर निश्छलता का राग गाते हैं, वह संसार का भेद खोलता नहीं, बल्कि उसका रहस्य और गहराता है। मंसूर एक ऐसे ईश्वर गायक हैं, जिसके दरबार में सिर्फ गन्धर्वों की उपस्थिति ही अन्ततः बची रह सकती है। पं. मल्लिकार्जुन मंसूर देवों द्वारा की गयी संसार के रंगपटल पर संगीत की ऐसी आँखमिचौली हैं, जिस कौतुक में स्वयं देवगण भी शामिल हैं। मंसूर अनथक पवित्रता, असमाप्त गहराई और अप्रतिहत चिन्तन के गायक हैं। पं. मल्लिकार्जुन मंसूर का संगीत एक ऐसे सरोवर का जल है, जिसमें दुर्लभ रागों के श्वेत पद्म खिले हुए हैं। मंसूर अन्ततः साधुओं की टोली से भटके हुए ऐसे काफ़िर हैं, जिसका अन्दाजा उनके स्वजनों को भी नहीं है। मंसूर का गायन अमावस के अवकाश और पूर्णिमा के उत्साह की सन्धि पर प्रस्फुटित होता है। ढ़ेरों जगमग तारकों एवं नक्षत्रों की आपसी अटखेलियों से उपजे सौन्दर्य में मल्लिकार्जुन मंसूर के संगीत की अर्थछायाएँ घुली हुई हैं। वे एक ऐसा आलाप कुसुम हैं, जिसका उपवन भी उनके भीतर से उपजता है।*

किसी को यह सारी बातें सिर्फ भावना मात्र का प्रदर्शन या यूँ ही मौज-मस्ती की बतकही लग सकती है, मगर यहीं ठहरकर संगीत के प्रति आँख तरेरने वाले जिज्ञासुओं से यह पूछने का मन होता है कि क्या जीवन विराट की कल्पना के बगैर सुन्दर लग सकता है? क्या संगीत को शामिल किये बगैर हँसी और उत्साह के कुछ सार्थक मानी हो सकते हैं? क्या स्वप्न देखना और आनन्दित होना साधारण मनुष्य की जिजीविषा में शामिल नहीं रह सकता? हम क्यों नहीं पं. मल्लिकार्जुन मंसूर, पं. कुमार गन्धर्व या पं. भीमसेन जोशी जैसे मूर्धन्यों को अपने जीवन में थोड़ी जगह दे सकते, जिससे हमारी निराशा और अवसाद का बोझ कुछ कम हो सके?

ऐसे ढेरों प्रश्नों की असमाप्त गुंजाइश है, जो हमारे जीवन में संगीत और अन्य कलाओं की आवाजाही का दर्शन तय कर सकती है। ऐसे में मंसूर जैसे अदम्य जिजीविषा के गायक के लिए कुछ काव्यजनोचित सूक्तियाँ रचना शायद बेकार का काम नहीं लगता।

(5)

अन्त में चलते चलते पं. मल्लिकार्जुन मंसूर को कृतज्ञतापूर्वक याद करते हुए उन पर लिखी अपनी एक छोटी सी कविता से इस टिप्पणीनुमा प्रणति को समाप्त करता हूँ।

आलाप-कुसुम
झरता है
सूर्य के आकाश से
चकित और उल्लसित

पारिजात की पगडण्डी
बनती जाती है
राग की विनम्र धरती
पीताभा में अपनी

घर हो
मन्दिर का कोई कोना हो
दीप्त हो उठता है वहाँ
सुन्दर का सपना
जैसे वह सच का सहोदर हो

गाकर
संसार के जिस भेद को
सुर और लय की अठखेली से
कुसुमित करते हैं वे
वह फूल
सूर्य के आकाश से झरता है।

सहज घर और असहज घराने का नागरिक

क्या मैं एक ही समय में 'सच्चा' और 'कलात्मक' दोनों हो सकता हूँ? क्या हम पूरी ईमानदारी से जीवन के कच्चे माल को एक कलाकृति में परिणत कर सकते हैं? क्या कला जीवन के झूठों को अपने में समो सकती है?

—निर्मल वर्मा

घर और घराने से दूर, आरोह अवरोह के धरती-आकाश के बीच में अपने संयम की गायकी को प्रतिष्ठित करने का नाम है उस्ताद अमीर ख़ाँ। उस्ताद अमीर ख़ाँ, जिनके बारे में प्रख्यात संगीत समीक्षक ठाकुर जयदेव सिंह कहते थे—"शताब्दियों में एक दो ही ऐसे कलाकार पैदा होते हैं, जिनका असर उनके हर समकालीन कलाकार पर पड़ता है।"

इन्दौर की शाहमीर मंजिल जहाँ ख़ाँ साहब पैदा हुये, आज भी उनकी गायकी के प्रति सम्मान रखने वालों के लिए वैसा ही तीर्थस्थल है, जिस तरह मैहर

में उस्ताद अल्लाउद्दीन ख़ाँ साहब का 'मदीना-भवन'। छः तारों के तानपूरे को साधने वाली आवाज़ शुरुआती दिनों में भेण्डी बाज़ार घराने के प्रतिनिधि गायक उस्ताद अमान अली ख़ाँ साहब से प्रभावित थी। स्वयं अमीर ख़ाँ उनके बारे में कहते थे कि रागदारी में गले की गोलाई मैनें अमान अली ख़ाँ साहब से सीखी। अमान अली ख़ाँ स्वयं अंजनीबाई मालपेकर से प्रभावित थे और यह दुर्लभ संयोग है कि अंजनीबाई मालपेकर ने जहाँ एक ओर पं. कुमार गन्धर्व के शुरूआती दिनों में उनके निर्माण में प्रेरणा का काम किया था, वहीं वे अमीर ख़ाँ के प्रेरणा पुरुष की गायकी की नींव में भी दिखाई देती हैं। आज उत्तर भारतीय शास्त्रीय संगीत के दो विपरीत शीर्षस्थानीय दिग्गजों का नाम लिया जाये, तो एक ओर संत साहित्य और लोकसंगीत से निर्मित पं. कुमार गन्धर्व के चेहरा दिखाई पड़ता है और दूसरी ओर अपनी विनम्र मगर चिन्तन भरी गायकी में उस्ताद अमीर ख़ाँ खड़े नज़र आते हैं। अमीर ख़ाँ की गायकी स्वयं को सम्बोधित थी और ऐसा लगता है कि उनका गायन मात्र गायन नहीं है, बल्कि वे अपनी गायकी के प्रति इबादत का फूल चढ़ाते हैं।

शुद्ध शास्त्रीयता के पक्षधर होने के बावजूद वे अपने समय के अवाँगार्द थे। एक तरह की उत्तर आधुनिकता का वरण उन्होंने किया था, जिसकी मिसाल यह थी कि उनके संगीत को 'मुस्लिम-संगीत' या 'हिन्दू-संगीत' जैसे खाँचों में बाँटकर नहीं देखा जा सकता है। एक ओर उनकी गायकी की उदारता *'जय माते विलम्ब तज दे'* जैसी हंसध्वनि की बंदिश में आस्था की पराकाष्ठा पर पहुँचती थी, तो दूसरी ओर *'इत्तिहादे मियाने मनो तो नेस्त मियाने मनो तो'* जैसे तराने की अदायगी के समय पूरा सूफ़ी परिवेश निर्मित करती थी। इस तराने का अर्थ है *'तुम और मैं इस तरह एक हैं, कि तुम्हारे और मेरे बीच कोई बीच नहीं है'।* यहाँ अमीर ख़ाँ हिन्दी और फारसी के बीच, ईश्वर और अल्लाह के बीच का फासला मिटाते दिखाई पड़ते हैं। उनकी साधना में जैसे घर और घराना एक था, संगीत महज संगीत था, हिन्दू और मुस्लिम होने की चौहद्दी को लांघता हुआ, सबको एक करता। वह संगीत प्रार्थना की तरह भाषा को सुर में बरतने का एक ढंग था। अमीर ख़ाँ शायद इसी कारण कहा करते थे कि अभी तक तो सरगम बोली जाती थी, लेकिन मैं सरगम को गाता हूँ।

उन्होंने सरगम के साथ प्रयोग किया और दो मात्राओं के बीच अन्तर्निहित अंतराल को सूक्ष्म, लचीले और सौन्दर्यपूर्ण ढंग से पकड़ा। ख़ाँ साहब जब ख़्याल गाते थे, तो हर दफ़ा स्वाभाविक ढंग से ही मुखड़े को नये निराले अन्दाज़ से ही बदल

बदलकर सम पर आते थे। उन्होंने ख्याल गायकी को एक नया रूप दिया था, जिसमें ध्रुपद की गहराई अपनी अमूर्तता के साथ दिखाई पड़ती थी और उसके साथ-साथ मुरकी, खटके का प्रयोग उनकी भावनाओं के प्रकटीकरण को और अधिक अन्तर्मुखी बनाता था।

भारतीय शास्त्रीय संगीत की सहज घरानेदारी की परम्परा से दूर इस गायक की घरानेदारी जनसम्मोहिनी, मारवा, विलासखानी तोड़ी, अहीर भैरव, मुल्तानी, रामदासी मल्हार, शहाना और मालकौंस जैसे रागों को एक बड़े आलापवृत्त में आमंत्रित करते हुए विकसित होती थी। ख़ाँ साहब ने अपनी गायकी को इन्दौर घराने का नाम दिया था, उन्होंने एक जगह कहा है– "मैं तो शास्त्रीय संगीत का एक ही घराना चाहता हूँ, जिसको कि हिन्दुस्तानी मौसीकी कहा जाये और इसके शोअबे हों अलग-अलग।" एक योगी के हठ सी कामना जिसमें गायकी धीरज और विलम्ब की गायकी हो जाती है, जहाँ यह तय कर पाना मुश्किल है कि उसमें अमीर ख़ाँ साहब की मेरुखण्ड के प्रयोग की उदात्त गायकी में कितनी देर तक वे एक गायक हैं और उसके आगे कितनी दूर तक एक सूफी सन्त। उनकी बंदिशों का चयन 'रे जग बावरे करम करे तो पे अल्लाह' (राग मारवा), 'सुन्दर अंगना बैठि' (राग शहाना), 'जिनके मन राम बिराजे' (राग मालकौंस), 'अवगुन न कीजिए गुनि सन' (राग यमन कल्याण), 'किन बैरन कान भरे' (राग दरबारी) तथा 'बेगुन गुन गाए अल्लाह के सामने' (राग गुर्जरी तोड़ी) उनके साहित्य प्रेम और भाषा के प्रति सम्मान को आज भी हमारे सामने पूरी प्रखरता से उद्‌घाटित करता है।

ख़्याल गायन की दुर्गम अद्वितीयता को जीवन भर अपनी गायकी की पहचान में तब्दील करने वाले उस्ताद अमीर ख़ाँ ने 'नाद' की अवधारणा को पूरी हार्दिकता से आत्मसात किया था। उनकी अतिविलम्बित गायकी में जगह-जगह 'पॉज़' का आना, उस 'मौन' के मुखर होने का सूचक है, जो बन्दिश में आगे आने वाली ध्वनि, शब्द एवं लय को एकबारगी प्रभावशीलता और समग्रता उपलब्ध कराती है। वेदों के आनन्दवाद का एक निष्कर्ष यह भी है कि वह आनन्द अपार दुख और पीड़ा को अपने साथ बहाकर लाता है। अमीर ख़ाँ साहब की गायकी में आस्था और शृंगार का यह पक्ष उसी दुख और आनन्द के समेकित प्रभाव का प्रतीक बनकर हमारे समक्ष उपस्थित होता है।

यहाँ मैं अपनी बात मंगलेश डबराल की उन मार्मिक पंक्तियों को याद करते हुए समाप्त करना चाहता हूँ, जो उन्होंने उस्ताद पर उन्हीं के नाम लिखी कविता में व्यक्त की है। यह कविता अमीर ख़ाँ के बहाने संगीत की उन विलुप्त हो रही अनुगूँजों को टटोलने के दस्तावेज़ के रूप में भी प्रासंगिक है, जो कलाओं के परिसर में कभी समाप्त नहीं होती, वरन एक बेहद में जाकर विस्तृत हो जाती है। कुछ पंक्तियाँ यहाँ बरबस याद आती हैं, जब मंगलेश जी ऐसे धीर गायक के बारे में लिखते हैं– *तुम खोजते रहे रहने के लिए एक घर/गाने के लिए एक घराना/तुम खोजते रहे दोस्तों की बैठकों में/किसी स्त्री के चेहरे पर/अपने ही जैसे लापरवाह शिष्यों की आवाज़ में/विकल करती हुई उन बन्दिशों में.../तुम बनाते रहे एक असम्भव घर/सरगमों और छूट की तानों में/खिड़कियों दरवाजों के लिए खाली जगहें छोड़ते हुए/इतनी दूर से तुम सहज ही सम पर लौट आते थे/जैसे कोई लौटता है अपने घर...।*

गान पुरोहित का आँगन

भारतीय शास्त्रीय संगीत के बड़े आकाश में पं. कुमार गन्धर्व अकेले ऐसे मूर्धन्य गायक हुए हैं, जिनके बारे में जानने, सुनने एवं लिखने की लगभग एक निराली ही परम्परा रही है। वे इस मायने में ऐसे लोकप्रिय एवं प्रचलित कलाकार भी हैं, जिनके अवसान के बाद भारतीय समाज में उनकी गायकी व कला को जानने की जिज्ञासा बढ़ती ही गयी है। इस शृंखला में राघव मेनन, राहुल बारपुते, अशोक वाजपेयी एवं वसन्त पोतदार का काम महत्त्वपूर्ण माना जाता है। कुमार गन्धर्व की मृत्यु के उपरान्त प्रकाशित अशोक वाजपेयी की हिन्दी पुस्तक 'बहुरि अकेला', वसंत पोतदार की मराठी कृति 'कुमार गन्धर्व' एवं राघव मेनन की अंग्रेजी किताब 'द म्यूजिकल जर्नी ऑफ कुमार गन्धर्व' इस अपूर्व गायक को जानने के ढेरों नए पाठ हमें सुलभ कराती हैं।

शुरूआत हम वसन्त पोतदार से करते हैं। कुमार गन्धर्व अपने शुद्धतम रूप में विद्रोह को स्वर देने वाले गायक थे। सांगीतिक अर्थ में, जिसे विवादी स्वर कहा जाता है, कुछ-कुछ उस तरह की तबीयत के साथ यह गायक संगीत कला में नवाचार एवं प्रयोगों का दीवानगी की हद तक कायल था। वसन्त पोतदार की पुस्तक जितना उनके जीवन को उजागर करती है, उतना ही वह कुमार गन्धर्व की गायकी को समझने का भी धीरज, पाठकों को सौंपती है। कुमार गन्धर्व को नजदीक से जानने वाले गायकों, रसिकों एवं साहित्यिक प्रेमियों को उनके ढ़ेरों ऐसे आत्मीय वक्तव्यों की जानकारी रही है, जिसमें खिलन्दड़ेपन से कही गयी कुमार जी की बातें संगीत के मर्म और गायकी के शिल्प को समझने का द्वार खोलती है। वसन्त पोतदार अपने व्यक्तिगत रिश्ते के तहत कुमार गन्धर्व विमर्श के लिए संस्मरणों को आधार बनाते हैं– और इन्हीं संस्मरणों की सहजता के साथ, पाठकों को अपने रस में बाँध लेते हैं। यह कुछ-कुछ वैसा ही उपक्रम है, जिस तरह का कार्य पुराने समय में किसी पुराण अथवा चरित कथा का आख्यान सुनाकर किया जाता था। बिल्कुल कथावाचकों की संगीतमय प्रस्तुति सरीखा। कुमार गन्धर्व इन संस्मरणों में एक बेहद संवेदनशील, विचार प्रवण, विनोदी और अदम्य रसिक व्यक्तित्व के रूप में उभरे हैं। लेखक कुमार जी से अपनी अन्तरंगता के चलते, इस सारी व्याख्या में यह छूट भी लेता है कि अधिकांश जगहों पर वह उनकी सहज जिजीविषा, राग-द्वेष एवं अहं भाव का भी जिक्र कर पाया है। इन नितान्त व्यक्तिगत सन्दर्भों से यह किताब न सिर्फ जीवन्त बन पायी है, बल्कि संगीत के एक बड़े पुरोधा को कैसी प्रणति और आभार दिया जाना चाहिए, इसका भी विवेक पाठकों को करा देती है।

कुमार गन्धर्व का जीवन कभी बेहद व्यवस्थित नहीं रहा। बाल गन्धर्व के नाट्यसंगीतों का अनुकरण करते-करते कब वे गायकी के पथ पर अपनी मौलिकता लेकर आगे बढ़ने लगे, इसका सुन्दर रूप इस पुस्तक में दर्ज हुआ है। अपने गुरु बालकृष्ण रघुनाथ देवधर से सीखते हुए, उनके सानिध्य में रहकर और बाद में अंजनीबाई मालपेकर से संगीत की कुछ दुर्लभ चीजों को सीखते-गुनते हुए पं. कुमार गन्धर्व जैसा बड़ा शास्त्रीय गायक हमें हासिल हुआ है, यह पढ़ना एक साथ उत्साह और गरिमा से भर देता है। स्वयं कुमार जी ने 'गुरा तो जीने ग्यान की जड़िया दई' जैसा सुन्दर गुरु वन्दना का पद अपने जीवन में कई बार गाया है। वसन्त पोतदार ने इन सब तथ्यों का खुलासा जिस हार्दिकता से किया है, वह पढ़ते हुए कहीं गहरे से अभिभूत करता है।

कुमार गन्धर्व पर उनके समकालीनों एवं रसिक समाज में फैले ढेरों संस्मरणों को पढ़ते हुए अधिकांश जगहों पर आप पाते हैं कि वे अपने रिश्तों और कला में किस कदर सुन्दर सामन्जस्य स्थापित करते थे। यहाँ एक प्रसंग अशोक वाजपेयी की पुस्तक 'बहुरि अकेला' से याद करना प्रासंगिक है, जिसमें उन्होंने शास्त्र और लोक की गरिमा के सन्दर्भ में, खासकर संगीत की स्वायत्तता के अर्थ में, अपने पुत्र मुकुल शिवपुत्र को यह सीख दी थी कि 'बिना छन्द के फूल नहीं खिलता है।' उस संस्मरण में आशय इतना भर है कि संगीत शास्त्र की ठोस जानकारी के बगैर किसी राग की अपूर्व प्रतिष्ठा असम्भव है। एक महत्त्वपूर्ण तथ्य की ओर मंगलेश डबराल ने उनकी षष्ठिपूर्ति के अवसर पर इशारा किया था– "कुमार गन्धर्व का गायन सुनते-सुनते सहसा लगता है कि आप झूम नहीं रहे हैं, बल्कि लगातार कुछ सोच रहे हैं। उनका संगीत श्रोता को सुधबुध खोकर अपने साथ बहा नहीं ले जाता, मंत्रमुग्ध नहीं करता, और निश्चेष्ट नहीं रहने देता। दरअसल उनका संगीत श्रोता से एक खास सजगता की उम्मीद करता है।" इस कथन की परख आसानी से हो जाती है, जब हम उनके द्वारा गाए कबीर भजन, तुकाराम एक दर्शन, ऋतुराज महफ़िल या गीत वर्षा आदि को सुनते हैं। यह सारी बानगियाँ जिस बात की ओर इशारा करती हैं, वह यही है कि कुमार गन्धर्व ने अपनी कला के प्रति अदम्य जिजीविषा, जीवन भर महसूस की। साथ ही कला के प्रति सजगता और उसमें उन्मेष को लेकर जो दीवानापन उनके जीवन में हमेशा लक्षित किया जाता रहा, वह उन्हें सूफियों की परम्परा से भी जोड़ता हुआ दिखाई पड़ता है। इस परम्परा में कुमार गन्धर्व के लिए इस बात की बहुत प्रासंगिकता नहीं रह जाती कि समर्पण के लिए, हमारे किसी बाह्य आचरण का समाज के आगे निभना जरूरी है। दरअसल इस अर्थ में, उनका विचार और संगीत को दुलराते हुए ऐन्द्रिक सम्वेदना से उसे जोड़ देने की प्रवृत्ति, सूफीयों के प्रेम को बिना किसी छल-कपट के प्रदर्शित कर देने की नियति से जुड़ी नज़र आती है। कबीर जिस चादर को, ज्यों की त्यों धर देने की बात कहते थे, कुमार गन्धर्व के यहाँ वह 'रस गगन गुफा में अजर झरै' लेकर आता है।

भारतीय शास्त्रीय संगीत इस मायने में कभी-कभी यह अतिरिक्त सहूलियत ले लेता है कि उसके घरानों में पलने-पुसने वाले अधिकांश कलाकार जो परम्परागत ढंग से सीखते आये हैं, उसका अनुसरण ही जीवन के अन्त तक करते रह जाते हैं। बहुत कम ऐसे कलाकार बचते हैं, जो अपनी गायकी को घराने की चौहद्दी के बाहर

ले जाकर अन्य घरानों की महत्त्वपूर्ण चीजों से कला का सामना कराते हैं। जाहिर है, जो जितना जोखिम लेने वाला कलाकार होगा, वह उतना ही प्रतिष्ठित और विवादास्पद भी बनेगा। कुमार गन्धर्व का जीवन इसी तरह का रहा है। उन्होंने न सिर्फ अपनी ख्याल गायकी में उत्तरोत्तर सुधार करते हुए प्रयोगों के लिए उसे मुक्त किया, बल्कि स्वयं एक कलाकार की जद्दोजहद से खुद को अलग करते हुए अविमुक्त हुए। इस कारण संगीत हलकों में खासे विवादित भी। कभी स्वयं के द्वारा गढ़े गये धुन-उगम रागों के लिए, तो कभी गायकी के अपने विशिष्ट शिल्प के चलते। इस अर्थ में उनका गायन उस अवधूत का गायन था, जिसमें यह अलगाना कठिन हो जाता है कि वह कब किस क्षण शास्त्र को लोक से, संगीत को समाज से, वादी को विवादी से, सामान्य को अप्रतिम से और भौतिक को अध्यात्म से जोड़ता या विलग करता है। इस सन्दर्भ में स्वयं कुमार गन्धर्व ने एक वार्तालाप के दौरान कहा था– "घराने का जो आधार है वह यानी जैसा ताश का किला होता है न वैसा है। फूँक मारने से गिरने वाला है। इसमें प्रगति का कोई कारण नहीं हो सकता। जिसको कुछ करना नहीं है वह घराने पर चले। आजकल जो संगीत है, जिसे घराने का संगीत कहते हैं–अभी तो खत्म हो गया।...... कोई समय ऐसा होगा, आज से पहले, कि बहुत अच्छा संगीत रहा होगा। वास्तु कला में देखते हैं। इतनी ऊँची कला। साहित्य में देखते हैं। तो संगीत नीचे कैसे हो सकता है? (बहुरि अकेला)" यह सवाल जो एक साधक गायक ने वर्षों पहले उठाया था कि साहित्य और अन्य कलाओं में हो रहे निरन्तर परिवर्तन के कारण जो हलचल पैदा हुयी है और जिसके कारण आज उन माध्यमों में विकास की सम्भावनाएँ बची हुयी हैं, वह संगीत जैसे बड़े कला माध्यम में घरानों की चहारदीवारी में कैद होकर क्यों हर दिन छीजती चली जा रही हैं। इस अर्थ में अशोक वाजपेयी के इस कथन से सहमत हुआ जा सकता है कि कुमार गन्धर्व एक चिन्तक गायक थे, जिन्होंने परम्परा को निर्भीक और प्रयोगशील उत्स माना और परिवर्तन के इर्द-गिर्द संगीत का एक नया सौन्दर्यशास्त्र ही गढ़ दिया।

अशोक वाजपेयी से अलग एक दूसरे ही छोर पर वसन्त पोतदार के बहाने हम उस सहज और विनोदी कुमार गन्धर्व के बारे में ज्यादा आत्मीयता से यह जान पाते हैं कि किस तरह वे अपनी गुरु जी की बही से लक्ष्मी-तोड़ी राग की बन्दिश निकालकर खुद से सीख लेते थे, या यह कि अपने को शैव यानि पुरोहित कहते

हुए स्वयं की अस्मिता के प्रति गौरव से भर उठते थे। कुमार गन्धर्व जैसे रससिद्ध कलाकार में किस तरह एक सहृदय इन्सान और कृतज्ञ व्यक्ति समाया हुआ था, इसकी मार्मिक पड़ताल इन पुस्तकों के अधिकांश संस्मरणों से, कुमार जी के पत्रों से तथा अशोक वाजपेयी के निबन्धों के समुच्चय 'शून्य गढ़ शहर' आदि को पढ़कर होती है। डॉ. मधु देशमुख, पण्ढरीनाथ जी, विष्णु चिंचालकर, शान्ताराम कशालकर, वसन्तराव आचरेकर, पु. ल. देशपाण्डे, बाबूराव रेले आदि सहृदय मित्रों के प्रति उनकी अनन्यता इस बात की ओर इशारा करती है कि कला में उत्कर्ष और महानता सिर्फ कलाकार बनने से नहीं, बल्कि उससे भी ज्यादा एक नेक और सदाशयी इन्सान बनने से जुड़ी होती है।

कुमार गन्धर्व के बारे में आज जब हिन्दी, अंग्रेजी और मराठी भाषा में इतनी सारी बातें और जिज्ञासा देखने को मिलती हैं, तो लगता है कि उनका व्यक्तित्त्व कितना उदात्त रहा होगा। राघव मेनन जिन्होंने लगभग पूरा जीवन ही कुमार गन्धर्व पर पुस्तक लिखने में लगा दिया की यह दिलचस्प स्थापना भी रही है कि कुमार जीवन भर एक ही राग को पूरी शिद्दत के साथ निभाते हुए उसकी अभिनवता और आन्तरिक लय को प्रतिष्ठित करते रहे। मूलतः अंग्रेजी में लिखी राघव मेनन की किताब इस मायने में खासी उल्लेखनीय मानी जायेगी कि लेखक ने चालीस के दशक से ही उस कुमार गन्धर्व की गायकी का लगातार पीछा किया है, जब अपने शुरूआती दिनों में वे देवधर स्कूल में प्रवेश पा रहे थे। राघव मेनन ने एक धीर सहयात्री की तरह कुमार गन्धर्व की गायकी का दशकों तक अनुसरण किया है। वे कुमार के गायक को एक योगी का बाना देते हैं। उन्होंने उनके भीतर बैठे न सिर्फ उस विद्रोही कलाकार की पड़ताल की है, बल्कि पूरे जीवन कुमार गन्धर्व के साथ चलते हुए, दो समानान्तर रेखाओं पर सक्रिय कबीरी ठाठ के निर्गुण सन्त और ख्याल के उत्सुक दरबारी को दम साधे पकड़ने की ढ़ेरो कोशिशें भी की हैं।

एक संगीतकार और भावक का मन, अपने से मूर्धन्य और बड़े कलाकार के दुर्लभ संसार को किस तरह सहज और सबका बना देता है, इसे जानने के लिए कुमार गन्धर्व के निर्गुण पदों को सुनना चाहिए। संगीत के प्रति अपनी आस्था रखने वाले लोगों के लिए यह जितना जरूरी है, उतना ही यह उन लोगों के लिए भी, जो अन्यान्य कलाओं में दिलचस्पी लेते हैं। कुमार गन्धर्व अकेले ऐसे गायक हैं, जिन्हें अपनी श्रेष्ठता का जितना गौरव बोध था, उतना ही अपनी कला के क्षणभंगुर होने और स्वयं पर हँस सकने की क्षमता थी।

कुमार जी आज नहीं हैं, मगर उनके जीवन को जानना, शास्त्रीय संगीत के पारम्परिक माध्यम को प्रगति के पथ पर बढ़ने वाले सुधार काल की तरह जानना है। इस यात्रा में एक ओर जहाँ मालवा की असंख्य स्त्रियों के कण्ठ की लोक पुकार सुनायी देगी, वहीं दूसरी ओर नाथ सिद्धों की अलौकिक वाणियाँ भी। सरहपा, गोरखनाथ एवं आदिनाथ के सभ्यता अन्वेषी स्वर मिलेगें, तो उनके भजनों के आकाश तले मीरा और सूर के विनय की अन्तर्धारा भी बहती चली आयेगी। प्रसंगवश यहाँ एक दिलचस्प तथ्य यह जाना जा सकता है कि अपने अन्तिम दिनों में कुमार गन्धर्व ने वाराणसी में आकर जो निर्गुण पद गाया था, वह हज़ार वर्षों पूर्व सिद्धों की सन्ध्या-भाषा को गहरे शास्त्रीय अभिप्राय हासिल करा रहा था। कबीर के शहर में, गोरख के इस पद की प्रस्तुति *'शून्य गढ़ शहर/शहर गढ़ बस्ती/कोण सूता कोण जागे रे/लाल हमरे/हम लालन के/तन सोता ब्रह्म जागे रे'* ने कुमार गन्धर्व को समय से आगे निकल जाने वाले चिन्तक गायक की छवि दे दी थी। फिर उनके लिए यह स्पष्ट हो गया था कि वे ऐसे विद्रोही स्वर साधक हैं, जो आस्था और कला में, सिद्धि एवं भक्ति में तथा सन्त और निर्गुणिए में द्वैत मिटाने का अकल्पनीय साहस रखता है।

कुमार जी चिन्तक गायक थे। कुमार जी विद्रोही कलाकार थे। कुमार जी भारतीय संगीत पर पुनर्विचार करने वाले एक जीवन्त प्रतिमान थे। यह इन रसिकों एवं बुद्धिजीवियों की बड़ी सफलता है कि अपने-अपने विचारों द्वारा वे घराने की चौहद्दी को लाँघने वाले एक अप्रतिम कलाकार की निशानदेही कर सके हैं। यही कुमार गन्धर्व की कला की भी सबसे बड़ी सफलता है, जिसमें एक ओर अपने को शैव कहता हुआ ख्याल गायक है, तो दूसरी ओर लोक के आँगन में गीतों की सीढ़ी से उतरता हुआ, मालवा की धुनों पर कबीर गाता एक बंजारा।

इस बंजारे, पुरोहित और शैव योगी को समझने के लिए कबीर के भजन *'राम निरन्जन न्यारा रे, अन्जन सकल पसारा'* के कुमार गन्धर्व आँगन में कम से कम एक बार जाना ज़रूरी है।

आत्मा के कल्पतरु का संगीत

किराना घराने की अमर चतुष्टयी– फ़िरोज़ दस्तूर, पण्डित मल्लिकार्जुन मंसूर, गंगूबाई हंगल एवं पण्डित भीमसेन जोशी के अन्तिम मूर्धन्य कलावन्त–भीमसेन जोशी भी अब हमारे बीच नहीं रहे। भारतीय शास्त्रीय संगीत की ऊर्जस्वित परम्परा में किराना घराना खासा कठिन, महत्त्वपूर्ण तथा सांगीतिक दृष्टि से उच्चकोटि का माना जाता है। संगीत प्रेमियों के लिये अब यह जानना दुखद है कि जिन महान लोगों के कारण आज तक हम किराना घराने की अपनी रागदारी, परम्परावादिता एवं आलापचारी को सुनते, नबेरते रहे हैं, वह दुर्भाग्य से पण्डित भीमसेन जोशी के अवसान के साथ एक तरह से नेपथ्य में चली गयी है।

भीमसेन जोशी जिन वजहों से अपने घराने की नागरिकता में एक बिरले और श्रम-शिल्पी गायक के रूप में प्रसिद्धि के पथ पर आगे बढ़े थे, वह उसी परम्परा से निकलकर आती थी, जिसमें उनके पूर्वज सवाई गन्धर्व से लेकर पण्डित मल्लिकार्जुन मंसूर और पण्डित कुमार गन्धर्व जैसे लोग शामिल थे। वामनराव

देशपाण्डे का उनके बारे में यह बखान महत्त्वपूर्ण है कि *'वे सृजनात्मक होते हुए भी परम्परावादी हैं और अन्तर्मन से वह एक ख्याल गायक ही हैं, जिनके ख्याल की कोई भाषाई या राष्ट्रीय सीमा नहीं है'*। भीमसेन जोशी के यहाँ हर नया 'राग' प्रत्येक दिन एक नयी पहचान लेकर आता था। उनकी गायिकी में हर बार उसी एक राग में नये स्थापत्य की निर्मिति छिपी रहती थी। किराना घराने के अन्य समवयसी कलाकारों की तरह उनके यहाँ भी राग की शुरुआत में ही आरोह-अवरोह के क्षण, पूरा का पूरा 'राग-दर्शन' हो जाता था। इसके उपरान्त तानों की दुर्लभ रसमयता और आलापचारी की घरानेदार बढ़त के दर्शन होते रहते थे। केसरबाई केरकर की ही तरह, भीमसेन जोशी भी राग के आरम्भिक क्षणों में ही उस सम्पूर्णता तक पहुँच जाते थे, जिसकी बाद की कुल अदायगी में उसी राग की अनन्त में प्रतिष्ठा कर रहे होते थे। पूरिया कल्याण, मुलतानी, हिण्डोल, ललित, मियां मल्हार, खम्भावती, विभास, जयजयवन्ती, अभोगी, जौनपुरी और न जाने ऐसे कितने ही राग आज उनके सिग्नेचर राग बन गये हैं। भीमसेन जोशी के ख्याल गायन का एक महत्त्वपूर्ण पहलू यह भी था कि अधिकांश जगहों पर विलम्बित बन्दिशों का गठन उन्होंने झपताल में किया है। भीमसेन जोशी का भारतीय शास्त्रीय संगीत के लिए एक ऐतिहासिक अवदान यह भी है कि उन्होंने कुछ दुर्लभ हो रहे अल्प प्रचलित रागों मसलन— पटमंजरी, सुहा सुघराई, भिन्न षडज, मल्हुआ केदार एवं खम्भावती जैसे रागों की लयात्मकता और दैवीयता को भी आम रसिकों की सभा में गाकर प्रतिष्ठित और सहज बनाया।

ख्याल गायिकी की अपनी सिद्धहस्तता से अलग भीमसेन जोशी के सुर-संसार में कुछ क्षेत्र ऐसे भी हैं, जहाँ पर उनकी प्रतिभा एक बार फिर से अपने शिखर पर है। ठुमरी, अभंग पद गायन एवं भजन की मनोग्राही अदायगी से भी भीमसेन जोशी ने अपनी उपस्थिति को और भी अधिक प्रखर और सार्वकालिक महत्त्व का बनाया था। यह अकारण नहीं है कि अपने घराने की परम्परा में शीर्षस्थ उस्ताद अब्दुल करीम ख़ाँ की जिस ठुमरी *'पिया बिन नहिं आवत चैन'* सुनकर उन्होंने घर छोड़ना जरूरी समझा था और उसी की लय में मदमस्त होकर घर से भाग भी गये थे। बाद में चलकर ख्याल गायिकी में निष्णात होने के अलावा, ठुमरी में भी शीर्षस्थानीय होकर उभरे, तो उसमें कहीं न कहीं उस्ताद अब्दुल करीम ख़ाँ की गूँज भी श्रद्धा रूप में शामिल थी। *'बाजूबन्द खुल-खुल जाये'*, *'जमुना के तीर'*, *'नदिया किनारे मोरा गाँव'*, *'पिया के मिलने की आस'* और *'देखे बिना नहिं चैन'* जैसी अमर ठुमरियों से कौन सा ऐसा प्रशंसक होगा, जो वाकिफ़ न हो। अपने गुरु पण्डित सवाई गन्धर्व द्वारा रचित एक दुर्लभ अभंग पद *'झणी धाव आता पाण्डुरंगा'* को गाकर

उन्होंने अपने घराने, गुरु एवं इस अभंग को ऐतिहासिक अर्थों में समृद्ध कर दिया। इसी सन्दर्भ में हर वर्ष उनके द्वारा पुणे में आयोजित *'पण्डित सवाई गन्धर्व संगीत सम्मेलन'* को भी पूरी हार्दिकता से याद किया जाना चाहिए।

पण्डित भीमसेन जोशी की चरितावली के पन्ने पलटकर देखें तो हैरत होती है कि यह वही व्यक्ति है, जिसने संगीत के प्रति अपनी अनथक श्रद्धा को मन में संजोये हुए उसी तरह सद्गुरु की खोज सवाई गन्धर्व के रूप में की थी, जिस तरह पूर्व इतिहास में कबीर ने रामानन्द और तानसेन ने स्वामी हरिदास को खोजकर की थी। *'रघुवर तुमको मेरी लाज'* जैसे भजनों में उनकी आत्मा की पुकार को पूरी तन्मयता के साथ लक्ष्य किया जा सकता है। यह वही कलाकार था, जिसने हमेशा ही अपने वरिष्ठ गायक पण्डित मल्लिकार्जुन मंसूर से न सिर्फ संगीत की बारीकी को सीखने के जतन के चलते आत्मीय ढंग से डाँट खायी है वरन हर एक गलती पर मंसूर जी से भरी सभा में टोके जाने पर उसी तरह खिस्स से हँस पड़ा है, जैसे कोई शिष्य अपने किसी वरिष्ठ, सहोदर या गुरु से गलती पकड़ लिये जाने पर झेंप जाने के मौके पर करता है। गंगूबाई हंगल की यह उक्ति भीमसेन जोशी के किरदार की कैफ़ियत को समझने के लिये जरूरी है कि किस तरह वे मीलों दूर तक रोज़ अपनी युवावस्था में गुरु-आश्रम से निकलकर सिर पर घड़ा रख पानी भरने जाते थे और पानी से आपूरित घड़े और हाथ की गगरी समेत सुर, लय, ताल में डूबे गुरु-घराने तक लौटते थे। यह बहुत सम्भव है कि उनकी पाठशाला का वह समय खुसरो के हिसाब से *'बहुत कठिन है डगर पनघट की'* का था।

भीमसेन जोशी आज नहीं हैं, पर उनका सांगीतिक अवदान संगीत के आकाश में एक संगीत सूर्य की भाँति ही हमेशा ज्योतिर्मान रहेगा। यह अलग बात है कि हमें *मुल्तानी* में *गोकुल गाँव का छोरा*, *बसन्त* में *फगवा बृज देखन को चलो री* या बेहद प्रसिद्ध *जोगिया* का *रामा हरि का भेद न पायो* अब हमारी स्मृति, धरोहर और रिकॉर्डिंग्स का अंग होंगी। पण्डित जी अब हमें लाईव रूप में फिर कभी सुनने को नहीं मिलेंगे। शमशेर के शब्दों में कहें तो पण्डित भीमसेन जोशी का संगीत आत्मा के कल्पतरु जैसा बड़ा और सर्वग्राही संगीत है, जिसकी मिसाल स्वयं पण्डित भीमसेन जोशी की ही गायी कोई बन्दिश, ठुमरी या भजन हो सकती है, दूसरा कुछ भी नहीं।

शैलेन्द्र की तस्वीर

धरती कहे पुकार के
बीज बिछा ले प्यार के
मौसम बीता जाए
अपनी कहानी छोड़ जा
खुद को निशानी छोड़ जा
कौन कहे इस ओर
तू फिर आए न आए
मौसम बीता जाए

–'दो बीघा ज़मीन' का गीत

शैलेन्द्र जैसे अप्रतिम गीतकार के बारे में अब तक न जाने कितनी बातें भारतीय फिल्म संगीत के परिप्रेक्ष्य में कही जा चुकी हैं, ऐसे में एक बार फिर से उनके गीतकार पक्ष को लेकर कोई विमर्श तैयार करना मुझे थोड़ा परेशानी में डालता

है। उनके सम्बन्ध में ये सारे तथ्य आज भी प्रासंगिक हैं– वे इप्टा से जुड़े थे। उनका स्वर भारतीय जनमानस के प्रति पूरी तरह सहृदय रहते हुए आमफहम ज़िन्दगी से सीधे बावस्ता था। एक हद तक उनकी कविता प्रगतिशील चेतना से सम्पन्न जनोन्मुखी कविता थी। साथ ही, शैलेन्द्र एक मिलनसार और भावुक मित्र भी थे, जैसा कि अधिकांश सिनेमा वालों के संस्मरणों से हमें पता लगता है। फिर भी शैलेन्द्र का एक पक्ष वह था, जो उनकी कविता की विचारधारा से निर्धारित न होकर सीधे उनके दिल से निकलता था। एक ऐसा हरदिल अजीज गीतकार, जो अपनी संवेदना की लय से जीवन के उदास लम्हों को कल्पना के पंख देता था। कहने का मतलब इतना भर है कि अपनी सारी प्रगतिशील चेतना के बावजूद वे एक ऐसे महत्त्वपूर्ण कवि भी थे, जिनके यहाँ स्मृतियों, मानवीय रिश्तों, प्रेम सम्बन्धों एवं पारस्परिक जुड़ाव को अत्यन्त हार्दिकता के साथ बरता गया है। जाहिर है, ऐसी कविताओं या फिल्मी गीतों के माध्यम से हम उस शैलेन्द्र की तस्वीर नहीं बना रहे, जो मिजाज से जनवादी था, मगर यहाँ इतना जरूर है कि ऐसे गीतों की दुनिया रचने वाले गीतकार की भावुकता को आँके बगैर भी हम उस प्रगतिशील शैलेन्द्र को पूरी तरह समझ नहीं सकते, जिसने अपने विचार का रंग हिन्दी सिनेमा की दुनिया में पूरी गहराई के साथ बिखेरा हुआ है।

शैलेन्द्र पर विचार करते समय हमें इस बात का भी ध्यान रखना चाहिए कि उनसे पहले हिन्दी सिनेमा में जो गीतकार मौजूद थे, उनमें साहिर लुधियानवी, जां निसार अख़्तर और कैफी आज़मी को छोड़कर बाकी रचनाकारों की रचनाएँ बाकायदा सुन्दर और लोकप्रिय होने के बावजूद किसी वाद, मत या विचारधारा का सीधे-सीधे प्रतिनिधित्व नहीं करती थीं। यदि हम एक सरसरी निगाह उनके फिल्मों में आगमन से पूर्व एवं समकालीन परिदृश्य पर डालें तो पाएँगे कि डी.एन. मधोक, शकील बदायूँनी, मजरूह सुल्तानपुरी, नक्शब, सरस्वती कुमार दीपक, राजेन्द्र कृष्ण, राजा मेंहदी अली ख़ाँ, हसरत जयपुरी, भरत व्यास, प्रेम धवन, वर्मा मलिक एवं इन्दीवर जैसे गीतकार अपनी सारी उत्कृष्टता के बावजूद शैलेन्द्र या साहिर जैसे गीत नहीं लिख रहे थे। और यह एक दुर्लभ संयोग ही कहा जायेगा कि जनवादी चेतना के प्रति पूरा आदर रखने के साथ-साथ शैलेन्द्र, साहिर या कैफी आज़मी ने कुछ बेहद उन्मुक्त और प्रणय गीतों की भी रचना की है, जो इस बात की ओर इशारा करती है कि उनके सरोकार भीतर से मर्मस्पर्शी थे। मुझे उनमें जो सबसे बड़ी खासियत नज़र आती है, वह यही है कि अपनी जनप्रतिबद्ध रचनाओं से अलग वे हर स्थिति

में एक ऐसे गीतकार थे, जिसकी पहली शर्त-मत या विचारधारा नहीं, बल्कि फिल्म के कथानक से मेल खाता हुआ कथ्य का मार्मिक बखान होती थी। यह बात थोड़ी अचरज भरी लग सकती है कि उन जैसे वैचारिक शायर से हम आत्मीय या मार्मिक परिदृश्य वाले गीतों की उम्मीद क्यों करते हैं या किसलिए करते हैं? पर इतना तय है कि शैलेन्द्र का गीतकार व्यक्तित्व दरअसल ऐसी ही धूप-छाँही गीतों में अपना निखार पाता था।

यह जानना दिलचस्प है कि *'आवारा हूँ या गर्दिश में हूँ आसमान का तारा हूँ'* (आवारा) एवं *'दिल का हाल सुने दिलवाला, सीधी सी बात न मिर्च मसाला'* (श्री 420) जैसे यथार्थपरक गाने लिखने वाला गीतकार उसी समय 'नौ बहार' जैसी फिल्म के लिये एक ठुमरीनुमा अद्भुत गीत लिखता है, जिसके बोल हैं– *'कजरारी मतवारी मदभरी दो अँखियाँ/पिया तोरी दो अँखियाँ'* और 'बसन्त बहार' के लिये भजन *'भये भंजना वन्दना सुन हमारी'*। यह शैलेन्द्र की अपनी बड़ी खूबी है कि एक फिल्मी गीतकार होने के बावजूद उन्होंने लोक जीवन और उसके घरेलू अनुभवों से खुद को कभी अलग या वंचित नहीं रखा। यह इप्टा का ही असर रहा होगा कि *'बन्दिनी'* जैसी फिल्म के लिये उन्होंने लोकजीवन का अनुसरण करते हुए जो गीत लिखा वह उत्तर प्रदेश की ऐसी पारम्परिक लोकधुन में था, जिसके केन्द्र में बहन और भाई का असीमित प्यार, गीत के अर्थ तक आते-आते एक सामाजिक जवाबदेही बन जाता है। गीत की पंक्तियाँ देखने लायक हैं– *अबके बरस भेज भईया को बाबुल/सावन में लीजो बुलाय रे/लौटेगीं जब मेरे बचपन की सखियाँ/दीजो सन्देसा भिजाय रे/बैरन जवानी ने छीने खिलौने और मेरी गुड़िया चुराई/बाबुल की मैं तेरे नाजों की पाली/फिर क्यों हुई मैं पराई/बीते रे जुग कोई चिठिया न पाती/न कोई नइहर से आय रे....।* मुझे लगता है कि मानवीय सम्बन्धों को लेकर हिन्दी फिल्मेतिहास में जितने मर्मस्पर्शी गीत लिखे गये हैं, उसमें बन्दिनी फिल्म का यह गाना बिल्कुल अलग से रेखांकित किये जाने योग्य है। जवानी के रूपक में खिलौने और गुड़ियों के खोने, लुप्त होने और जीवन परिदृश्य से बाहर निकल जाने का जो बिम्ब शैलेन्द्र ने यहाँ बाँधा है वह कई परतों में अपनी अर्थ व्याप्ति को व्यंजित करता है। यह उनके ही बस की बात थी कि वे आत्मीयता और करुणा का भाव रचते समय समाज और जीवन को अपने निजी मुहावरे की जद में आसानी से ले जाते थे। उस समय फिर यह अलगा पाना मुश्किल हो जाता था कि वह लोक जीवन से जुड़े हुए एक ऐसे कवि हैं, जो रिश्तों की हरारत को सर्वोपरि मानता है या कि वह उस समय ऐसे चिन्तक शायर हैं,

जिसकी कलम में समाज, राजनीति, विचार, धर्म, दर्शन सभी चीजें नयी-नयी अर्थ छवियों के साथ, अपना उतना ही नया व सलोना बाँकपन निर्मित करती हैं।

इस आशय के साथ उनके गीतकार के भीतर मौजूद कवि के मानस को थोड़ा धैर्य से पढ़ना चाहिए। ऐसे में हमें कुछ ऐसे नायाब मोती हाथ लग सकते हैं, जो शैलेन्द्र के गीतों की कोई समाज सापेक्ष निर्मिति व्यक्त करने में मददगार हो सकें। यह देखना हमेशा दिलचस्प रहेगा कि यह उनके अपने कलम की रौशनाई ही है, जो तमाम सारे प्रसंगों में अद्भुत ढंग की कविता उनसे सृजित कराती रही है। इस सन्दर्भ में कुछ फिल्मी गीतों को यदि उनके परिदृश्य और पटकथाओं से अलग हटाकर पढ़ा जाये, तो यह बात आसानी से समझ में आती है कि वे सारे गीत आला दर्जे की साहित्यिक हैसियत रखते हैं। शैलेन्द्र के बरअक्स साहिर लुधियानवी और कैफी आज़मी के जनवादी गीतों और ग़ज़लों को इन्हीं सन्दर्भों में रखकर पढ़ना भी इस अर्थ में ज्यादा समीचीन होगा। मेरी निगाह में शैलेन्द्र के कुछ ऐसे अमर गीत हैं, जिन पर अलग से विमर्श की जरूरत है। यह ढेरों गीत अपनी साहित्यिकता के अलावा बिम्ब विधान, सादृश्य, रूपकों एवं कथ्य में अनुपम हैं। उदाहरण के लिये कुछ गीतों को यहाँ इन्हीं सन्दर्भों में याद किया जा सकता है। मसलन– *'वहाँ कौन है तेरा मुसाफिर जायेगा कहाँ'* (गाईड), *'रुला के गया सपना मेरा/बैठी हूँ कब हो सवेरा'* (ज्वैलथीफ), *'नन्हे मुन्ने बच्चे तेरी मुट्ठी में क्या है'* (बूट पॉलिश), *'धरती कहे पुकार के/बीज बिछा ले प्यार के/मौसम बीता जाए'* (दो बीघा जमीन), *'मिट्टी से खेलते हो बार बार किसलिए'* (पतिता), *'घायल हिरणिया मैं बन बन डोलूँ/किसका लगा बान'* (मुनीम जी), *'बोल री कठपुतली डोरी कौन संग बाँधे'* (कठपुतली), *'जागो मोहन प्यारे'* (जागते रहो), *'मनमोहना बड़े झूठे/हार के हार नहीं माने'* (सीमा) आदि।

शैलेन्द्र के लिये इतना अवश्य कहा जा सकता है कि उन्होंने अपने कवि व्यक्तित्व को सदैव ऊपर रखते हुए भारतीय फिल्म संगीत को अद्भुत रंग मुहैया कराया है। वे एक ही समय में इतने प्रखर चिन्तक और सलोने कवि ठहरते हैं कि एक ओर *'मुड़ मुड़ के न देख मुड़ मुड़ के'* (श्री 420) जैसा गीत लिखते हैं, तो दूसरी ओर *'ठण्डी ठण्डी सावन की फुहार पिया आज खिड़की खुली मत छोड़ो' (जागते रहो)* जैसा मार्मिक गीत रच डालते हैं। एक ओर *'जानूँ जानूँ री काहे खनके है तोरा कंगना'* (इन्सान जाग उठा) जैसा गाना उनकी कलम पाकर जीवन्त हो उठता है, तो दूसरी ओर *'जुल्मी संग आँख लड़ी'* (मधुमती) में प्रेम की मोहकता अपना शिखर पा जाती है।

वे सही अर्थों में एक प्रबुद्ध गीतकार हैं। गीतों की दुनिया में अपनी प्रतिबद्धता और वैचारिकी का प्रबोध जगाने वाले गीतकार। मनुष्य के अवसाद, आत्मदया और आत्मग्लानि को भी गर्व और उत्साह के स्तर पर व्याख्यायित करने वाले प्रगतिशीलों में शैलेन्द्र का नाम शायद सबसे ऊपर ही लिया जाएगा। वे बेवजह नहीं कहते– *'गर्दिश में हूँ/आसमान का तारा हूँ'*। गर्दिश और मुफलिसी में भी बुलन्दी का हौसला रखने की जद्दोजहद एक क्रान्तिकारी सोच के व्यक्ति द्वारा ही सम्भव है। यह अकारण नहीं कि शैलेन्द्र इसीलिए जिजीविषा और प्रेम के गीत लिखते समय शायद सबसे सबल रचनाकार बनकर उभर सके। उनके यहाँ बेचैनी और सब कुछ गवाँ देने की स्थिति भी इसी वजह से पूरे वैभव के साथ बार-बार दर्ज़ होती रहती है। आप याद करें, तो आसानी से इस नतीजे पर पहुँच सकेंगे कि शैलेन्द्र के गीतकार की कैफ़ियत, दर्द और अभाव की प्रस्तुति में संवेदना के शिखर पर पहुँच जाती है। यहाँ बरबस *'सब कुछ सीखा हमने ना सीखी होशियारी'* (अनाड़ी), *बुझ गए आशा के दिए, बदले रंग ज़हान के'* (शिकस्त), *'सजन रे झूठ मत बोलो'*, (तीसरी कसम), *'राही तू रुक मत जाना, तूफां से मत घबड़ाना'* (दूर गगन की छाँव में) और *'मैं गाऊँ तुम सो जाओ'* (ब्रह्मचारी) जैसे गीत याद आते हैं। एक सच्चे क्रान्तिधर्मा शायर के यहाँ मौजूद धधकते मशाल की रोशन बानगियों की तरह उनके फिल्मी और गैर फिल्मी गीत दृश्य पर आते हैं। उनकी एक नज़्म की दो पंक्तियाँ इसी सन्दर्भ में याद किये जाने योग्य हैं–

तू ज़िन्दा है तू ज़िन्दगी की जीत पर यक़ीन कर
अगर कहीं है स्वर्ग तो उतार ला ज़मीन पर

यह हम जैसे नये कवियों और लिखने-पढ़ने वालों का सौभाग्य है कि उनके द्वारा रची हुई नज़्मों व गीतों की विशाल थाती को आज अपने-अपने ढंग से उनकी प्रासंगिकता के चलते पुनर्पाठ कर पा रहे हैं। और जब लिखने और सोचने का सिलसिला हाथ लगता है, तो दिमाग न जाने कितने ऐसे गीतों की तरफ चला जाता है, जिसमें जिन्दगी का फलसफा रेशा-रेशा दर्ज़ हुआ है। ढ़ेरों गीत, तमाम प्रकार की सिचुएशन, अलग-अलग मनोदशाओं और विभिन्न आवाज़ों के तिलिस्म में लिपटा हुआ शैलेन्द्र के गीतों का ख़ज़ाना उनके जादू को और अधिक गहरा कर देता है। आपको कभी उनका प्रेम गीत याद आता है, तो उसी क्षण विषाद या जीवन की तल्खियों का बखान भी कहीं मन में गूँजने लगता है।

मेरे लिए शैलेन्द्र के बारे में इतना अवश्य तय है कि तारीफ़नुमा कोई टिप्पणी कर देने भर से उनकी हम कोई मुकम्मल तस्वीर नहीं खींच सकते हैं। यह काम सिर्फ़ उनके गीत कर सकते हैं या स्वयं उनका संजीदगी भरा प्रबुद्ध चेहरा, जो कभी कलम के कैमरे में आकर बरबस कोई तस्वीर कैद कर सकता है। फिर वह तस्वीर भी उतनी ही सलोनी और सार्थक होगी, जितना कि उनकी रोशनाई से निकले हुए गीतों का हार्दिक प्रदेश है।

निर्मल धुन

एक व्यक्ति दूसरे के लिए अँधेरा है– जैसे वह मेरे लिए थी, मैं उसके लिए। तीन दिन, तीन वर्ष... समय कुछ भी मानी नहीं रखता– अगर हम एक सुलगते क्षण में अँधेरे के बीच उस 'ताप' को पकड़ सकें... यह जानते हुए भी कि वह जीवित नहीं रहेगा और यह जानते हुए भी कि उसके बुझने के बाद हम फिर दुबारा अपने-अपने अँधेरे में ठिठुरने लगेंगे।

–निर्मल वर्मा ('वे दिन' उपन्यास में)

जो लोग निर्मल वर्मा से सीधे किसी रिश्ते या परिचय की डोर से बँधे थे उनके लिए, या फिर वे लोग जिन्होंने निर्मल वर्मा को अपनी युवावस्था के दिनों में लगभग रोमानियत के साथ पढ़ा और दीवानगी के स्तर पर सराहा था उनके लिए,

या कि वह लेखक और कलाकार जिनसे निर्मल वर्मा की अकसर आत्मीय मुलाकात, बहसें और मतभेद होते रहते थे, उन सबके लिए उनकी मृत्यु उतनी आसान नहीं है कि एकबारगी यह लिखकर बात समाप्त कर दी जाये कि एक वरिष्ठ लेखक अब हमारे बीच नहीं रहा। एक मूर्धन्य की जगह अब खाली है और वहाँ कोई वरिष्ठ या समकालीन इस कारण नहीं जाता क्योंकि वह खालीपन निर्मल वर्मा के 'कहीं होने का' सम्मोहन रचती है। हिन्दी कथा साहित्य में प्रेमचन्द और रेणु के बाद निर्मल वर्मा ही ऐसे रचनाकार हुए, जिन्होंने इतना सम्मान और महत्ता, लगभग ईर्ष्या के परे जाती हुई केन्द्रीयता तथा वैचारिक स्तर पर एक ऊँचाई हासिल कर रखी थी।

निर्मल वर्मा से नयी कहानी शुरू होती है। निर्मल वर्मा से भाषा में नवाचार का सर्वथा एक नया युग शुरू होता है। निर्मल वर्मा से व्यक्ति के आत्मसंघर्ष के सूक्ष्मतम ब्यौरों की एक लम्बी व सुचिन्तित पड़ताल शुरू होती है, जिसमें व्यक्ति के 'आत्म' को गरिमा के साथ एक नयी व्याख्या मिलती है। इस शताब्दी में जब आत्मीयता, दया, सम्वेदना, प्रेम और साहचर्य का भूगोल लगभग विस्मृति का शिकार हुआ है, ऐसे में निर्मल वर्मा ने अपनी अदम्य साहित्यधर्मी जिजीविषा के चलते सभ्यता के पुनरान्वेषण में साहित्य का उत्स ढूँढ़ा था। वे उन गिने-चुने भारतीय लेखकों में से एक थे, जिनका लेखन भारतीय परम्परा के प्रत्याख्यान का आज पर्याय बन चुका है। उनका साहित्य स्मृति और कल्पना को अनुभवों के बारीक रेशे से बाँधकर ऐसा मायालोक गढ़ता है, जिसमें एक धीर और लम्बी प्रतीक्षा, उदासी और विस्मय, मृत्यु और भय की लगातार उपस्थिति तथा निरन्तर नष्ट हो रहे मनुष्य की मानसिक विश्रान्ति को एक बड़ा अभिप्राय हासिल होता है। निर्मल जी का गद्य उस गूढ़ और देर तक असर करने वाले शास्त्रीय संगीत के आस्वाद की तरह है, जिसमें द्रुत और विलम्बित का बोध मिट जाता है। एक अन्तर्गुम्फित लय, जो शब्द और सुर को बराबर से आपस में घोल देती है। एक ऐसी आत्मसजग भाषा, जो संशयों और ऊहापोहों को जोड़कर अतियथार्थ का निर्माण करती है।

स्वप्नों और मोहभंगों के जटिल विरोधाभास से उपजी निर्मल वर्मा की साहित्य यात्रा में मानवीयता, सहानुभूति (सिम्पैथी) व समानानुभूति (एम्पैथी) के रूप में स्थायी तरीके से मौजूद रही है। सही अर्थों में निर्मल जी विश्व के उन चन्द साहित्यिक मूर्धन्यों में एक थे, जिन्होंने अपने लम्बे लेखकीय जीवन में लगातार मनुष्य के मन, उसके अस्तित्त्व, आकांक्षा, जिज्ञासाओं, अवसाद, भय, मुक्ति एवं

शान्ति की स्थायी खोज की मनोवैज्ञानिक चर्चा की है। इस कार्य में उनके आगे कभी विचारधारा, देश-विदेश की सीमा, सौन्दर्य-बोध का आग्रह, ईश्वर के अस्तित्त्व का समर्थन-नकार आड़े नहीं आये, बल्कि इन्हीं जोखिमों में उतरकर निर्मल वर्मा की साहित्यिक दुनिया का तिलिस्म बढ़ा।

निर्मल जी के यहाँ चुप्पी, सन्नाटा, अन्धकार, प्रतीक्षा, दुःख, बोझ, प्रकृति, स्वगत सम्बोधन सभी एक साथ उपस्थित हैं। इन कूट पदों की चुप्पी भी वे स्वयं के द्वारा गढ़ी अर्थान्विति से तोड़ते हैं। जैसे आप किसी मनोवैज्ञानिक पदावली को अपने किसी प्रिय शब्द से डिकोड करते हों। यही विशिष्ट अर्थान्विति उनके गद्य को एक सुघड़ स्थापत्य प्रदान करती है, जैसी निर्मिति हमें अलग-अलग तरीकों से महादेवी वर्मा के संस्मरण, अज्ञेय की अन्तःप्रक्रियाओं की डायरियों, चेखव की कहानियों तथा तुर्गनेव के उपन्यासों को पढ़ते हुए मिलती है। 'सौन्दर्य' जैसे पद को शास्त्रीयता के दायरे से बाहर निकालकर समकालीन कथा-भाषा के साथ न सिर्फ जोड़ने, बल्कि एक स्तर तक उसे विचार की सरणियों में प्रतिष्ठित करने में निर्मल वर्मा अग्रणी रहे हैं। उन्होंने हिन्दी को उसके व्याकरण और परम्परागत ढाँचे के बरक्स एक नयी आलोचना भाषा सुलभ कराने में मदद की है। *'कला का जोखिम', 'शब्द और स्मृति', 'शताब्दी के ढलते वर्षों में', 'बीच बहस में'* तथा *'भारत और यूरोप : प्रतिश्रुति के क्षेत्र'* जैसी पुस्तकों के बगैर शायद हिन्दी का समकालीन परिदृश्य उतना उन्नत नहीं होता, जितना आज वह दिखाई पड़ता है।

निर्मल वर्मा की भाषा का अलग से रेखांकित करने वाला बिन्दु, उसका काव्यात्मक होना है। कथा सम्प्रेषण की पूरी निर्वैयक्तिकता के साथ, अनुभवों की तटस्थ साझेदारी के बावजूद वे कहानी, उपन्यास में कविता रचते दिखायी पड़ते हैं। एक प्रकार से उनके सूत्रात्मक वाक्य-विन्यास ने उन्हें ऐसी छवि दे दी है। कम लोग जानते होंगे कि निर्मल वर्मा ने अपनी शुरुआत कविता से की थी, वह कविताएँ अंग्रेजी में थीं और उन्होंने इन कविताओं से दो कापियाँ भर डाली थीं। प्रारम्भिक समय के यूरोपियन कवियों की कविताओं से प्रभावित तथा समानान्तर बांग्ला कविता से लगाव महसूस करने वाले निर्मल जी के लिए कविताएँ हमेशा गहरी दिलचस्पी का विषय होती थीं। यह बात दीगर है कि उन्होंने अपनी उन अंग्रेजी कविताओं को कभी छपाया नहीं। *'धुँध से उठती धुन'* में हम ऐसे कई स्थल बनते देखते हैं, जहाँ कविता और गद्य का फर्क मिट जाता है। जैसे— *'लिखता जाऊँ, जब*

तक असीम मरुस्थल की रेत से अनुभूति की एक बूँद न निकाल पाऊँ?' अथवा *'हमें समय के गुजरने के साथ-साथ अपने लगावों और वासनाओं को उसी तरह छोड़ते चलना चाहिये जैसे साँप अपनी केंचुल छोड़ता है और पेड़ अपने पत्तों और फूलों का बोझ........... जहाँ पहले प्रेम की पीड़ा वास करती थी, वहाँ सिर्फ खाली गुफा होनी चाहिए, जिसे समय आने पर संन्यासी और जानवर छोड़कर चले जाते हैं।'*

निर्मल वर्मा ने अपनी रचनात्मक यात्रा में शिमला से लेकर प्राग तक की दुनिया से गुजरते हुए मनुष्य के संघर्ष की टीस और उदासी को जिस वेदना व सहजता के साथ अपनी कथा-यात्रा में स्वायत्त किया था, उसकी अनुभूति उनके उपन्यासों और ढ़ेरों कहानियों को पढ़कर आज भी होती है। विचार के स्तर पर एक प्रश्नाकुल हरारत और बेचैनी बाद तक की रचना में लगभग रूढ़ि की तरह पढ़ी जा सकती है। इसे हम *'वे दिन'* से लेकर उनके अन्तिम उपन्यास *'अन्तिम अरण्य'* में आसानी से महसूस कर सकते हैं।

निर्मल जी यात्रा-प्रिय थे। एक यात्रिक के रूप में उनका अनुसन्धान उस एकान्त, विस्मरण तथा इतिहास के दुःखों की ओर था, जिनकी यातनापूर्ण यात्राओं से लौटकर; वे अपनी रचना को और अधिक उदास, और अधिक एकान्तप्रिय, और अधिक विस्मृति के व्यामोह के सुपुर्द करते थे। इसी कारण अपने लेखन में वे जिस आत्मविस्मृति (सेल्फ फारगेटफुलनेस) का निरूपण कला के शिखर पर जाकर कर पाये हैं, वह उनके समकालीन रचनाकारों में मुश्किल से मिलता है। आत्मदया के पार जाने वाली यह दृष्टि उन्हें वर्जीनिया वुल्फ, प्रूस्त, दोस्तोएवस्की, रमण महर्षि, कुमारस्वामी, जैनेन्द्र, अज्ञेय, राइनेर मारिया रिल्के के शब्दों के साथ रहते हुए, बीथोवन, बाख जैसे संगीत को चुप्पी और सन्नाटे के बीच गुनते हुए मिली है। वे अपनी डायरी में लिखते हैं– *"साहित्य हमें पानी नहीं देता, वह सिर्फ हमें अपनी प्यास का बोध कराता है। जब तुम स्वप्न में पानी पीते हो, तो जागने पर सहसा अहसास होता है कि तुम सचमुच कितने प्यासे थे।"* ('धुँध से उठती धुन' से)। यह प्यास पिछली शताब्दी के अवसान के साथ, भारतीय समाज में एकाएक बढ़ी है और यह एक बड़े विस्मय का कारण है कि निर्मल वर्मा ने अपने गलत समझे जाने का खतरा मोल लेते हुए भी, आधुनिक भारतीय सभ्यता के संकटों की व्याख्या की ओर

भी अपनी रचनात्मकता को मोड़ा है। उनका अवदान इस अर्थ में सिर्फ साहित्य के लिए ही नहीं, बल्कि भाषा के लिए भी विचारोत्तेजक और मूल्यवान आगे बना रहेगा।

हिन्दी में कलात्मक गद्य का जितना सधा-सधाया नमूना हम निर्मल वर्मा के यहाँ पाते हैं, वैसा अन्यत्र ढूँढ पाना मुश्किल है। यह सही है कि इससे पहले भी इस तरह का श्रेष्ठ मानक अज्ञेय, राहुल सांकृत्यायन, रांगेय राघव, हजारी प्रसाद द्विवेदी, वासुदेव शरण अग्रवाल जैसे रचनाकार स्थापित कर चुके हैं, मगर उस परम्परा में जो वैज्ञानिकता, अतिरिक्त सम्प्रेषणीयता एवं समकालीन प्रश्नाकुलता निर्मल जी लाये हैं, वह पहले इतनी प्रखरता से हिन्दी में हमें नहीं मिल सकी। इसके लिए हिन्दी *'चीड़ों पर चाँदनी'*, *'कला का जोखिम'*, *'ढलान से उतरते हुए'* से लेकर *'आदि अन्त और आरम्भ'* तक इस लेखक की ऋणी है। आजीवन लेखन के द्वारा अपनी जीविका चलाने वाले निर्मल वर्मा नये रचनाकारों को हमेशा आश्वस्त करते रहे कि इस तरह भी गौरवपूर्ण जीवन जिया जा सकता है। अपनी उदग्र लेखकीय प्रतिबद्धता के साथ भी समाज और समय के अवयवों को टटोला जा सकता है।

बाद के दिनों में, अपनी परम्परागत सोच तथा गुजरात दंगों के बारे में उनके लगभग मौन ने हिन्दी समाज को गहरे से आहत किया था। उनकी तीव्र आलोचना हुई और प्रतिक्रियावादी मानकर उनसे नाराजगी तक जतायी गयी। यह रुख निर्मल वर्मा जैसे बड़े रचनाकार से अपेक्षित नहीं था। हम जैसे कई नये लेखक, जिन्होंने उन्हें पढ़कर हिन्दी के लालित्य और विकास को गरिमापूर्ण ढंग से जानना-पहचानना शुरू किया था, भीतर कहीं गहरे क्षुब्ध और दुःखी हुए थे। मगर इस एक घटना के मौन के मुकाबले ढ़ेरों ऐसे क्षण भी निर्मल जी के जीवन में आये हैं, जब उन्होंने अपनी लेखकीय स्वायत्तता का स्वाभिमान के साथ प्रदर्शन किया था। इनमें प्रमुख रूप से भाई रामकुमार और कलाकार मित्र जगदीश स्वामीनाथन के साथ भारत-पाकिस्तान विभाजन के शिकार शरणार्थियों के बीच राहत कार्य करना, सन् 1956 में हंगरी पर सोवियत फौज के आक्रमण के बाद विरोध स्वरूप भारतीय कम्युनिस्ट पार्टी से इस्तीफा देना, सन् 1975 से 1977 तक आपातकाल के दौरान श्रीमती इन्दिरा गाँधी की कटु आलोचना व विरोध तथा तिब्बत की सांस्कृतिक अस्मिता एवं स्वतंत्रता के लिए लगातार मुखर रहना और चीन का विरोध करना—ऐसे कुछ उदाहरण हैं, जिनसे उनके व्यापक मानवीय सरोकारों को जानने में मदद मिलती है।

अपने विचार और रचनात्मकता के विशिष्ट भावबोधों के कारण निर्मल जी, हिन्दी के लिए ही नहीं समस्त भारतीय भाषाओं में एक ऐसा बड़ा आलोक वृत्त बन पाये हैं, जिनके निधन से हिन्दी भाषा ने अपनी चमक खो दी है। उनका जाना— भाषा, शिल्प और विचार के एक युग का जाना है। फिर भी, नये रचनाकार जब तक हिन्दी में आते रहेंगे, उन्हें धुँध से उठने वाली वह निराली धुन आगे भी सुनायी देती रहेगी। ऐसी धुन, जिसमें मनुष्यता का राग पूरी प्रखरता के साथ धुँधलके के उस पार दूर तक जायेगा।

कविता-प्रणति

मेरा संगीत एक अनवरत खोज है, एक तलाश, एक शोध-प्रक्रिया। मैं सन्त नहीं हूँ। एक कलाकार और सन्त में बड़ा अन्तर है। हमारी कला का सत्य, जीवन का अन्तिम सत्य नहीं। हम कलाकार सत्य के आंशिक साक्षात्कारों की कड़ी भर रचते हैं...

–किशोरी अमोनकर

रसन पिया*

अचम्भा सा जगाती लगभग सौ बरस की पकी हुई उम्र में
भरे-पूरे जराजीर्ण बरगद की तरह है तुम्हारा होना
हज़ारों लोग बैठ सकते जिसकी छाया तले इत्मीनान से
और एक कशिश जैसी कोई चीज़ सुन सकते तुम्हारी आवाज़ में
जहाँ से राख नहीं आज भी बसन्त के पीले फूल झरते हैं

पता नहीं क्या है उस्ताद
ठुमरी और दादरा के अन्तरालों में जादू जैसा
जहाँ बहुत कुछ अभी भी बचा है ऐसा
जिस पर भरोसा किया जा सकता है
और यह बात हमें परेशानी में डालती है

ऐसे अराजक समय में सिर्फ संगीत के सहारे
तुम कैसे अभी तक रहते चले आये अप्रतिहत

यह एक विचित्र बात है उस्ताद
सौ बरस के महाकाव्य से लगते जीवन में तुम्हें
गायक के साथ-साथ रसन पिया बनने की क्यों सूझी
गोया, कविता कहे बगैर संगीत कुछ कम सुरीला लगता
तुम्हारे सम्पन्न घराने में
या बन्दिश रचते समय तुम आसानी से पकड़ लेते
किसी सुर को उसके सपनों के साथ

उस्ताद! क्या कभी सोचा तुमने
राजदरबारों के दीवानख़ानों से
अक्सर बाहर साँस लेने निकल आयी मौसीकी
ढ़ेरों ऐसे बन्दिश बनाने वालों की ख़ब्त का मामला भी है
जिसमें तुम्हारे जैसा आदमी भी शामिल रहा है चुपचाप

पता नहीं कितनों को इस बात से फ़र्क पड़ेगा
रागों को शब्दों के कपड़े पहनाने में ढ़ेरों
ललन, सनद और कदर पिया की उम्र निकल गयी
और तुम्हारी तो रसन पिया उँगलियाँ ही गल गयीं सारी
पैर भी सलामत न रहे

फिर भी अपने दुखों से बचते हुए
संगीत के लिये तुमने उम्र भर
सूरज और चन्द्रमा उगाया अपनी बन्दिशों में
और इस वसुधा को थोड़ा आत्मीय बनाया हमारे लिये
वरना क्या फर्क पड़ता इस बाज़ार और शोरगुल वाले समय पर

जहाँ आज भी तुम निकल पड़ते हो खरीदने
अपने शब्दों के निष्कपट संसार के लिये
महावर, बिछिया और चुनरी
जहाँ आज भी तुम्हारी जराजीर्ण होती आवाज़ में
गंगा उतनी ही साफ़ और उज्ज्वल दिखाई देती है।

◆ *उस्ताद अब्दुल रशीद ख़ाँ, जो रसन पिया के नाम से ठुमरी, दादरा, कजरियाँ और चैती रचते हैं। ग्वालियर घराने के वयोवृद्ध ख्याल गायक। उम्र लगभग 104 बरस। यह कविता उनकी सौवीं वर्षगाँठ पर लिखी गयी थी।*